高等职业教育
校企合作教材

连锁门店营运管理

LIANSUO
MENDIAN
YINGYUN GUANLI

陶金　主编
范征　蒋小龙　副主编

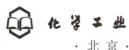

化学工业出版社

·北京·

内容简介

本教材与广州市锦昇信息技术有限公司和广州王老吉餐饮管理发展有限公司合作，听取企业实践指导建议，并吸收了该企业最新案例管理故事。全书以大型连锁超市营运管理必备知识为主线，共分为十二个项目，每个项目包括几个不同的学习任务。这十二个项目分别为：如何认识连锁门店营运管理；连锁门店店长职能与员工管理；连锁门店布局管理；门店商品结构、分类与陈列；门店促销管理；门店收银管理；门店专柜管理；门店订货、收货与存货管理；门店盘点管理；门店安全与防损管理；门店顾客服务管理；门店绩效管理。与当前已有同类教材相比，本教材紧跟当前零售企业发展情况，项目五中的线上促销管理、项目六中的无人零售与无人收银、项目十二中的大数据与小数据的应用在其他同类教材中鲜有出现，较为前沿。

本书可作为高职高专连锁管理类专业及相关专业学生的教学用书，也适合从事连锁经营管理工作的人员阅读参考。

图书在版编目（CIP）数据

连锁门店营运管理/陶金主编．—北京：化学工业出版社，2022.2

ISBN 978-7-122-40343-8

Ⅰ.①连⋯　Ⅱ.①陶⋯　Ⅲ.①连锁店-经营管理-教材　Ⅳ.①F717.6

中国版本图书馆CIP数据核字（2021）第241956号

责任编辑：蔡洪伟　　　　　　　　　　文字编辑：梁玉兰
责任校对：王　静　　　　　　　　　　装帧设计：王晓宇

出版发行：化学工业出版社（北京市东城区青年湖南街13号　邮政编码100011）
印　　装：河北鑫兆源印刷有限公司
787mm×1092mm　1/16　印张14¼　字数355千字　2022年3月北京第1版第1次印刷

购书咨询：010-64518888　　　　　　　　售后服务：010-64518899
网　　址：http://www.cip.com.cn
凡购买本书，如有缺损质量问题，本社销售中心负责调换。

定　　价：46.00元　　　　　　　　　　　　　　　　版权所有　违者必究

前言

随着中国创业潮的兴起，连锁经营管理这一商业模式被应用于越来越多的行业，具备连锁门店营运与管理的人才也被越来越多的企业所重视，高职院校为了适应这一社会企业实践需要，纷纷开设"连锁门店营运与管理"这门内容实用的课程。但随着社会经济形势的发展，门店营运实践中出现很多新现象、新理念、新的营运操作方法，这些新知识需要及时补充到教材和课堂中。同时，00后的大学生接触资讯越来越迅捷，且对新出现的实用技能更感兴趣。因此，这些客观形势促使本人在讲授该课程的过程中，保持教学内容常教常新，经过这种不断的积累，形成了此教材。

编写过程中，与广州市锦昇信息技术有限公司和广州王老吉餐饮管理发展有限公司合作，听取企业实践指导建议，并吸收了该企业最新案例管理故事。全书以大型连锁超市营运管理必备知识为主线，共分为十二个项目，每个项目包括几个不同的学习任务。这十二个项目分别为：项目一　如何认识连锁门店营运管理；项目二　连锁门店店长培养与员工管理；项目三　连锁门店布局管理；项目四　门店商品结构、分类与陈列；项目五　门店促销管理；项目六　门店收银管理；项目七　门店专柜管理；项目八　门店订货、收货与存货管理；项目九　门店盘点管理；项目十　门店安全与防损管理；项目十一　门店顾客服务管理；项目十二　门店绩效管理。其中，陶金承担了项目一、二、四、五、六任务二和任务三、七、八、十、十一、十二任务三的编写，蒋小龙承担了项目三和项目六任务一的编写，范征承担了项目九和项目十二任务一、二的编写，钟劼、张韵轩参加了资料查找和部分内容的编写工作。在此，非常感谢蒋小龙副教授和范征教授在本书编写过程中给予的帮助与支持。

在本书的编写过程中，笔者认真研读了国内外许多专家和学者的著作，并借鉴了其中部分内容，在此谨向他们表示深深的感谢！由于编者水平有限，书中难免会有不妥之处，恳请专家、同行和广大读者批评指正。欢迎大家就任何问题联系交流，联系的邮箱为：123159240@qq.com。

编者

2021年9月

项目一　如何认识连锁门店营运管理　/ 001

　任务一　认识连锁门店　/ 002
　任务二　连锁门店组织结构、营运管理内容与标准　/ 007

项目二　连锁门店店长职能与员工管理　/ 015

　任务一　连锁门店店长职能　/ 016
　任务二　连锁门店员工管理　/ 023

项目三　连锁门店布局管理　/ 035

　任务一　货位布局　/ 036
　任务二　卖场通道设计　/ 044

项目四　门店商品结构、分类与陈列　/ 055

　任务一　门店商品结构与分类　/ 056
　任务二　商品陈列　/ 063
　任务三　人工智能与可视化陈列管理　/ 072

项目五　门店促销管理　/ 079

　任务一　现场促销方案策划、实施与评估　/ 080
　任务二　线上促销管理　/ 090

项目六　门店收银管理　/ 097

　任务一　收银岗员工职业素质培养　/ 098
　任务二　收银操作管理　/ 101

任务三　无人零售与无人收银　/107

项目七　门店专柜管理　/113

任务一　如何引进专柜　/114
任务二　如何管理专柜　/122

项目八　门店订货、收货与存货管理　/127

任务一　门店订货与进货管理　/128
任务二　门店收货与存货管理　/132

项目九　门店盘点管理　/139

任务一　认知门店盘点　/140
任务二　商品盘点作业实施　/149

项目十　门店安全与防损管理　/159

任务一　门店安全管理　/160
任务二　防损管理　/167

项目十一　门店顾客服务管理　/181

任务一　认知顾客服务　/182
任务二　顾客投诉管理　/188

项目十二　门店绩效管理　/195

任务一　认知门店经营绩效　/196
任务二　改善门店的经营绩效　/211
任务三　大数据与小数据应用　/215

参考文献　/221

项目一

如何认识连锁门店营运管理

职业能力目标

- 认识连锁企业的构成体系；
- 熟悉连锁门店不同类型；
- 了解连锁门店与连锁总部的关系；
- 理解连锁门店组织结构设计；
- 掌握连锁门店营运管理的基本内容。

学习任务导图

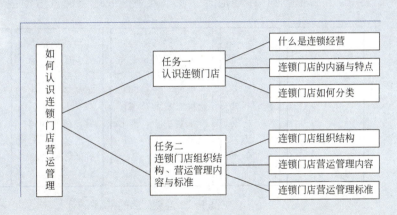

任务一　认识连锁门店

门店实践情景

> 小李是某职业技术学院连锁经营管理专业的一名大一新生，结束了紧张的军训，便开始了为期两周的专业知识教育。周一、周二专业导师带领大家参观考察了本专业的校外实习基地——华润万家超市旗下的体育西店、番禺市桥店，也参观了在学校附近的两家独立经营的超市。体育西店与番禺市桥店有统一的标识，门店店员统一着装，在卖场内小李看到两个店的内部商品陈列、商品结构也是一样的。

思考与启示：生活中的你也在不同的连锁企业消费过吗？结合上述门店实践情景，总结一下连锁企业门店有哪些特点。

一、什么是连锁经营

近年来，连锁经营这一商业模式为许多企业所采用，并为企业发展带来巨大进步。那么，什么是连锁经营呢？本书选取2002年8月12日，国务院体改办、国家经贸委发布的《关于促进连锁经营发展的若干意见》中对连锁经营的描述内容："连锁经营是通过对若干零售企业实行集中采购、分散销售、规模化经营，从而实现规模经济效益的一种现代流通方式，主要有直销连锁、特许连锁、自由连锁等类型。实行统一采购、统一配送、统一标识、统一经营方针、统一服务规范和统一销售价格等是连锁经营的基本规范和内在要求。"此概念突出了连锁经营是一种企业组织形式和经营制度，企业可以通过这种经营制度取得规模效益。企业社会实践中，连锁经营被看作一种商业模式，这种商业模式自20世纪90年代从西方传入中国东莞，至今已被应用于多种行业。世界连锁巨头沃尔玛多次被评为世界500强第一位，也充分说明连锁经营制度的商业价值和威力。

二、连锁门店的内涵与特点

连锁门店是连锁企业的经营单位，这些经营单位是连锁企业的规模效益能够实现的有力保障。连锁门店是企业有计划地设立在不同地区或地点的分散的经营网点。图1-1从数

（一）数量较多，整体上有规模效应，形成联合体，少则几家十几家，多则几千家，甚至更多	（二）同一企业所有门店使用统一店名、标识、空间布局和服务	（三）门店采购权方面，不同企业有些不同。但同一企业内的门店采购权相同。有的总部统一采购配送，有的总部采购一部分门店采购一部分	（四）经营方式多样，不同门店经营方式明显不同。如百货商店采用柜台和开架销售。超市则是自主销售	（五）连锁门店多种业态并存，有大型百货商店、超级市场、便利店等

图1-1　连锁门店的特征

量、统一标识、采购权、经营方式和业态五个方面描述了连锁门店的特征。

三、连锁门店如何分类

要对连锁门店进行分类，就需要了解业态这一概念。业态一词源于日本，大约出现于20世纪60年代，20世纪80年代，中国的商业理论界对日本的商业模式进行学习研究时被引入中国。1998年6月，原国内贸易局颁布了《零售业态分类规范意见》，标志着"业态"正式得到了官方承认。业态是根据零售商业企业的经营方式、商品结构、服务功能、选址、商圈、规模、店堂设施、目标顾客和有无固定场所等多个复杂因素的特定组合来分类的。这些因素的不同组合，形成了不同的零售业态。下面介绍连锁门店的分类。

（一）超级市场

超级市场是指实行自助服务和集中式一次性付款的销售方式，以销售生鲜食品、副食品和生活用品等为主，满足消费者对基本生活用品一次性购足需要的零售业态。超级市场普遍运用大工业的分工机理，实行对零售经营过程和工艺过程专业化和现代化的改造，普遍实行连锁经营的方式。超级市场主要销售对象是周边居民，商品品种齐全、薄利多销，对顾客来说购物便利、环境舒适。一般来说，超级市场要具备以下条件。

（1）门店选址处于居民区、交通要道、商业区。
（2）其终端客户步行10分钟以内可以到达门店。
（3）门店营业面积在1000平方米左右。
（4）商品结构以购买频率高的商品为主。
（5）采取自选的销售方式，分设出入口，结算由设在出口处的收银机统一进行。
（6）营业时间每天不低于11小时，有一定面积的停车场。

根据营业面积、门店选址、商品品种设置等不同，超级市场又可以细分为大型综合超级市场、标准食品超市、传统食品超市、仓储会员店、折扣店。这几个细分业态的比较具体参见表1-1。

表1-1 几个细分业态的比较

项目	大型综合超级市场	标准食品超市	传统食品超市	仓储会员店	折扣店
营业面积	至少6000平方米	1000平方米以内	300～500平方米	6000平方米以上	1000平方米以内
门店选址	城市中地价便宜、交通便利、停车方便的三四级商业区域内，商业半径3000米到5000米	二三级商业区域内常住居民比较集中的街区，商圈半径500米以内	二三级商业区域内常住居民比较集中的街区，商圈半径500米以内	卖场与仓库合二为一，城市中地价便宜、交通便利、停车方便的三四级商业区域内，商业半径3000米到5000米，有一定面积的停车场	房屋租金比较低、交通比较方便的地方，商圈半径约2000米
商品品种	熟食、蔬果、调味品、洗涤品、休闲服装、家电、化妆品等	50%～70%销售生鲜食品，是传统食品超市基础上的升级	袋装熟食、面包点心、调味品、饮料等，少量生鲜，少量日用品	日常生活用品，大客户较多，卖场内货架高，大包装多	商品种类较少，折扣价销售，不经营生鲜熟食类

（二）连锁便利店

便利店是超级市场发展到相对较为成熟的阶段后，从超级市场中分化出来的一种零售业态。这种零售业态，最早于1927年出现在美国，在20世纪60～70年代快速发展，并传遍美洲、日本、澳大利亚及欧洲各国。其中日本便利店在学习美国的基础上进行了创新，发展非常迅速。日本中小企业厅对便利店的定义是："以向消费者提供方便为第一原则，并在经营管理方面追求高效率性的零售业态。"通常，顾客在便利店买完商品后，在10分钟以内即使用该商品，因此，便利店经销的是日常生活必需品中的小商品。

近20年来中国便利店也得到快速发展，开设便利店应具备以下条件。

（1）选址在居民住宅区、主干线公路边，以及车站、医院、娱乐场所、机关、团体、企事业所在地。

（2）商店营业面积在100平方米左右，空间利用率高。

（3）居民徒步5～7分钟可到达，80%的顾客进行有目的的购买。

（4）商品结构以速成食品、饮料、小百货为主，有即时消费性、小容量、应急性等特点。

（5）营业时间长，一般在10小时以上，甚至24小时，终年无休。

（6）以开架自助选购为主，结算在收银机处统一进行。

（三）连锁百货商店

百货商店的产生被誉为零售业的第一次革命。19世纪中叶，由于工业革命的推动，生产力飞跃发展，工业日用品日益丰富起来，小型杂货店不能适应生产的发展和消费的增长，产生了百货店。1852年，在法国巴黎诞生了世界上第一家百货商店——"本·马尔谢"百货商店。随后，百货商店很快传到了英国、美国、德国、日本等国家，一时间百货商店风靡全球。在近一个世纪的世界商业发展中，百货商店一直作为一种大量销售商品的零售业的典型业态，处于统治地位。但是近年来，百货商店在各国都有不同程度的衰落。为了应对衰落，百货商店也有集中化趋势，大多数通过连锁经营来稳固其市场地位。在中国，百货商店以中高档消费者、追求时尚的年轻人和流动人口为目标顾客。商品以时尚生活日用品为主，采取柜台销售与自选销售相结合的方式，服务功能齐全，商品价格一般较高，经营面积较大，商品品种丰富，选址倾向于城市繁华区和交通要道。近年来，随着中国电商的发展崛起，百货业经营也面临不小挑战，甚至有些百货商店撤销部分专柜，把场地用来出租给教育培训机构。

（四）连锁专业店和连锁专卖店

专业店是从百货商店中分化出来的，专门经营一类商品或几类相关联商品的商店，其目标市场定位是在某一类商品上做到品种齐全，或在某一种商品上做到款式多样、花色齐全。其经营商品种类的有限性和专业化，使得门店经营与管理相对简单、门店运营效率很高。门店能够提供完善专业的商品销售服务，营业员不但要了解商品的基本性能、功能和对顾客的吸引力所在，还要掌握商品的原料特性、工艺流程、使用与保养等各个方面的知识。完善的顾问式咨询和无顾虑的售后服务，是专业店门店服务的典型特征。

专卖店是指专门经营或授权经营某制造商品牌或中间商品牌，以适应消费者对品牌选择需求的一种零售业态。专卖店只经营同一种品牌的不同种类的商品，具有品牌经营个性化和排他性的特点。专卖店的服务比一般零售店的要求高，强调周到灵活的服务。因为专卖店的服务对象往往比较固定，眼光通常比较挑剔，而且还掌握了一定的专门知识，极个别甚至达到了"发烧友"的地步。专卖店的营业员和导购员一定要是门店经营商品的行家，具有相当丰富的商品专业知识，能用令人信服的理由来引导顾客购买相应的商品。周到灵活的服务还体现在能够帮助顾客进行消费设计，即根据顾客的特点，为他们设计生活、引导消费，提供多种个性化服务、多功能服务及专项服务等。专卖店的另一个显著特点是实行特许经营。

（五）网店

当前，电子商务发展迅速，连锁零售业也通过互联网进行商品销售，有的通过与大型电子商务网合作进行商品销售，例如沃尔玛直接在京东上开设官方商城，而华润万家与京东到家合作进行网上销售。2018年4月，华润万家与京东到家达成全面合作，双方围绕互联网零售进行优势互补、在线上线下展开深度融合。近半年后，2018年9月华润万家线上销量连创新高，订单量增幅超500%。京东到家上线华润万家的品牌包括华润万家、苏果、Olé等品牌的全国近200家门店，并一度引来整个行业的瞩目。

（六）智能化体验门店

无论是阿里巴巴马云提出的新零售，还是京东刘强东提出的无界零售，尽管说法不同，但都体现了大数据、高科技、智能化的特色。智能化体验门店是为了解决线上销售的消费者体验不足问题而产生的。这里的智能化门店具备以下几个要点：第一，消费者可以通过手机扫描在线上支付；第二，店内的智能机器人能够提供导购、资讯服务和物流配送体验；第三，利用互联网技术全方位整合供应链，将线上与线下的数据连通，包括会员体系等。这种智能体验店会给消费者不一样的体验。服装零售企业马克华菲就进行了尝试，消费者只要用手机在线上旗舰店下单，就可以从实体店拿到自己心仪的商品。此举使马克华菲在终端的渗透率得到了大幅度提升，也让消费者在碎片化的时间内享受到了购物的乐趣。

当前，很多企业进行了智慧门店建设，例如良品铺子，它在进行智慧门店转型过程中并不是一帆风顺的，当时也面临着较多的技术和时间问题。一方面良品铺子线上的客户数据难以引入线下的门店与经营中，主要是一部分二三线城市的智慧门店建设不健全，制约了大数据技术的应用。另一方面良品铺子全国不同区域的2000多家门店在智慧门店的建设与运作上存在差异。比如在城市的分店，可以做到对1500多款零食精准供货，为每一个商品做好个性化定制生产。根据销售实践，发现消费者对零食的核心要求在于好吃和健康。因此，良品铺子采用门店试吃服务、公开生产现场情况等手段，让消费者对零食产品提出评价，并根据评价内容对新产品进行更新换代。良品铺子又通过推出"线上虚拟AR年俗街"等活动，将线下的智慧门店搬到消费者面前，使得消费者更加直观地接触到零食产品的相关信息。同时，通过分析消费者的购物以及浏览的轨迹，得到消费者对于智慧门店的体验；通过数字化技术手段，重新构建了智慧门店，并且实时跟踪2000多家门店货物库存情况，导入自动补货系统；通过智能化手段，掌握店内货物库存情况，自动向系统发送补货单，使得线下和线上的数据实现共享共通。

职业知识拓展

著名哲学家李泽厚曾说过："中国的山水画有如西方的十字架。"他恰当地解释了中国山水画在中国文化中的重要作用。近年来，传统文化正在重新被人们重视，敏锐的商业开拓者们也充分认识到消费升级中文化的重要影响。不少企业分别结合自身特色、地方风俗特色进行创新经营。胡桃里作为音乐特色餐厅行业的佼佼者，其发展受到关注。截至2018年4月，胡桃里分布在全球260多个城市，拥有388家门店，其中国内外分别为382家和6家。胡桃里背后的母公司合纵文化还拥有10多个娱乐品牌。

胡桃里的前身是合纵文化的食堂，地处深圳华侨城创意园内，由于母公司艺人在食堂排练的时候员工在就餐，这种就餐体验吸引一部分人主动询问能否在这里吃饭。因此，2013年胡桃里形成"餐厅+酒吧+咖啡"的设想，之后在南宁开出第一家旗舰店。胡桃里的行业定位充分结合了自身优势与特色，紧扣了年轻人的消费诉求，融合了川菜特色、红酒、音乐与文艺风。当然，胡桃里非常清楚自身的核心定位是餐饮，因此重视餐饮供应链建设，建立了全球中央采购与配送平台，将公司自主研发的四川酱料配送到门店，实现了一定的标准化。在酒水管理上，胡桃里与世界百大酒庄合作直供，酒水包括9个国家的2000多个品类。另外，为了保持餐厅的音乐创新、特色与质量，艺人要经过母公司合纵文化音乐学院的考核培训才能到各个门店演出，艺人团队每三个月进行全国范围内互换。胡桃里的主要顾客是80后、90后和00后，他们的消费需求也是多样化的。为了满足不同需求，胡桃里在15个小时的营业时间内的不同时段，分别为不同的客户群提供不同服务。中午以商务白领为主，下午提供下午茶，晚上满足各种聚会和酒吧需求。同时，下午低效时段也被充分利用，期间会定期举办读书会、摄影分享等活动，也为一些公关活动、发布会和选秀提供场地租赁。

 职业知识思考

胡桃里音乐餐厅迎合了消费者的哪些需求？

任务二　连锁门店组织结构、营运管理内容与标准

门店实践情景

　　文字和书籍的出现是人类文明之光，照亮了人类的过去和未来。然而，随着电子书的出现，很多人选择使用各种电子阅读工具，一个小巧轻便的kindle可以容纳非常多的电子书籍，其中单本电子书的价格又远低于单本纸质书的价格，相比之下纸质书又携带不便。因此，许多实体书店经营步履维艰。不容乐观的市场环境倒逼出一批新型书店，它们在商业模式、店内氛围和消费场景的突破让人耳目一新。例如，西西弗、钟书阁、言几又等。钟书阁就有最美书店之称，其设计荣获十余次国际设计大奖，成为书店的颜值担当。该品牌在不同城市开的每一家门店都成了网红打卡之地。钟书阁给消费者提供了沉浸式体验。很多钟书阁的顾客选择此地的原因不只是看书，更是追求在这个氛围下的舒适感。钟书阁在不同城市的设计会融入当地文化，例如上海闵行店主打万花筒概念、杭州店偏向于森林系、扬州店的主题是运河文化，而成都门店充满熊猫、脸谱、宽窄巷子等元素。钟书阁的突破，巧妙地紧扣了书籍的精神食粮作用，用看得见的场景设计将书籍照进消费者的心灵。言几又的转型与钟书阁又有所不同，它最初的模式是书店+咖啡+文创产品，目前发展到文创街区、设计师工作空间、文创项目孵化、阅读主题酒店等，它的转型跨度更大也更丰富。

思考与启示：实体书店为什么会出现这样的创新？

一、连锁门店组织结构

（一）连锁企业组织体系的构成

　　连锁企业指经营同类商品、使用统一商号的若干门店，在同一总部管理下，采取统一采购或授予特许权等方式，实现规模效益的经营组织形式。这里就需要大家了解连锁企业的组成体系中，总部与门店的关系。如果用一个人来比喻连锁企业的话，总部就相当于大脑。总部是连锁企业经营管理的核心，统一控制投资规划、经营节奏和市场布局等，属于投资中心和决策中心。总部具有展店功能、研发功能、行销功能、教育训练功能、指导功能、财务功能、情报搜集功能。在日常运营中，商品通过总部统一采购，统一配送到门店，一部分可根据当地情况由供应商直接送货到门店。连锁企业组织体系可以用图1-2来表示。

图1-2　连锁企业组织体系图

（二）连锁门店组织结构

连锁企业门店不具有决策权，主要是负责将总部的政策制度落地。门店管理也会依据总部的管理规定来进行，因此一般实行店长负责制，规模较大的门店可以在店长下面设置一些职能部门来协助店长工作，规模较小的门店可以由店长直接管理，而不设置职能部门。当前很多行业都采取了连锁经营的模式，但因为行业性质、规模大小不同等在门店组织结构上会有所差异。下面介绍一个典型的门店组织结构，如图1-3所示。

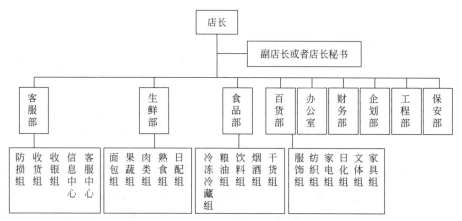

图1-3　连锁企业典型门店组织结构图

二、连锁门店营运管理内容

连锁门店营运管理是指连锁经营企业所属门店，按照总部所制定的经营战略和经营计划，严格执行各项政策、制度、标准和规范，对门店经营进行组织、控制的过程。其门店管理的内容包括员工、销售、财务、设备设施、营业现场、环境、信息管理等。

（一）环境管理

1. 门店外部环境

曾经有企业培训师在培训课堂上让学员给华润万家画一幅画像，学员现场画出了一个身着绿色围裙、笑容可掬的中年家庭主妇的画像，这说明华润万家的形象深入人心了。为何会有这样好的效果？因为连锁企业店头店标是统一的，门店需要根据总部的规章制度进行店头外观管理，与总部的企业文化一致，凸显企业的特色。店头外观管理要求门店每天都要对店头进行检查，查看橱窗是否干净整洁；废弃纸箱是否整理妥当；店头招牌是否清晰、稳固；店头灯光是否明亮；橱窗招贴是否褪色、不整洁。

2. 门店内部环境

门店内部环境管理主要包括卖场、仓库。卖场内部要注意通道是否干净、有无湿滑、是否畅通；货架有无破损、是否稳固；商品摆放是否整齐、干净；各种设备是否能正常使用、是否清洁卫生；卖场内部气味及灯光是否正常、温度是否适宜、音乐是否合适、POP广告是否在促销期间内等。

（二）门店商品管理

门店商品管理包括商品陈列管理、商品质量管理、商品损耗管理、商品促销管理、商品销售管理等。

1. 商品陈列管理

门店商品陈列要按照总部的要求进行，根据商品配置表进行商品的摆放；根据销售情况进行陈列的调整；根据促销内容进行陈列的变换。商品陈列管理内容很多，后面会有陈列专项来供大家学习。

2. 商品质量管理

商品质量管理要求重视商品包装是否合乎相关规定；商品是否在保质期内；生鲜商品要进行温度控制管理和鲜度管理。

3. 商品损耗管理

商品损耗管理要注意防止人为的物理的碰撞损耗；要注意防盗管理；要按照规定进行定期和不定期的盘点。

4. 商品促销管理

根据销售情况和季节变换，进行商品促销管理，选择合适的商品和时机进行促销。

5. 商品销售管理

每天根据POS系统数据，了解销售状况，及时找出滞销商品，并在保质期内进行促销，及时引进消费者喜爱的新品。

（三）门店人员管理

1. 对本店员工的管理

科学的员工管理是提高门店经营绩效的关键。门店要根据总部要求控制员工人数；提高员工的工作积极性；合理分配工作任务；提高员工的销售服务技巧；进行科学的排班，做好考勤工作；注意员工的休息安排。同时需要注意的是，现在很多连锁企业基层员工大量短缺，门店也可以采用灵活用工或者聘请兼职人员的方式补充销售高峰期或者促销时段的人员不足。

2. 对顾客的管理

对顾客的管理主要是指对顾客需求的调研与预测，通过店内导引对顾客行动路线的指引，以及对顾客投诉意见的及时处理。例如，2020年春节期间，由于武汉新冠肺炎疫情严重，全国各个省都进行了相应的管理，其中超市是一个人流量较大的公共场合，华润万家超市就派专职人员在入口处为顾客量体温，并监督顾客是否戴口罩，如果顾客没有戴口罩又要进去买东西，超市会赠送一个口罩给顾客。这就是对顾客行为的管理。

3. 对供应商的管理

对供应商的管理主要是指厂商在向门店配送货物的时候，必须按照规定流程进行接货进货管理。同时也要注意对供应商派到卖场内的促销人员的管理，这部分人员不是超市的员工，需要有专用的身份牌以方便管理。

（四）门店财务管理

门店财务管理主要包括收银管理和现金管理。

收银管理是门店销售服务管理的一个关键环节。收银台是门店商品、现金的"闸门"，商品流出、现金流入都要经过收银台，因此，务必重视对收银的管理。要培训收银员注意以下工作重点：控制收银差错率，防止收入假币以及银行卡欺诈行为，分清各班次收银员的经济责任，及时上交营业款，防止内外人员勾结逃款。现金管理主要包括备用金管理、现金入库管理、现金出库管理、现金安全保障管理。

（五）门店信息管理

门店信息管理包括门店商品销售经营信息整理分析、竞争店信息收集与获取、消费者需求信息收集与分析判断。

三、连锁门店营运管理标准

连锁门店营运管理标准是由总部统一制定的，门店按照制定的标准进行管理。那么，连锁企业总部在制定标准的时候需要注意：管理标准内容要完整，必须包括从门店选址到门店营运的所有管理事项。同时，制定的标准要便于门店在使用的过程中容易理解、容易操作、容易落地。最后，制定的标准不是一成不变的，要根据企业营运所面临的内外部环境变化而变化。一般来说，最后形成的管理标准要制作成手册，完整系统地描述出来。手册中要包括如下内容：一、总则；二、单店的组织结构；三、单店的日常运作管理；四、人员管理；五、顾客管理；六、促销管理；附件：常用表格。下面介绍一下大娘水饺公司标准化管理的案例。

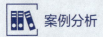 案例分析

大娘水饺公司标准化管理

标准化是保证企业品质恒定的生命线，没有标准化就没有品牌连锁。大娘水饺将传统中式餐饮与洋快餐的标准化理念相结合，成功地实现了中餐制作与服务的各个环节的标准化操作。

产品标准化。大娘水饺在生产操作程序上采用了标准化的生产与管理，在每道工序上都制定了作业指导书，采用科学量化标准，即水饺大小定量；馅心配置定量；和面兑水定量；佐料配方定量；汤品主辅料定量。同时每道工序均有质量检验标准，并严格地贯彻实施，从而保证了产品质量能够长期稳定。

服务标准化。大娘水饺在服务的流程化、标准化方面进行了有益的探索，对每一个环节都制定了服务质量标准。比如收银接待时间、每一时段提供品种、餐具待收时间，以及餐厅环境温度控制的量化标准等，这些标准保证了连锁店能够提供美观整洁的环境、真诚友善的服务、标准无误的供餐，使消费者有一个良好的消费体验。

管理标准化。大娘水饺制定了完善的《质量手册》和《营运标准手册》，让连锁店各个工序、各个岗位、各个环节进行运作时，最大限度地做到简单化、模式化，实现了统一商标、统一品种、统一采购、统一配送、统一管理、统一核算、统一经营方针、统一广告宣传、统一服务规程等，使企业逐渐形成了顾客群庞大稳定、规模经济效益日益提高等优势。

大娘水饺制定了长达380页的标准手册，实现了整个企业的各个领域的标准化操作与标准化考核。有了标准化，不仅仅使顾客打消了对食物缺斤短两、物非所值的顾虑，而且使企业整体上提高了自己的档次，使中式快餐得到了本质的升华。

除了标准制度本身的约束力之外,大娘水饺还拥有一支被称为"老板的眼睛"的督察队伍以及数量不菲的"神秘顾客",前者都是熟知企业标准的行家里手,后者则是真正顾客的代表。他们的努力,大大推动和深化了大娘水饺的标准化进程。大娘水饺的厨房是没有厨师的厨房。在厨房里面操作的全都是熟练工。也就是说,企业把所有的技术含量全部分解为标准化操作、傻瓜式操作。只要身体没有毛病,几乎任何人都可以在大娘水饺的厨房进行操作,当然,前提必须是掌握标准,大娘水饺的标准。大娘水饺将尽可能多的制作环节放在自己的基地——占地70亩的大型现代化工厂。标准化的水饺、冷菜、点心、汤料等成品半成品从这里源源不断地发往全国各地。

职业知识拓展

1859年,美国诞生了世界上公认的第一个现代化连锁组织——大西洋和太平洋茶叶公司(A&P),A&P以销售低价位的茶、咖啡及香料起家,后来扩展到食品杂货。到1929年,A&P共有17000家连锁店,年营业额超过5000万美元,成为世界上最大的零售企业。第一家加盟连锁店则是美国胜家(Sing-er)缝纫机公司,时间约在美国南北战争(1861—1865年)结束后不久。

(一)美国的连锁经营

1. 传统连锁时代(19世纪中叶到20世纪50年代)

1900年以后,巨型产业如汽车、石油精制业者以连锁经营的方式建立经销网络。经销店自主经营,只借用总公司的商品及商标名销售总公司商品,至于各店的经营管理制度,总公司一般不会干预。连锁的特点只体现于销售方式的统一和专卖精神上。这一阶段可称为美国传统连锁商业的创始时代。

2. 现代连锁时代(20世纪50年代至80年代)

第二次世界大战后,美国高速公路网的建成、计算机技术的普及、自我服务的销售方式以及多种营销策略的兼容并蓄,共同促成了美国连锁业在这一时期的高速发展。以快餐业为代表,各店不仅使用总公司名、商标名,而且还承袭了总公司的全套管理制度,包括:统一进货、地点选择、店面设置、人员训练、广告促销、销售标准化以及资金融通等。这一阶段可称为连锁商业的黄金时代。

3. 新式连锁时代(20世纪80年代)

第三阶段主要是20世纪80年代以后,连锁业进入一个全面开拓和渗透时期。相对于第一代的"传统"和第二代的"现代速食"而言,进入第三代的"形式"连锁加盟系统,其特点是将第二代的经营手法多元化,利用连锁经营的优势向其他行业渗透,不再局限于零售业、餐饮业等少数传统行业,而扩及非常多的行业。

4. 国际连锁时代(20世纪80年代以后)

第四阶段是国际连锁时代。随着资讯手段的现代化,科学技术的发展,国家同企业间的经济往来日益密切,美国连锁业凭借其雄厚的资金、成熟的技术,野心勃勃地占领着海外市场。其输出国中以加拿大最多,其次为日本。

（二）欧洲的连锁经营

欧洲连锁业的起步略晚于美国。19世纪中后期，产业革命后的英国，工业大规模增长为商业提供了大批货源，商业活动不断旺盛。尤其是进入铁路时代后，运输、通信条件的改善，仓储设施的改进，为商业在广阔的地域上发展提供了便利的条件。工业与交通的变革要求相应的商业变革，连锁商业开始出现并得以蓬勃发展。1862年，伦敦无酵母面包公司——第一个连锁股份企业诞生。该公司资本较少，起步稍慢，但终获顺利发展。1876年，另一个食品连锁店利普号连锁店创立，1898年发展成为公共有限公司时，已拥有分店245间和利普顿茶叶经销处3800个。欧洲连锁店的出现并不算晚，但其真正的发展还是在1890—1894年间，当时英国的连锁店铺数在2.2万间以上，德国为1.3万间，法国为1.2万间。这些连锁店在食品、衣料、鞋业、医药等商品领域均得到迅速发展。二战后，欧洲经济重建也使连锁业获得新发展。

（三）日本的连锁经营

日本第一家连锁店创立于1963年，叫作"不二家"，是一种西式桂饼咖啡店，虽然日本连锁业的历史很短，但成长却颇为迅速。日本连锁业范围广泛、包罗万象，可以说是"麻雀虽小，五脏俱全"。但论规模，日本的连锁店还无法与美国的相提并论，比如日本没有一个代表性的世界级连锁大企业能与美国的麦当劳、假日旅馆相提并论。日本连锁经营从概念的界定、分类到基本的操作都学习了欧美比较成熟的理论，利用其后发优势迅速构建了日本的连锁体系。但其发展过程中并没有拘泥于欧美的模式，而是根据需要不断创新。例如日本"7-11"便利店连锁系统本部根据本国大城市地价昂贵、零散小零售店多如牛毛的特点，没有过多地自行建造分店，而是劝说原有的小店加入连锁体系，迅速而成功地使方便店连锁化。其年度总资本利润率居日本零售业首位。

（四）中国的连锁经营

几乎所有和人打交道的行业都是零售业。中国古代的行商挑货郎和集市贸易都是基于当时社会环境而存在的零售业，而连锁经营这种商业模式在中国起步较晚，然而发展迅速。1986年天津高达集团公司创办天津立达国际商场，并在国内外组建连锁商店，这也许是我国最早具有现代化特征的正规连锁店，从此揭开了我国连锁店发展的序幕。中国真正意义上的自己的现代连锁企业是与超级市场一起成长起来的。1990年，广东省东莞市糖业烟酒公司率先在中国大陆开设了"美食品连锁店"，随后，北京的希富、上海的联华、华联、永辉超市等众多的连锁企业相继诞生并获得大规模发展。

中国连锁业也扩展到多个行业。例如新东方教学体系的标准化就被作为行业标杆。新东方建立了七步教学法，分别是：进门测—新授课—课堂落实—查漏补缺—出门考—课后落实—结果公示。这套教学法把优质的教学内容和科学的教学方式紧密结合起来，通过掌上优能APP实时反馈给家长，家长可以即时交流，快速提升孩子的学习成绩。在新东方的双师课堂，每节课都会有2名老师陪伴学习。班主任每天提前将主讲老师当天所讲的内容整理成试题，测试成绩出来后再进行一对一辅导。在新东方，无论是学生的笔记还是测试成绩，就连课上所做的习题，都可以通过掌上优能展现出来。对学生来说，自己如何按照这个步骤学习呢？第一步，自己预习第二天的课上内容，需要标记自己对哪些知识点有疑问；第二步，课上带着自己的问题认真听讲，并按照四色笔记法认真完成笔记；第三步，课程中完成相应的习题，准备一个错题本，及时请教老师和同学，就自己不会的问题有针对性地查漏补缺；第四步，给自己设立短期目标或短期竞争对象，发现自己的进步或不足。新东方七步教学法曲线、学习方法、学习规律总结把教学提升到一个新的层次。七步教学法还有助于总结教学经验，达到迅速培养教师的目的。

职业知识思考

针对以上学习资料，从发达国家的发展来看，你如何理解中国近20年连锁业的不断发展？请从网上查阅目前中国连锁企业有哪些，都涉及哪些行业，发展情况如何。

课后技能训练

一、选择题

1. 超级市场是指实行（　　）服务和集中式一次性付款的销售方式，以销售生鲜食品、副食品和生活用品等为主，满足消费者对基本生活用品一次性购足需要的（　　）业态。

A. 自助　零售　　B. 自助　便利

C. 个性　零售　　D. 个性　便利

2. 便利店是超级市场发展到相对（　　）的阶段后，从超级市场中分化出来的一种零售业态。

A. 早期　　B. 较为成熟　　C. 后期　　D. 初期

3. 如果用一个人来比喻连锁企业，总部相当于（　　）。

A. 手　　B. 脚　　C. 腿　　D. 大脑

4. 连锁企业门店管理标准由（　　）制定。

A. 总部统一　　B. 门店分别　　C. 个人　　D. 集体

二、案例阅读与分析

案例一

日本的"7-11"便利店在1975年就开始24小时营业。总部提供的单品为5000种，单个门店售卖的单品约有2900种，其中自有品牌占比68%以上。日本鲜食联合会到2013年已经有80多家米饭、面包、配菜生产商的大型组织，且只为"7-11"便利店提供食品。2007年，"7-11"便利店推出首个自有品牌Seven premium，当年实现800亿日元销售额。之后又在食品、咖啡、化妆品等领域推出不同品牌。其选址采取密集型策略，密集选址提高了门店的配送效率，方便商品集约化管理。为了保证标准化管理，"7-11"便利店设立了店铺经营顾问，每个顾问负责多个便利店，指导店长执行总部策略，每两周召开全国会议，面对面沟通汇报各店情况。日本的"7-11"便利店，店内安装ATM机，多功能复印机，并为老人提供免费送货上门服务，而且还提供公共事业费用代收服务。

《2020年中国便利店发展报告》显示，2019年中国便利店总数达到13.2万家，但"7-11"

便利店只有2147家，占比不到2%。"7-11"便利店在日本无人能及，但在中国大陆发展20多年其成就远不如日本。"7-11"便利店在中国大陆的市场占有率、业务内容与日本都有较大不同。其选址多为交通枢纽地，其餐饮的规模小，种类也很少，主要是销售一些零食、饮料、日用等。甚至留给顾客的印象只是一家卖得贵的外资企业。

案例思考题：请根据上述内容，分析为什么"7-11"便利店在日本市场和中国大陆市场发展如此不同。

案例二

广州王老吉餐饮管理发展有限公司是广药集团下属企业，近年来全力打造的，融合饮品销售、社交体验及保健休闲为一体的连锁体验门店。其市场定位是坚持药食同源理念，将天然功效与自然美味相结合，集合自然的精华，让纯粹、天然、健康，引领"自然"的主流。在此基础上，打造以1828古法功效茶系列为形象产品，以汉方草本系列为主销产品，以草本鲜果茶系列、草本奶茶系列、吉乐加甜品系列为侧翼产品的产品体系。采用健康产品获得高频流量，向汉方弱功能产品和经典功能产品转化和沉淀，树立强大的产品护城河，产品开发策略体现了茶饮市场四大趋势：丰富性、多样性、趣味性、健康性，并实现个性化定制。

案例思考题：请采用网络搜集和市场调研相结合的方法对茶饮市场进行资料搜集与整理，分析王老吉采用这一市场定位的原因。

三、简答题

1. 连锁门店都有哪些类型？
2. 连锁门店营运管理包括哪些内容？
3. 连锁专业店和连锁专门店的区别是什么？
4. 你如何看待当前的门店智能化体验？
5. 你如何理解门店管理的标准化？

项目二

连锁门店店长职能与员工管理

职业能力目标

- 清楚了解店长角色定位与岗位职责要求；
- 具备店长职业能力，善于抓重点重细节掌全局；
- 厘清员工岗位职责与职业素养要求；
- 能够进行员工工作任务分配与管理；
- 善于进行员工培训、员工激励、员工考评。

学习任务导图

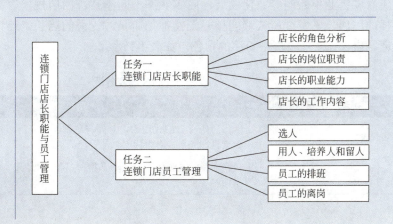

任务一　连锁门店店长职能

门店实践情景

图2-1　学生实训图

张亮亮是广东省某高职院校连锁经营管理专业的一名大三学生，目前正处于毕业实习阶段。张亮亮通过在人才市场投简历、面试，最终应聘成功，实习岗位为店长助理。张亮亮实习的这家超市面积1000平方米，以经营生鲜、食品、生活用品为主，由于开设在成熟小区附近，生意很好。张亮亮每天的工作就是给该超市的王店长打打下手，做一些现场销售与理货等工作，如图2-1所示。在张亮亮眼中，王店长是个能力很强的人，从商品的进销存到顾客的需求，再到员工的吃喝拉撒，什么都要管，事情虽然杂，但是王店长都能应付自如；在员工眼里，王店长是个好领导；在顾客眼里，王店长是个热情的店家；在供货商眼里，王店长是个能销售商品、资金运作灵活的好生意伙伴。

某日，张亮亮向王店长讨教："我要怎么样做才能成为像您这样成功的店长呢？"王店长笑笑说："因为我是店长啊，我每天都跟自己说，我要做一个负责任的店长，对门店负责，对全员负责，对企业目标负责。"虽说"店长"只是简单的两个字，但包含的职责却很深远。经过短短几个月的实习，张亮亮深深认识到，店长作为店铺的主角，唯有认清自己的角色定位，才能明确自己的职责和工作权限，才能在门店中发挥自己的才能，领导全员创造佳绩。

思考与启示：店长的角色是什么？岗位职责是什么？

一、店长的角色分析

随着零售业不断向专业化发展，门店业态不断丰富，门店规模有大有小，但是，无论什么样的门店，其发展所依赖的核心人物都是店长，优秀的店长是连锁企业不断扩张的有力保证。店长在企业发展中扮演的角色，如表2-1所示。

表2-1　店长角色分析

店长角色	角色分析
门店代表	门店所有者的代理人，对外与总部、供应商、顾客以及其他部门接触，建立良好关系；对内代表总部管理员工
经营者	精通经营之道，正确决策，指挥员工高效工作，分析各项经营数据，满足顾客要求，创造利润

续表

店长角色	角色分析
门店目标制定者和执行人	根据总部要求及门店资源制定发展目标,根据日常经营情况调整目标,适应变化的市场需求
管理者	有效运用各种资源,管理好人、财、物
问题协调者、解决者	直面门店营运中的真实问题,协调解决问题
培训教练	指导培训员工,提高员工业务水平,激励员工
士气鼓舞带动者	善于鼓舞员工高昂士气,以身作则积极工作
门店监督者	监督各部门日常工作营运和工作计划的执行

二、店长的岗位职责

通过对店长的角色分析,我们知道店长是门店营运管理的核心,要管理门店内的所有事务,但是店长一个人的时间是有限的,因此,有必要明确店长的岗位职责,如表2-2所示。

表2-2 店长岗位职责说明

店长岗位职责	职责说明
制定规章制度并监督执行	制定和执行相关规章制度,并向员工解释各项规定和条文,监督员工的执行情况
制定经营目标	根据实际情况制定门店长期经营目标、盈利指数;根据本年度完成计划制订下一年度计划
商品损耗管理与监督	对主要损耗商品重点管理,有效防损减损
管理与激励员工	以人为本,通过激励措施调动员工积极性
管理和提升销售	掌握门店销售情况,调整经营策略,热销商品及时补货,滞销商品减少库存
财务管理	及时盘点现金、货物,加强财务审核和监督
设备管理	保持门店设备完好,定期全面检查
掌握销售信息	及时了解销售信息,根据情况调整销售策略
处理突发事件	积极应对突发的火灾、停电、盗窃等事件

三、店长的职业能力

2020年2月6日晚,在美的复工复产前夕,方洪波在向全体员工发出的《走出风暴的我们,有能力到达更远的前方》的信中承诺,无论发生什么,无论如何控制费用,美的不会因此裁员一人,不会降薪,之前确定该涨的工资还要涨……从此承诺,可以看到美的作为一家知名企业,对员工的关爱与诚信。对于连锁企业的店长来说,同样需要在管理中体现出对员工的关爱与诚信。在清楚店长的岗位职责之后,我们还需要了解店长的职业能力要求,只有这样才能胜任岗位职责。下面是店长的职业能力要求。

优良的销售能力,熟悉门店商品知识,拥有丰富的销售实践经验。

有效的管理能力，能够运用多种管理技巧对员工进行有效管理。

分配工作的能力，能够根据员工个人素质进行工作任务分配。

指导店员的能力，能够培训店员提高工作能力。

协调能力，能够协调门店与总部、竞争对手、政府部门、顾客、供应商等之间的各种关系。

高效组织各种活动，能够有效进行时间管理，使各部门按期完成计划，并能够通过组织各种活动提高工作绩效。

诚信、敬业、务实、团队协作与沟通的职业精神。

四、店长的工作内容

山姆·沃尔顿总结出沃尔玛成功的第一法则——"全心经营，比别人更尽心尽力。我克服个人的许多缺点，就是靠对工作的热情。如果你热爱你的工作，你会每天尽可能使工作做得更好，然后你身边的每个人都会被你感染，也都有工作热情。"从中可以看出山姆·沃尔顿能够如此成功的原因。零售业是一个工作内容重复性强又比较琐碎的行业，店长虽然不直接做大量一线工作，但是店长的工作内容也非常多。下面按照每天、每周、每月把店长的工作内容做一个全面介绍。

（一）每天的工作内容

由于门店分布区域和当地人们生活习惯不同，有些地区早上7点就开始正常营业，有些地区早上8点开始营业，有些地区早上8点半开始营业，店长要在开店前半小时到达门店，并开展一部分工作。例如：确认员工是否到岗，查看员工出勤休假情况，巡查卖场卫生情况，检查商品是否清洁、价格牌是否更新、促销现场是否布置妥当、通道是否畅通、设备是否完善可用，召开晨会分配当天任务。

当天开始营业后，店长需要检查员工着装是否规范、仓库是否规范、店内设施设备是否能正常使用，检查缺货情况，审阅前日销售报表和前日达标情况，组织相关人员召开会议，布置当天计划任务目标，确认日常管理问题及解决方案，检查主力商品销售情况、供货补货情况，下午进行交接班工作。在当天营业中，店长还需要巡店。下面来看看早晚会、交接班管理和巡场的工作流程及内容。

1. 早会工作流程及内容

早会集队：全体早班人员要在营业前30分钟到达，到达后集合列队。

出勤检查：店长根据排班表，检查各区人员出勤情况，如有人员空缺，应立即采取补救调动；店长检查全体员工的仪容仪表，包括工卡、工衣、指甲、头发、卫生等。

前日总结：评点前一天员工动态，对表现好的部门和个人要表扬，对做得不好的员工要加以批评和鼓励；店长公布前一天各区的销售情况，指出各区需要完善的工作。

当日安排：公布公司各项通知、指令；发布当天的工作重点、各区有关的促销活动等事项。

结束：店长根据员工动态，进行相应的培训，包括礼仪、服务用语、销售技巧、工作规范等内容。

2. 晚会工作流程及内容

晚会集队：营业结束后，各项工作完成后，全体员工集合列队。

出勤检查：店长根据排班表，检查出勤情况，检查是否有员工早退。

表扬与批评：店长根据当天巡查情况，对员工进行表扬与批评，并指出表扬与批评的原因，鼓励员工不断进步；店长向员工公布当天各区销售情况，指出各区需要改进的方面。

公司指令通知：公布当日公司各项通知、指令。

交班：店长填写店长日志；主管填写交接班记录表；按照《交接班管理工作规范》的要求进行交接。

3. 交接班管理内容

营业结束时，值班店长、各区主管、收银员须提前15分钟填写交接班记录，店长的交接班记录为店长日志。

交接班记录表必须表明重点交接事项，有异常须在备注中注明。

店长：营业款是否已入保险柜中；门窗是否牢固并锁好；有无顾客投诉；检查各区卫生是否做好；安全工作交接检查；人员动态；集团购物备货。

前台区主管：零钞备用金移交；营业款是否已清点完毕并锁入保险柜；收银机是否全部关闭并盖上防尘套。

收货区主管：订货单是否全部发送；退货商品是否整理完毕；收货单是否全部打印完毕。

百货区主管：集团购物所需的货品是否齐全；缺货商品是否已填写补货申请单；食品区卫生是否做好；冷冻冷藏温度检查。

生鲜区主管：报损商品是否处理；订货单是否发完；生鲜区卫生是否做好；煤气灶是否已关好。

安保主管：顾客遗留物品处理；购物袋备用检查；用电、煤气、消防工作交接检查。

理货员：标价牌是否完好、齐全；所负责的设备设施是否已进行维护并完好且可正常使用；有无需要补货的商品。

需要注意的是，当前由于信息技术的发展，有些企业表单管理上实现了无纸化办公，可以直接在电脑或者手机上进行，但是其表单核心内容不能缺少。

4. 巡场工作流程

巡场内容：看通道、客动线；看陈列；看价格；看商品结构；看购物篮；看促销；看气氛；看员工；看设备；看卫生。

巡查记录：将巡场中发现的问题进行记录。

问题整改：对问题提出整改建议并落实到人。

整改跟踪：对整改事项进行跟踪检查。

记录存档：填写巡场表，对巡场信息进行记录存档，以备查阅。

（二）每周的工作内容

根据促销计划，确认促销商品是否能满足销售，督促部门主管做好市场调查工作，收集竞争对手信息，做好销售应对方案，培训员工，恰当运用周会分析上周营业情况，总结工作优缺点及说明下周工作安排等。

（三）每月的工作内容

制订月度计划，做出商品结构调整决策，分析月营运表，监督全月各项工作进度，根据计划安排盘点实践，参加公司门店经理会议。

职业知识拓展

图2-2是某餐饮店店长的岗位职责示例。

```
餐饮店店长的岗位职责
岗位名称：店长
直接上级：投资人或公司总部总经理
业务督导：总部督导
直接下级：前厅经理、厨师长、出纳、采购、库管
岗位描述：按统一授权，负责店铺的营运工作
工作内容：
1. 按照总部统一要求，组织本店的营运工作；
2. 服从公司相关部门指导；
3. 做好营业高峰期的现场巡视，检查服务和出品质量，发现问题，及时解决；
4. 严格控制本店的各项费用支出，实施有效成本控制，通过财务监控，落实本店经营范围内工作目标的执行；
5. 对下属员工实施业务指导、业绩考评与人才推荐，合理安排人事调动，强化员工的职业道德教育，了解员工思想状况，提高员工对工作和生活的满意度；
6. 常备不懈，确保下属员工的人身安全和财产安全；
7. 协调好店铺经营的外围关系，按照要求办理本店各种证件的年检工作，避免因自身工作失误出现被职能部门罚款的现象；
8. 每日组织班前例会，分析当日经营状况，发现并及时解决问题；
9. 根据总部整体营销工作安排，制订店铺营销计划，并做好落地实施；
10. 提升管理能力，打造一支执行力强、效率高的优秀团队。
```

图2-2　某餐饮店店长的岗位职责

 职业知识思考

比较一下零售业店长岗位职责与上图中餐饮店店长岗位职责的相同与不同之处。

 职业知识拓展

金牌店长推选资料参考

从2006年开始，中国连锁经营协会已连续14年开展金牌店长的评选活动。2019年，中国连锁经营协会在整理分析115家单位提报材料的基础上，专门面向本年度参评的店长开展了岗位胜任力调研，形成了金牌店长胜任力画像。金牌店长胜任力画像主要从职业素养、职业技能和专业能力三个方面来描述。图2-3、图2-4、图2-5分别详细描述了职业素养、职业技能和专业能力评分结果。

1. 职业素养评分结果

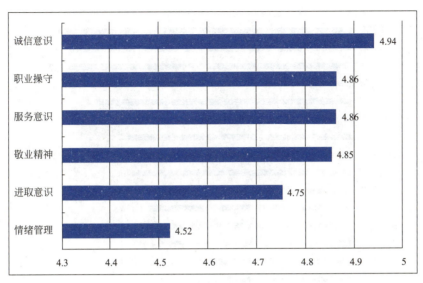

图2-3 金牌店长职业素养评分

2. 职业技能评分结果

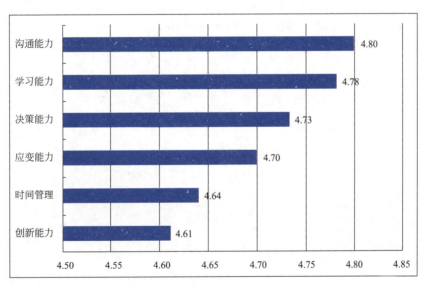

图2-4 金牌店长职业技能评分

金牌店长评选活动还对不同业态下店长的沟通能力、学习能力、应变能力、决策能力、时间管理和创新能力的重要程度进行评分，这六项能力的重要性排序是：百货及购物中心依次为决策能力、沟通能力、学习能力、应变能力、时间管理、创新能力；超市依次为沟通能力、学习能力、决策能力、应变能力、创新能力、时间管理；便利店依次为学习能力、应变能力、沟通能力、时间管理、决策能力、创新能力；专业店依次为沟通能力、学习能力、应变能力、决策能力、时间管理、创新能力。

3. 专业能力评分结果

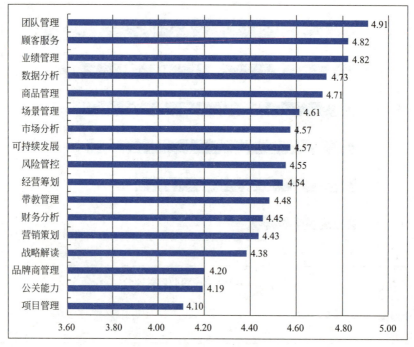

图2-5 金牌店长专业能力评分

职业知识思考

同学们，看了金牌店长的资料，你觉得自己的能力还有哪些方面需要提高呢？如果能找到，恭喜你，和自己的老师聊聊如何提高自己欠缺的能力，迈出前进的第一步。

任务二　连锁门店员工管理

门店实践情景

刘力是某公司的一名技术骨干，工作已经两年多，业绩突出。从性格方面来看，刘力性格比较内向，平日不太主动和别人沟通交流，但是和同事相处得都很好。随着公司业务的迅速发展，刘力被委任为该公司某连锁门店的店长。刘力在心中暗暗鼓足劲头，准备好好地干出点儿成绩来。

可是没曾想上任刚三个月，就面临一大堆问题。以前关系不错的同事，突然有意与他疏远，似乎有很多想法不愿意和他沟通。下属缺乏团队精神，各自为战，很难把大家有效地集中起来。刘力逐渐有了失落感，他很担心自己由于工作忙，而导致专业技术的落后，对管理有了厌倦感，经常想还是做原来的工作好。事情太多，忙得不可开交，即使老加班，工作也干不完。

思考与启示：分析刘力所遇问题产生的原因？如何解决此类问题？

一、选人

刘力由技术骨干转任店长，本身是一件好事，刘力也希望把店长的工作做好，但实际上并不如意。究竟该如何进行门店员工管理呢？门店员工管理过程中，选人是第一步，只有第一步选对人，以后的管理才可能更顺畅。不同规模的连锁企业店长权力和资源差别巨大，但是，无论大小，店长都需要对人才招聘有一定认识。图2-6简要介绍了招聘工作的全流程。

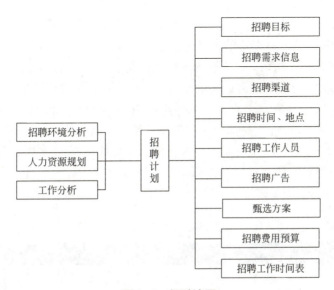

图2-6　招聘流程

一个合格的店长，在招聘中要非常清楚地了解并确定：空缺岗位的部门与职位；该职位的工作内容、岗位职责和权限；预测岗位流动情况，对流动数量做预案；需求岗位的任职资格，比如年龄、学历，工作年限，业务专长，性格能力等。最后还要确定招聘人员数量。

在确定了上述问题之后，下一步需要确定招聘渠道，也就是招聘信息的发布渠道。常见的招聘渠道有外部渠道和内部渠道。外部渠道包括：媒体广告，如报纸、杂志、电视、网络、微信公众号等；熟人推荐；人才市场设摊位现场招聘；招聘中高端人才也可以找猎头公司。内部渠道包括：公司网页，公司工作微信群、QQ群，公司公共橱窗。内外部招聘比较如表2-3所示。

表2-3 内外部招聘比较

渠道特性	内部招聘	外部招聘
优点	对人员了解全面，选择准确性高，了解本组织，适应更快，鼓舞士气，激励性强，费用较低	来源广，有利于招到高质量人员，带来新思想、新方法，从而树立组织良好形象
缺点	来源少，难以保证招聘质量，容易造成"近亲繁殖"，可能会因操作不公等造成内部矛盾	筛选难度大，时间长，进入角色慢，了解少，决策风险大，招聘成本高，影响内部员工积极性

连锁企业在进行员工招聘时，对于门店的关键岗位，往往需要店长参与到具体人选的甄选中。那么该如何进行具体甄选呢？下面通过一个实训项目来进行学习。

首先，来看一份实训材料：张方方是联华超市体育西路的店长，最近门店的生鲜经理向她递上了辞职报告，张店长对他进行了挽留，但是对方执意要走，只能马上开始物色新的人选。生鲜管理是超市管理中比较难的部分，生鲜经理的工作能力就显得尤其重要。张方方首先想到的是自己圈内的好友，看是否有合适的人选推荐，同时也在招聘网站上发布了招聘信息，希望符合条件的投递简历，对简历筛选后进行面试。经过一段时间的简历投递与筛选，张方方为最终入围的3个人安排了面试。A有10年零售工作经验，之前在一家小型超市担任店长职务，为了有更大的发展空间，要求来联华这样的大超市担任部门经理。B是竞争店的生鲜科经理，有丰富的生鲜管理经验，但由于在原单位工作不开心，想跳槽，看到联华招聘，就投递了简历。C是联华本店的生鲜科长，之前担任蔬果科长，工作表现一直不错，与员工关系也好，想借这次生鲜经理离职的机会进行职位提升。

其次，把全班同学分成几个小组，每组6人，6人的角色分配是：1人扮演店长，1人扮演人力资源部招聘专员，1人扮演面试中信息联络员，其他人扮演上述材料中的3个应聘人员。然后6人共同讨论：该岗位需要什么样的人？应聘人员应该具备哪些条件？如何面试？面试的具体问题有哪些？每组讨论后，进行模拟面试。其他小组观看展示并对该小组评分。评分用表2-4的实训报告书。

表2-4 实训报告书

班级		组名	
实训项目名称			
主要实训内容			

续表

班级		组名	
小组自评（20%）	评语：		成绩
			组长签名
小组互评（30%）	评语：		成绩
			组长签名
教师评价（50%）	评语：		成绩
			教师签名
综合成绩			

然后，待各组展示完后，教师要对各小组进行评价，并请各小组阐述其评分理由。

再次，需要确定应聘人员的甄选方式。常见的甄选方式有：面试，通过标准化的面试问题来考核应聘人员，标准化面试是指对每一个应聘者都提问相同的问题，以保证对每一个应聘者的公平公正；笔试，通过试卷来考核应聘人员，题目包括与招聘岗位相关的专业知识和操作技能要求要素等；现场操作测试，就是设立一个工作现场，让应聘人员现场操作，看应聘人员是否能正确操作，比如招聘一名秘书，需要考核秘书的计算机操作能力，就可以现场给应聘人员提供一台电脑，并给出秘书工作中需要用计算机处理的文件，让应聘人员现场去处理这些文件，测试应聘人员是否能正确处理。

接下来，需要规划整个招聘工作的时间。包括：招聘信息发布日期；应聘者笔试日期；应聘者面试日期；面试结束录用信息发布日期；招聘工作的总结与评估日期。

最后，需要人力资源招聘专员制作招聘过程中需要用到的文件表格。包括：招聘公告，面试问话提纲，面试人员评价表，应聘人员登记表等。下面给出三个范例，图2-7为招聘启事、表2-5为面试问话提纲、表2-6为面试评价表。

```
            广州永辉超市股份有限公司招聘启事
（一）公司简介（略）
（二）招聘职位
 招聘职位：卖场销售人员        招聘部门：营销部
 工作地点：广东省广州市        薪资待遇：按公司规定执行或者面议
 招聘人数：1人                学历：高中
 工作经验：1年以上工作经验     性别要求：不限
 年龄要求：20岁以上           招聘日期：2020-2-5至2020-3-5
 职位描述：工作踏实认真，有高度的服务精神；积极主动，团队合作精神强
（三）联系方式：张先生 020-8483****    电子邮箱：11235@qq.com
```

图2-7 招聘启事

表2-5 面试问话提纲

评价指标	准备提的问题	备注
专业知识与技能	……	根据应聘者的应聘材料设计问题
分析能力	1. 当前各大城市的房价都在上涨，请分析原因 2. 请分析人才高消费的弊端	针对每个应聘者只提一个问题

续表

评价指标	准备提的问题	备注
人际协调能力	1. 你正为晚上出差做准备，不受打扰的话下班之前勉强可以完成。这时一位同事过来请求你的帮助，你该怎么做 2. 如果你发现一个同事总背着你在上司面前说你的坏话，你该怎么办 3. ……	……
计划能力	1. 请举一个计划不周导致工作不顺利的事例，并进行经验总结 2. ……	……
组织能力	1. 请介绍一个通过你出色的组织工作或活动顺利完成的事例 2. ……	……

表2-6　面试评价表

编号		姓名		性别		年龄			应聘岗位	
要素		评价标准				优秀	良好	一般	差	得分
专业知识与技能		专业知识的深度和系统性； 能否运用知识解决实际问题； 基本实务与技能的掌握								
分析能力		分析问题是否周密、具有逻辑性； 能否把握复杂事务的本质和内在联系								
人际协调能力		略								
计划能力		略								
组织能力		略								
综合评价		考官签字：								

二、用人、培养人和留人

门店招聘到合适的人员之后，新人会来门店报到，这时新人处在试用期内。试用期结束后，公司会与其签订劳动合同，新人即成为正式员工。下面分两个阶段来阐述如何用人与培养人。

（一）试用期用人

试用期既是企业考核新人的过程，也是新人观察了解企业的过程。因此，门店店长要对新人给予较多关注，根据新人的工作岗位，为每位新人安排一对一导师，以帮助新人度过试用期。导师在新人试用期内也要用心对新人进行传、帮、带，同时观察新人的综合素质是否与岗位相匹配。不能抱着"反正是新人，不行再换"的心态对待新人，因为招聘是需要成本的，不断地换人不仅增加招聘成本，也影响工作质量。

（二）试用期过后用人与培养人

新人经过试用期成为正式员工，证明了自身对工作的胜任力，之后对他的管理就要按照公司规定的员工管理办法来进行。但是，店长个人也要有意识地提升员工管理技能，因为公司的规定是冰冷的，而人的管理却是有温度的，店长要在执行企业政策的前提下，进行有温度的管理。如何进行有温度的管理呢？

1. 科学地激励人

马斯洛将人的需要分为五个层次，分别是生理需要、安全需要、社交需要、尊重需要和自我实现需要。店长要想让管理有效，就必须了解员工的真实需求，并与员工充分沟通。比如，店长要和员工沟通员工工作目标的制定，而不是由店长一个人直接决定，双方沟通制定的目标更容易让员工认同，更符合实际，也更利于未来执行。图2-8所示为马斯洛需要层次论。需要注意的是，在管理实践中，该理论的五个层次并不是要严格地从低到高依次去满足，更多时候是同时满足，尤其是当前中国企业90后、00后进入职场，他们对工作中的尊重需要和自我实现需要表现更强烈，这对于企业的管理提出了更高的挑战。

图2-8　马斯洛需要层次论

2. 科学地培养人

制订培训计划，目的是教育员工如何做好工作，如何提高自己。培训有短期和长期之分：短期的培训，比如为期一天两天的，关于填写售货单、操作收银机的培训；长期的培训，比如为期几个月或以上的，关于零售商及其运营各个方面的管理培训。

开展培训需要在几个方面做出决策：什么时间？什么地点？培训内容是什么？培训老师是谁？培训持续多长时间？培训时间和工作时间冲突怎么办？培训效果如何评价？

在回答了这些问题之后，就要选择合适的培训方法，如表2-7所示。

表2-7　培训方法

培训方法	特点
课堂讲授	可选择行业专家进行当面讲授，可以分析工作中的真实问题
演示	操作性工作岗位常采用的，直接传授技能，被培训者更乐于接受
录像	反复播放，不能与被培训者互动
会议	适用于管理培训，会议领导人必须参与，强化训练
案例研究	通过成功或失败案例分析讨论，启发被培训者的理解与认识
角色扮演	模拟工作环境，被培训者在模拟环境中演练

在开展培训之后，要对培训进行评估，可以进行双向评估，培训师评价被培训者的学习情况，被培训者评价培训师的培训效果，或者培训结束后，观察被培训者的工作技能有没有得到提高，以此来评估培训效果。这样能为以后培训计划的完善与实施提供参考。

3. 科学地考核人

有温度的管理并不是只讲关怀不讲效率。店长要根据企业政策规定用科学的考核方法来考核人。

考勤记录法。根据员工出勤、缺勤、迟到和早退等实际记录情况对员工进行考核。

目标考核法。根据期初的工作计划和期末的实际工作结果进行考核。

定性考核法。用划分杰出、良好、一般、需要改进四个等级的方法来进行考核。

定量考核法。在确定考核指针的评定项目之后,对每一项目规定不同的得分,如正分、负分等,最后,通过累计各项目得分求得总分。

除以上方法外,还有关键事件法、360度评价法。

考核结束后非常需要注意的是,一定要把考核结果用到未来的人员激励当中,让员工了解到自己工作做得怎么样、有没有得到认可、哪些地方需要改进。如果不把结果用到实际工作中,很容易造成考核流于形式,华而不实,不利于门店和个人业绩的提升。

4. 科学地留人

为什么要关注科学地留人?因为,随着新技术的快速发展,新零售最近几年成为一个社会热点,行业正经历技术创新带来的变革,云计算、人工智能、大数据、物联网、生物识别等技术重新定义未来商业模式,科技公司也借助技术优势进入零售行业,以颠覆性的力量挑战传统连锁企业的市场地位。中国连锁经营协会研究指出,连锁零售业是一个劳动密集型行业,目前行业人才供需严重失衡,随着科学技术的发展和应用,商业模式和业务不断创新,连锁零售企业人才的布局也越来越需要具有前瞻性。因此,对优秀零售管理人才的抢夺与竞争也越来越激烈。那么,对于传统零售企业来说,留住人也成为一个现实的挑战。2020年1月14日,德勤与中国连锁经营协会联合发布《2019中国连锁零售业人才供需及新职业新岗位发展研究报告》(以下简称《报告》)。《报告》估算,连锁零售行业目前的人才需求总量每年为534万人,人才缺口达477万人,企业正面临人才供不应求的挑战。

《报告》还提到,行业未来可能新增的职能将以全面数字化为核心展开,而大数据分析、运营管理、全渠道销售、数字化营销和客户关系管理则是行业未来的五大新增职能。而包括仓库管理、物流计划、门店支持、财务分析和IT系统支持在内的这些职能可能因技术发展被智能技术替代。

不管技术如何变化,都需要优秀的人才在变化中快速学习与成长,进而实现企业业绩的提升。新技术和新竞争的巨变,更凸显出行业对优秀人才的渴求,因为优秀的人有更强的适应力和学习力,往往更能在变化中脱颖而出。因此,门店管理者必须科学地留人。如何科学地留人呢?概括来讲,要通过待遇留人、事业留人、感情留人来实现。

三、员工的排班

合理的员工排班保证了门店经营目标的实现,也为员工的工作与生活安排提供了参考依据。一般来说,门店排班工作以公司规定的营业时间为前提,在营业时间内合理安排员工的早晚班及休息时间,为门店正常营运提供保证。

排班:店长根据营运状况,在每月1日之前通知各区主管进行当月排班,排班要合理安排休息与上班的时间及人员的配置情况;主管对班组进行编排时,可参考上周排班内容,在排班过程中,对有实际困难的员工,经店长与主管讨论后,可适当调整安排;主管排班由店长安排。

上报：主管将排班表上报给店长审批。

执行：店长审批后，由主管将排班表张贴在公告栏或发布至网页等处，并分发给各区主管每人一份；主管每天监督员工是否按排班表上班，是否有中途离岗现象；主管收集在执行中产生的排班问题，提出修改意见，并经店长审批后进行调整。

分店员工排班表见表2-8。

表2-8 分店员工排班表

____分店 ____区

日期 姓名	星期一	星期二	星期三	星期四	星期五	星期六	星期日

排班人：_____ 店长：_____ 排班执行时间：_____

四、员工的离岗

员工离岗有当班中的离岗和就餐时的离岗。本规范主要阐述对临时离岗的管理，交接班的离岗按《交接班管理规范》执行。

员工离岗须申请的岗位包括理货员、收银员、顾客服务员、防损员、夜间防损员、生鲜区员工、促销员、各区主管及店长。

对员工离岗的管理主要是离岗需要交接的工作内容、员工就餐的时间管理（就餐时间为30分钟）、员工临时请假、派外工作等。

店长及各区主管要经常巡查，对员工进行监督指导管理并通过分析情况对日常管理进行改进。

具体工作流程如下。

申请：一般每次离岗时间不超过20分钟，否则需要经店长批准，每人每天离岗不得超过两次；员工前往洗手间不用填写离岗登记表，只需向主管口头汇报即可；员工就餐时间为30分钟，员工就餐需打卡登记，用餐完毕后，打卡登记回岗时间；主管离岗需要向店长申请，店长因事离岗需要向管理部门请假。

批准：主管接到员工的申请，确认离岗的原因紧急程度，了解当时的营运状况，决定对员工离岗申请批准与否。

返岗：各区主管监督员工必须在规定的时间内返岗，否则将临时调整其他人员顶岗；离岗员工超出时间未归必须按公司行政规定管理。

统计分析：主管每周统计员工离岗频次；店长、主管根据统计表分析员工动态。了解员工离岗的真实原因并提出意见；将此内容纳入员工的绩效考核之中。

职业知识拓展

　　肇庆有家公司生产内衣类纺织品，从事对外贸易，属于来料加工按订单生产。由于有时候订单时间要求紧迫，需要短期聘请工人以按时完成订单。有一次由于时间仓促，公司在广东某地招收了几百名工人。工人们一起在车间生产，由于来自同一个地方，交流起来很方便。随着时间的推移，工人们对老板开出的工资有些不满，由于公司利润微薄，老板提升了工资待遇仍然不能得到工人的理解。一天，工人们组织了罢工，使得生产中断，并提出如果不增加工资就不继续生产，这样会导致订单难以按时完成。因此，老板迫不得已临时增加工资以平息事态。事后，老板吸取了经验教训，招聘的时候注意不会在同一地域招收大量人员。

　　笔者与老板就此事沟通过，虽然老板看起来很年轻，但是看得出来，老板并没有更好的改善思路，也没有更多人性化的改善举措，而是仍然采用之前的工作思路。

 职业知识思考

案例中的老板该如何对待这些问题呢？

 课后技能训练

一、选择题

1. 连锁门店店长（　　）直接做大量一线工作。
A.不需要　　B.需要　　C.必须　　D.应该

2. 连锁门店店长需要（　　）都有工作计划并落地执行。
A.每天、每周、每月　　B.每天　　C.每月　　D.每周

3. 标准化面试是指对每一个应聘者都提问（　　）的问题，以保证对每一个应聘者公平公正。
A.不同　　B.相同　　C.有个性　　D.针对性

4. 外部招聘（　　）。
A.来源窄，筛选难度小　　B.来源窄，筛选难度大
C.来源广，筛选难度大　　D.来源广，筛选难度小

二、案例阅读与分析

案例一

　　2019年9月27日，苏宁易购收购家乐福中国，备受关注。苏宁是中国本土成长起来的企业，企业的发展壮大与苏宁公司重视人才有很大关系。从1993年起，苏宁开始注重高素质人才的引进，从应届毕业生中招聘精英。2002年，苏宁电器进入新一轮高速发展期，迅速展开全国布局。在此过程中，苏宁意识到零售人才的重要性和紧迫性。于是，2002年年底，苏宁电器董事长亲自批示了一笔当时看来数字惊人的3000万元作为首批大学生招聘的

启动资金。当年共在全国范围内招聘了1200名2003届本科毕业生，"1200工程"也就由此而来，而通过"1200工程"招聘的大学生被称作1200人员。

1200员工为各体系注入了新鲜血液，奠定了苏宁人才储备基石。大批1200干部加入苏宁，从基层岗位开始学习锻炼成长，直至发展成为苏宁核心业务单元的总裁、总经理、总监等核心骨干。1200干部亲历了企业的发展，发挥了重要的作用，并传承了企业的文化。

从2002年到2018年，"1200工程"走过了16年，每年的1200招聘都有条不紊地进行着。因为敢于大胆起用新人，让1200人员有机会在实践中得到磨砺和成长，1200员工在苏宁连锁快速发展、营销创新、企业文化传承过程中表现优异。1200人员在苏宁内部得到越来越多的认同，逐渐成为苏宁干部选拔的主要后备力量。苏宁厨卫家装公司总裁柳赛就是非常典型的例子。作为苏宁"1200工程"培养出来的员工，他不仅紧随苏宁的人才培养体系，从毕业生走到总裁的位置，还为苏宁带出了十多位90后的总经理、总经理助理。

在第一期招聘1200名大学生后，每年的"1200工程"招聘人数均在1000名至2000名。

从最初的1200到现在的1200管培生，苏宁集团的"1200工程"也得到越来越多的关注。为了把1200从一个校园学生培养为业务经营单元的总裁、总经理、总监等高层管理干部，苏宁集团对每一位1200采取了"高管带教、高压历练、高强度学习"的三高培养方针，为校招梯队的人才建设提供了清晰的培养模式和晋升路径。

（1）在进入苏宁企业转换期（毕业至1年）内，苏宁重点关注1200干部从学校学生到企业员工的角色转换，并要求其掌握基本的工作技能。

（2）在学习期（定岗1年至3年）内，苏宁重点围绕1200干部的实际工作需要来加强岗位应知应会与个人素养的培训，同时精准判断区分个人特长，明确发展方向，为下一步培养奠定基础。

（3）在快速成长期（第3年至5年）内，苏宁重点关注1200干部独立承担工作责任和生活变化带来的双重压力，予以合理引导。

（4）在成才期（第5年至8年）内，苏宁围绕更高的发展目标引导1200干部建立正确的事业心与追求目标。

苏宁内部数据显示，目前苏宁的总裁级别员工中，1200员工占比达26%；总经理/总监级别员工中，1200员工占比36%；经理级别员工中，1200员工占比33%。

苏宁为什么能留住这么多优秀的员工呢？是因为它较为完善的人才激励机制：

（1）在薪资方面，苏宁结合外部行业水平，动态调整招聘起步薪资水平。

（2）月度季度评优，年终表彰大会，1000万元互联网创新基金，2000万元人才发展基金。

（3）个性化的员工福利：基本的五险一金、福利假期、体检、住房补贴、活动中心、员工关爱等。

（4）2014年9月，苏宁开始实施员工持股计划，面向所有中高层员工。2015年7月，第二批员工持股计划发布。2018年第三批员工持股计划启动，在制定各项股权激励方案中，1200干部也将享有优先权。

（5）为年轻员工提供额度高达50万元的购房借款，利息不足银行的1/3，且第一年免息。

（6）提供员工福利，每周可以免费看足球、电影，享受超低额度的员工内购，婚宴补贴，公司内部有免费KTV、健身房等众多娱乐设施。

苏宁的人才培养与激励，使它能够吸引到优秀的人才。下面来看看2019年苏宁校园招聘：面向2019届毕业生的"1200工程"是十七期管培生。

苏宁于2019年9月陆续在南京、北京、上海、武汉、合肥、西安、成都、长沙、济南、徐州等地举办宣讲会和集中面试，在网上申请通过筛选的应届生将会收到邀约，具体招聘流程如下：

宣讲—网申—测评—简历筛选—初试/笔试—复试—终试—offer—实习—集训—入职。

2019年7月1日，1500名应届毕业生作为苏宁十七期的"1200工程"员工，正式入职苏宁。在这些"小赛艇"（英文seventeen的谐音）当中，来自清华、北大、南大等211及985大学毕业生占比超80%，硕士及博士占比超60%，其中还有约300名来自纽大、南洋理工等优秀"海归"。

案例思考题：苏宁的人才招聘与培养对你理解连锁门店运营有哪些启发？

案例二

中国建材的沙特阿拉伯纳吉兰项目，工地的环境相当艰苦，中午温度高达50℃，经常会有沙尘暴，空气流夹杂着沙子，每天都是如此。中国建材就是在这样的环境下施工的。而且哪怕是买一个螺丝，可能都要跑到迪拜去。在开始做这个项目时，按照中国建材的算法，在国内十个月能做成，在那里两年完成应该没有问题；在国内1亿美元可以做成，在那里2亿美元应该可以完成，还能赚不少钱。但是去了后才发现，在那样的地方，怎么做都完不成工期，怎么做都赔钱。在纳吉兰这个项目上，工人吃了很多苦，遭了很多罪，甚至长眠于沙漠，但做完后还要被沙特阿拉伯罚款。因为确实是中国建材拖延了工期，根据合同条文就是可以罚款，而且钱不少，高达1600万美元。

当准备去谈判的时候，宋志平的爱人就说："你去能解决这个问题吗？"宋志平说："我去不一定能解决，但是我不去分分钟就罚完了。因为我们有银行保函，根本不用打官司，直接把钱划走就可以了。对方让我去，我觉得就有得谈，如果对方不让我去，那分分钟把钱划走就完了，所以我必须去一趟。"宋志平去了以后，并没有跟对方争吵，而是感动了对方。宋志平说："纳吉兰工厂是在戈壁滩上、人都无法生存的地方，我们建设了那么多好的工厂，我们的施工人员付出了艰辛的努力才做完，你们还要罚我们款！……"在宋志平上飞机的最后一刻，对方通知不罚款了。

案例思考题：什么原因使宋志平成功挽回了局面？

案例三

一家火锅店的店长一个月能挣多少钱？8000元？10000元？20000元？算上提成部分，海底捞店长月薪约能达到10万~12万元。海底捞的店长们是怎么做到的呢？

店长固定月薪约在35000元左右，通过培养徒弟店长来提成，店长通过徒弟店长提成的部分约占徒弟店净利润的3%以上。海底捞为三级分销模式，店长可以提成徒弟店和徒孙店的净利润，算上提成部分，海底捞店长月薪约能达到10万~12万元，但不是每个月都能拿到这么多，如果不能被评为A级，也就不能享受徒弟和徒孙店的提成。需要注意的是，老店长月薪起码在8万~9万元，如果徒弟店够多的话，基本在10万元以上；新店长基本以固薪和本店提成为主，每月约4万元。

因为海底捞所有店长都是从招聘初级员工一步步培养起来的，没有"空降"店长。海底捞员工的考核和晋升路径如下：首先从初级服务员到高级服务员平均需6个月左右，如果在此期间未达要求会被淘汰。高级服务员的工资水平与初级会拉开，约为初级的三倍。初级员工月薪大约3000元，高级员工的工资为6000～15000元，上不封顶。从高级员工到店长又拉开三倍左右的差距，店长月薪约为35000元起步，还有相应的激励。

另外，海底捞以前对店长没有特别的学历要求，现在则基本要求大专，存在"换血"过程。以原先的员工素质要培养成为店长，会花很长的时间；而现在很多员工是校招，基本是大专以上学历。目前海底捞新店员工基本都是大专以上学历，所有店长都是从基层开始干，并且需要符合海底捞的价值观。而你有没有做海底捞店长的潜质，可以看看他们要干些啥。海底捞店长的工作内容和职责主要分为固定工作和弹性工作。

固定工作主要是每天的各项检查，以前是四色卡考核，现在考核的基本内容没变，包括服务、顾客满意度、投诉情况、服务一致性、卫生安全、设备检查等。弹性工作包括员工关怀，每个月组织员工的聚餐、晚会等，若有高级员工离职较多的情况，需进行询问考核；门店要求高级员工占比应该在60%，流失率过高，店长会有考核压力；要求店长对高级员工离职有思想干预等；此外员工生活如宿舍、卫生等方面都要管理。目前海底捞还在大量的开店中，由于店长最熟悉客户，所以新店选址由店长来做，开新店会参考多种指标。从新店范围扩大到100多个城市来看，预计2020—2025年海底捞将达到1000～1500家店。

在上市时，海底捞就突出介绍了他们的师徒制。师徒制绑定了店长与公司的利益，店长不仅可以对本门店享有业绩提成，还能在其徒弟、徒孙管理的门店中获得更高比例业绩提成。在此薪酬体系下，店长的个人收入与其徒弟、徒孙是否获得成功直接相关。因此店长不仅具有充分的动力管理好其门店，还要坚持公平公正原则，尽可能多地培养出能力、品行都合格的徒弟店长，并带领、指导他们开拓新门店。值得注意的是，海底捞并不在总部制定固定的开店目标，而是根据后备店长储备等因素来合理估算公司的开店能力。此外，海底捞还给予了店长较大的自主经营权力，如门店员工聘用、解约、晋升、折扣、个性化服务等。

海底捞内部组织架构层级清晰且运营高效。在培训及晋升路线明确的背景下，公司独具创新的"师徒制"激励体系在降低人员流失率的同时亦极大地增强了员工的工作热情。

案例思考题：海底捞的店长管理特点是什么？

三、简答题

1. 连锁门店店长的职业能力要求有哪些？
2. 连锁门店店长如何进行员工管理？
3. 进行员工培训的方法有哪些？
4. 门店员工考核的方法有哪些？
5. 如何进行门店员工激励？

项目三

连锁门店布局管理

职业能力目标

- 能够对门店进行货位布局；
- 能够进行超级市场主要区域的设置；
- 能够运用磁石理论对门店进行通道设计；
- 掌握货位布局的类型与通道设计的模式。

学习任务导图

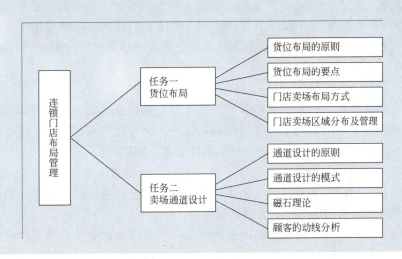

任务一　货位布局

门店实践情景

　　大型超级市场场地面积从几百平方米到几千平方米，其经营商品种类繁多，如何充分利用场地成为每个经营者面临的问题，如何为众多的商品安排合适的面积也是经营者必须思考的问题。

　　下面是一个超级市场的商品面积分配的大致情况：水果蔬菜10%～15%、肉食品15%～20%、日配品15%、一般食品10%、糖果饼干10%、南北干货调味品15%、小百货与洗涤用品15%、其他用品10%。

　　需要说明的是，中国幅员辽阔，各地区消费水平差异较大，消费习惯也不尽相同，每个经营者必须根据自己所处商圈的特点和超市本身定位及周边竞争者的状况做出商品面积分配的抉择。

思考与启示：怎样布局货位才能吸引顾客来到门店？

　　门店要想提高销售额，就需要吸引更多的顾客购物，那么，就需要了解顾客购买决策过程，该过程包括顾客计划购买什么，搜索满足需要的产品或服务，评价商品或服务，选定并购买产品或服务，购买后的评价。顾客购买过程是一个主观决策的过程，而人的主观决策往往受到客观环境的影响。货位布局是顾客一进入门店就直接接触到的，也是顾客对一个门店"第一印象"的主要信息来源。它展示了一个门店的基本结构，也直接关系到顾客的购买欲望能否在门店被最大限度地挖掘和激发出来。

一、货位布局的原则

　　连锁企业门店是一个以顾客为主角的舞台，而顾客对哪些方面最为关心呢？日本的连锁超市协会曾做过一次市场调查，结果表明消费者对商品价格的重视程度只占5%，而重视程度居前三位的分别是：开放式、易进入的占25%；商品丰富、选择方便的占15%；明亮清洁的占14%。虽然中国国情有所不同，但结合中国的实际情况加以分析，可以归纳出门店货位布局的三条原则：顾客容易进入；让顾客在店内停留得更久；明亮清洁。

二、货位布局的要点

　　市场调查显示，到商店购买预先确定的特定商品的顾客只占顾客总量的25%，而75%的顾客都会做出随机购买和冲动性购买行为。门店如何通过布局来吸引消费者就显得尤其重要。在规划商品货位分布时，一般应注意以下问题。

　　（1）交易次数频繁、挑选性不强、色彩造型艳丽美观的商品，适宜设置在出入口处。如化妆品、日用品等商品放在出入口处，使顾客进门便能购买。某些特色商品设置在入口处，也能起到吸引顾客、扩大销售的作用。

　　（2）贵重商品、技术构造复杂的商品，以及交易次数少、挑选性强的商品，适宜设置在多层建筑的高层或单层建筑的深处。

（3）关联商品可邻近摆设布置，以达到充分便利选购和促进连带销售的目的。如将妇女用品和儿童用品邻近摆放，将西服与领带邻近摆放。

（4）按照商品性能和特点来设置货位。如把互有影响的商品分开摆放，将有异味的商品、食品、音像商品单独隔离成相对封闭的售货单元，集中顾客的注意力，有效减少营业厅内的噪声。

（5）将易被冲动性购买的商品摆放在明显的位置以吸引顾客，或在收银台附近摆放小商品或时令商品，可使顾客在等待结账时随机购买一两件。

（6）可将客流量大的商品部与客流量小的商品部，组合起来相邻摆放，借以缓解客流量过于集中的压力，并可诱发顾客对后者的连带浏览，增加其购买机会。

（7）按照顾客的行走规律摆放货位，中国消费者行走习惯于逆时针方向，即进商店后自右向左浏览，可将连带商品顺序排列，以方便顾客购买。

（8）选择货位还应考虑是否方便搬运卸货，如体积笨重、销售量大、续货频繁的商品应尽量设置在储存场所附近。

三、门店卖场布局方式

门店卖场布局是指按照消费者购买习惯与购买规律，对卖场面积进行科学的划分，按商品的大小进行有序排列，形成商品组合体。

（一）卖场面积分配方法

零售业现代化、规模化最直接的途径就是连锁经营，在连锁企业的商品规模下，连锁门店的商品品种多、门类多。因此要使卖场的布局更合理，就需要确定各品种、门类商品所需的陈列面积，使卖场面积使用更优化。各类商品的面积分配可以有两种方法。

（1）陈列需要法。这是一种传统的面积分配方法，即连锁店根据某类商品所必需的面积来定。服装店和鞋店比较适宜采用这种方法。

（2）利润率法。利润率法就是商店根据消费者的购买比例及某类商品的单位面积利润率来定。连锁超市和书店比较适宜采用这种方法。

（二）门店卖场布局方式

虽然卖场的布局对盈利很关键，但多数门店并没有就业务的类型、商品的种类和公司的区位设计最好的布局，这种疏忽可能会导致客户流失。下面，介绍几种门店布局方式。

1. 格子式布局

格子式布局是传统的商店布局形式。格子式布局是商品陈列货架与顾客通道都呈矩形分布，而且主通道与副通道宽度保持一致，所有货架相互呈并行或直角排列，如图3-1所示。这种布局在国内外超级市场中经常可以看到，其直走道和90度的转弯，可以使顾客以统一方向有秩序地移动下去，犹如城市的车辆需依道而行一样。

这种规则化布置，一般采用标准化货架，使顾

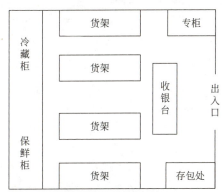

图3-1 格子式布局

客易于寻找货位。但这种布局容易使顾客的自由浏览受到限制。

格子式布局的优点是：

（1）创造出严肃而有效率的气氛；

（2）走道依据客流量需要而设计，可以充分利用卖场空间；

（3）由于商品货架的规范化安置，顾客可轻易识别商品类别及分布特点，便于选购；

（4）易于采用标准化货架，可节省成本；

（5）有利于营业员与顾客之间的愉快合作，简化商品管理及安全保卫工作。

格子式布局的缺点是：

（1）卖场气氛比较冷淡、单调；

（2）当拥挤时，易使顾客产生被催促的不良感觉；

（3）室内装饰方面创造力有限。

大多数连锁超市、仓储商店、便利店及专业店习惯性采用格子式布局。在格子式布局中，柜台和附属品之间互为直角，这种布局设计让客户通过入口进店，并经过尽可能多的商品后从出口出店。

2．岛屿式布局

岛屿式布局是将营业场所中间布置成各不相连的岛屿形式，在岛屿中间设置货架陈列商品，如图3-2所示。这种形式一般用于百货商店或专卖店，主要陈列体积较小、价值较高的商品。有时也作为格子式布局的补充。

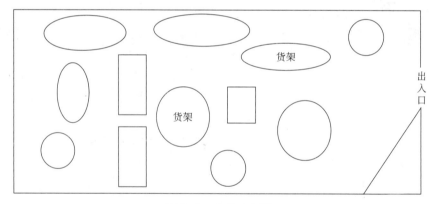

图3-2　岛屿式布局

岛屿式布局的优点是：

（1）可充分利用营业面积，根据建筑物特点布置更多的商品货架；

（2）采取不同形状的岛屿设计，可以装饰和美化营业场所；

（3）环境富于变化，使消费者增加购物的兴趣；

（4）满足消费者对某一品牌商品的全方位需求，对品牌供应商具有较强的吸引力。

岛屿式布局的缺点是：

（1）由于营业场所与辅助场所隔离，不便在营业时间临时补充商品；

（2）存货面积有限，不能储存较多的备售商品；

（3）现场用人较多，不便于柜组营业员的相互协作；

（4）岛屿两端不能得到很好利用，也会影响营业面积的有效使用。

3. 自由流动式布局

自由流动式布局以方便顾客为出发点，它试图把商品最大限度地呈现在顾客的面前。自由流动式布局综合了格子式布局和岛屿式布局的优点，根据商场具体地形和商品特点，有时采用格子形式，有时采用岛屿形式，顾客通道呈不规则路线分布，如图3-3所示。这种卖场布局方式适用于百货商店、专卖店等业态。

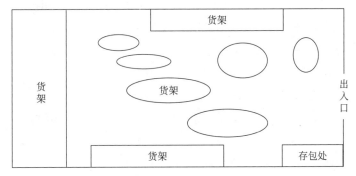

图3-3　自由流动式布局

自由流动式布局的优点是：
（1）货位布局十分灵活，顾客可以随意穿行于各个货架或柜台；
（2）卖场气氛较为融洽，可促成顾客的冲动性购买；
（3）便于顾客自由浏览，不会产生急迫感，增加顾客的滞留时间和购物机会。

自由流动式布局的缺点是：
（1）顾客难以寻找出口；
（2）顾客拥挤在某一柜台，不利于分散客流；
（3）不能充分利用卖场空间，浪费场地面积。

这种布局可方便顾客，但对商店的管理要求却很高，尤其要注意商品安全的问题。

4. 店中店式布局

由于顾客的品牌意识越来越强，目前百货商店常常采用店中店式布局，每一个店就是一个品牌，如图3-4所示。例如，顾客买某一品牌的皮鞋、西装和领带时，以前需要走几个柜台，现在采用专业商店式布局，则可在一个部门买齐。店中店式布局是在自由流动式布局的基础上变化而来的，使每一商品部均构成"店中店"形式。每家"店"均有明确定位，

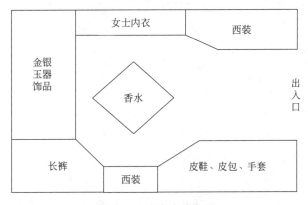

图3-4　店中店式布局

包括：颜色、风格和气氛。由于店中店式布局的建筑安全成本较高，商品陈列占用面积较大，因此，只适用于高档次百货商店。

四、门店卖场区域分布及管理

卖场空间历来就有"寸土寸金"之称。卖场区域的划分和商品布局与经济效益息息相关。科学的市场区域配比会获得更多的销售利润；反之，则会降低超市的盈利能力。

（一）超级市场卖场的主要区域与配比

1. 超级市场卖场的主要区域

超级市场以经营食品、日常生活用品为主。因此，除了应有卖场区、辅助区、储存区外，还应有加工区。有时，加工区与储存区合为储存加工区。

卖场区是顾客选购商品、交款、存包的区域，有的还包括顾客服务台、顾客休息室、婴儿室等。

储存加工区是储存加工商品的区域，包括商品售前加工、整理、分装间及收货处、发货处、冷藏室等。

辅助区是超级市场行政管理、生活和存放技术设备的区域，包括各类行政、业务办公室、食堂、医务室，以及变电、取暖、空调、电话等设备用房。

2. 超级市场卖场主要区域的配比

超级市场主要区域的配比，应本着尽量扩大卖场区域的原则。因为卖场区域的扩大可直接影响销售额。我国《商店建筑设计规范》对各种规模的商店建筑面积分配有一个规定的比例，见表3-1。

表3-1　一般商店区域面积配比

建筑面积/m²	卖场面积与整个面积/%	仓储面积与整个面积/%	辅助面积与整个面积/%
>15000	>34	<34	<32
3000～15000	>45	<30	<25
<3000	>55	<27	<18

从现代超级卖场的发展趋势来看，卖场区域的比例越来越大，其他区域的比例越来越小。日本零售专家广池彦先生认为，超级市场卖场面积应占77%左右，而后堂面积占23%左右，商品应尽量放在卖场之中，只是对热销品留有储存；也有人认为，在实行配送制时，上述比例应为8∶2，库存及陈列商品之和是超级市场一天销售量的1.5倍。

在一些大型超级市场中，商品加工区直接设置于店堂内，以前店后厂的形式销售。如面包店、鲜肉间、冰淇淋小屋等，这样就节省了空间。上海一家超级市场不设置储存间而将货架上方作为储存商品之用，效益大大提高。上海华联超级市场集团，努力提高配送效率，使每家店铺的库存降为零。因此，超级市场里除了设有8平方米的办公室外，其余全是卖场。当然，这不是每家超级市场都能做到的，它需要高效率的配送。

（二）超级市场商品部布局的基本模式

超级市场业态不同于其他零售业态形式。超级市场业态，反映了人类对食品需求的一项共性特征。因此，其商品部布局也存在着一些基本的模式。当然这些基本模式不是定律，也不是教条，只是一种参考。

1. 肉类部

肉类制品属于顾客购买目的性非常强的商品类别。在顾客进店购买的商品中，肉类制品所占比例很大。在生鲜区布局设计中，有以下几种位置可供考虑。

（1）沿墙设置，以便安排肉类加工间；

（2）被用于最佳的磁石商品，调动顾客在卖场内行走；

（3）现场切卖的销售效果要优于包装销售，当销售高峰到来时，包装销售是重要的补充形式。

2. 水产品部

不同地区水产品的消费程度不同，因此有以下两种位置可供考虑。

（1）在大卖场中多置于生鲜区的中央，与半成品熟食和各种干鲜海产品集合销售；

（2）在生鲜超市中则沿墙安排，本着生熟分开的原则，且与肉类部和蔬果部相邻安排。

3. 蔬果部

新鲜蔬果是大多数家庭食品采购预算中的重要项目，几乎70%以上都属于计划性购买。由于商品季节性很强，色彩鲜艳，因此蔬果部也是在色彩感官上很能吸引顾客购买的生鲜部门，并且与肉类制品存在比较强的连带购买关系，所以有以下几种位置可供考虑。

（1）作为磁石商品考虑，调动顾客在卖场内行走；

（2）安排在超市生鲜区或者超市的入口位置，吸引顾客进店；

（3）与肉类部相邻，鼓励连带购买。

4. 面包房

面包房是与熟食部并列的超市生鲜区大型加工制作部门，用工、占地、原料储备都很大。由于烘烤气味诱人，是很好的气氛渲染的工具，并且由于烘焙食品与奶制品和即食的熟食制品存在关联性购买关系，所以有以下两种位置可供考虑。

（1）安排在超市生鲜区或者超市的入口位置，以吸引顾客进店；

（2）与日配部相邻，鼓励连带购买。

5. 熟食部

熟食制品的现场加工项目是很诱人的卖点，与面包房可分可合，其一般是肉类部与其他部门的过渡环节。

（1）与面包房分开，在生鲜区内合理分布，调动客流；

（2）与面包房本着生熟分开区域分布原则，相邻安排位置；

（3）自制熟食与标准风味熟食相结合。

6. 日配部

日配部商品购买频率很高，其中奶制品尤其成为"必要性商品"，并与面包房的产品有很强的连带购买关系，所以有以下两种位置可供考虑。

（1）出于购买和保鲜原因，安排在超市生鲜区或者超市的出口位置；

（2）与主食、面包房和冷冻食品部等相邻，鼓励连带购买。

7. 冷冻食品部

冷冻食品既可替代鲜品，又容易化冻，所以其位置安排可有如下选择。

（1）在超市生鲜区或者超市的出口位置；

（2）与蔬果部、肉类部和日配部等相邻，鼓励连带购买。

 **职业知识拓展**

便利店的卖场布局

1. 店铺出入口的设置

由于便利店的卖场面积较小,因此,一般只设置一两个出入口,既便于人员管理和防窃,也不会因太多的出入口而占用营业空间。出入口一般设置在店铺门面的左侧,宽度为3~6米,因为根据行人一般靠右走的潜意识的习惯,入店和出店的人不会在出入口处产生堵塞。同时出入口处的设计要保证店外行人的视线不受到任何阻碍而能够直接看到店内。

2. 收银台的设置

便利店的收银台设在出入口处,由收银台在出入口处分隔成出入口通道。结账通道(出口通道)可根据商店规模的大小设置一两条,然后根据营业规模的预测分别配置1~4台收银机(但收银机的网络线应留8条)。在条件许可的情况下,还可以设置一条"无购物通道",作为无购物顾客的专门通道,以免出入口处出现拥挤。

结账通道的宽度一般设计为1~1.2米,这是两位顾客可正常通过的最佳尺寸;长度一般为6米,即扣除了收银台本身约2米的长度之外,收银台与最近的货架之间的距离至少应该有4米以上,以保证有足够的空间让等候的顾客排队。

3. 堆头的设置

收银台与货架之间的空间,以及商店入口通道的中间一般设计为堆头位,用来作为新商品、库存商品、推广期商品、标志性商品、品牌商品等重点品类的促销区域。由于堆头位的特殊位置,一般堆头位的长宽不超过1米,高不超过1.2米,以免造成对顾客视线的阻隔和通道的堵塞。堆头位处于商店的出入口通道上,是商店人流逗留时间最长的地方,是促销商品的最好区域,供应商也愿意支付时段性租金进行产品推广,因此,堆头费能够增加便利店的纯利润。

4. 购物通道的设置

便利店通道的设计应尽可能直而长,尽量减少弯道和隔断,并利用商品的陈列,使顾客不易产生疲劳厌烦感,潜意识地延长在店内的逗留时间。通道一般由货架分隔而成,货架的高度最好选择在1.8~2米,能使货架最上层的商品正好持平或略高于顾客自然视线,不会产生视觉疲劳,通道宽度一般为1.4~1.8米,能让2个人及其购物篮或购物车并行或逆向通过,并能随意转身。通道不能太宽,若通道宽度超出顾客手臂或者视力所及范围,那么顾客就会只选择单侧商品;而通道太窄,则会使购物空间显得压抑,影响到顾客走动的舒适性,使顾客产生拥挤感。

5. 非商品区域的设置

除了销售卖场外,便利店还需要一些非商品区域,如办公室(主控室)、员工休息室(更衣室)、卫生间等。便利店的办公室,通常也称作主控室,它主要有两个功能，一是作为商店POS系统和监控系统的主机房，二是作为商店主管管理商店的指挥平台。因此，办公室的设计一般高于平面0.8～1米，并且临商店的一侧为玻璃透视窗，便于商店主管随时能够对店内发生的事务进行监控和指挥。

 职业知识思考

请找一家便利店，观察它的卖场布局与上述资料阐述有何异同。

任务二 卖场通道设计

门店实践情景

华润万家卖场的布局，包括卖场出入口、主次通道、卖场商品布局，以及各收款台的设置等，处处体现了以顾客为中心的理念。

1. 出入口的设置

华润万家卖场入口比较宽敞，直接通向主通道，顾客进入后感觉很舒适，视野也开阔，主通道与副通道直接相连，这样设计可以保证顾客经过每节货架、每个商品，以便增加顾客的随机购买机会。例如华润万家广州番禺店入口处左边陈列顾客购买频繁的商品，例如生鲜、面包、水果等，右边陈列饼干、南北干货、零食等。

2. 主通道的设置

顾客经过入口进入卖场内逛完整个卖场，将由通道设置线路来决定，通道笔直，保证顾客在行走过程中商品不重复，不回走。通道的宽度必须适合顾客选购商品并符合多人通过时人与人之间的安全距离：一般主通道宽度设置在1.5～2米及以上；次通道在1～1.5米及以上；辅助通道在0.9米以上。低于这个距离会给人压抑感，不但会使顾客购物时很不方便，还会影响到顾客选购商品的耐心。

3. 其他通道的设置

除主通道之外，次通道的设置也极其关键。在卖场次通道设计过程中，要尽可能延长客流线，增加顾客在店内的逗留时间，保证顾客能够走到店内的最深处，保证顾客能够看到每一种商品。线路要清晰，方便辨识，否则容易使顾客弄不清楚方向，产生疑惑，增加不必要的时间成本。同时，要悬挂一些指示标牌，例如出口、厕所等标牌，以方便顾客。

4. 收款台的设置

根据主通道的设置和具有吸引力的商品的陈列，将收款台设置在客流的延长线上，是比较合适的。收款台的位置是顾客最集中的地方，收款台附近会放一些顾客可能即时购买的商品，例如口香糖、计生用品等，因为顾客在收款台附近有一定的等待时间，在此期间可能会注意到此类容易忘记的商品。

思考与启示：华润万家的设计核心理念是什么？

所谓卖场通道，是指卖场中消费者所要经过的过道，此过道关系到消费者在卖场中的走向及所能浏览的货品量，更制约着卖场的销售量。畅通的通道可以使消费者走遍整个卖场，使整个卖场无货品陈列死角，尽最大可能使消费者购买到现实需要和潜在需要的所有商品。

一、通道设计的原则

一般来讲，超市卖场的通道划分为主通道和副通道。主通道是指引导顾客行动的主线，而副通道是指顾客在店内行动的支线。超市内的主副通道不是根据顾客的随意走动来设计的，而是根据卖场商品的配置位置与陈列来设计的。良好的通道设计，就是指能引导顾客按设计的自然走向，走遍卖场的每个角落，让顾客接触到各种商品，使卖场空间得到有效利用。以下各项是设计超市卖场通道时所要遵循的原则。

1. 足够的宽度

所谓足够的宽度，是指要保证顾客提着购物篮或推着购物车能与同行的顾客并肩而行或顺利地擦肩而过。一般来讲，营业面积在600平方米以上的零售店铺，卖场主通道的宽度要在2米以上，副通道的宽度要在1.2～1.5米，最小的通道宽度不能小于90厘米，即两个成年人能够同向或逆向通过（成年人的平均肩宽为45厘米）。不同规模超市通道宽度的基本设定值如表3-2所示。

表3-2 超市通道宽度设定值

单层卖场面积/m²	主通道宽/m	副通道宽/m
1500	2.7	1.5
2000	3.0	1.6
>6000	4.0	3.0

对大型货仓式零售超市来说，为了保证更大顾客容量的流动，其主通道和副通道的宽度可以基本保持一致。同时，也应适当放宽收银台周围通道的宽度，以保证顾客排队收银的通畅性。

2. 笔直

卖场通道要尽可能避免迷宫式的布局，设计成笔直的单向道，并依货架排列方式，按照商品不重复、顾客不回走的设计方式布局。

3. 平坦

通道地面应保持平坦，处于同一层面上。有些门店是由两个建筑物改造连接起来的，通道中有上下楼梯，有"中二层""加三层"之类的情况，令顾客不知何去何从，显然不利于门店的商品销售。

4. 少拐弯

这里的少拐弯，是指拐角尽可能少，即通道中可拐弯的地方和拐的方向要少，有时需要借助于连续展开不间断的商品陈列线来调节。

5. 通道上的照明度比卖场明亮

通常通道上的光照度起码要达到1000勒克斯。尤其是主通道，相对空间比较大，是客流量最大、利用率最高的地方。

6. 没有障碍物

通道是用来引导顾客多走、多看、多买商品的。在通道内不能陈设摆放与陈列商品或特别促销无关的器具或设备，以免阻断卖场的通道，损害购物环境的形象。要充分考虑到顾客走动的舒适性和非拥挤感。

7. 不能留有"死角"

所谓"死角"，是指顾客不易到达的地方，或者顾客必须折回才能到达其他货位的地方。顾客光顾"死角"货位的次数明显少于其他地方，这样非常不利于商品销售。

二、通道设计的模式

（一）入口设计

零售店铺卖场的入口要设在顾客流量大、交通方便的一边。通常入口较宽，出口相对窄一些，入口比出口大约宽1/3。根据出入口的位置来设计卖场通道，设计顾客流动方向。零售店铺的入口与卖场内部配置关系密切，在布局时应以入口设计为先。在入口处为顾客配置购物篮和购物车，购物篮和购物车的数量应为高峰客流量的1/10～3/10。

在零售店铺的卖场内，入口的地方最好陈列对顾客具有较强吸引力的商品，这样不仅可以发挥招徕作用，而且能够增强卖场对顾客的吸引力。一般来讲，入口应设在右侧，其原因如下：

（1）开设超市、大卖场较成熟的美国、法国、日本等国家，大卖场入口都设在右侧；

（2）习惯使用右手的人较多；

（3）右眼视力比左眼好的人多。

以右手做主要动作的人，注意力往往集中在卖场的右侧，由右侧开始动作，从卖场右侧进店以后，以左手拿购物篮，右手自由取出右侧壁面的陈列商品，放入左侧的购物篮，以此动作来前进，然后向左转弯。但如果从左侧的入口进店，左侧壁面陈列的商品以左手很难取出，所以设计自由使用右手的卖场，便会成为顾客心中的第一卖场。

（二）出口设计

零售店铺卖场的出口必须与入口分开，出口通道宽度应大于1.5米。出口处按每小时通过500～600人为标准来设置收款台。出口附近可以设置一些单位价格不高但销售量大的商品，如口香糖、图书报刊、饼干、饮料、计生用品等，供排队付款的顾客选购。

（三）直线式通道设计

直线式通道也被称为单向通道，这种通道的起点是卖场的入口，终点是收款台。顾客依照货架排列的方向单向购物，以商品陈列不重复、顾客不回走为设计特点，能使顾客在最短的线路内完成商品购买行为。

（四）回形通道设计

回形通道又被称为环形通道，通道布局以流畅的圆形或椭圆形按从右向左的方向环绕。零售店铺的整个卖场，使顾客能依次浏览和购买商品。在实际运用中，回形通道又分为大回形和小回形两种线路模型。

1. 大回形通道

这种通道适用于营业面积在1600平方米以上的零售店铺。顾客进入卖场后，从一边沿四周回形浏览后再进入中间的货架。它要求卖场一侧的货位一通到底，中间没有穿行的路口，如图3-5所示。

2. 小回形通道

它适用于营业面积在1600平方米以下的零售店铺。顾客进入零售店铺卖场后沿一侧前行，不必走到头，就可以很容易进入中间货位，如图3-6所示。

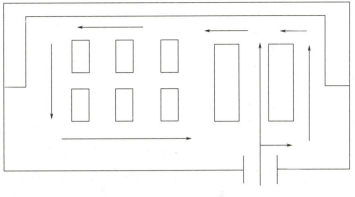

图3-5　大回形通道

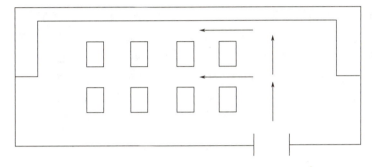

图3-6　小回形通道

 **案例思考**

"死角"如何吸引顾客

每一个卖场都存在着一些顾客几乎看不见的死角，比如传统的冷冻柜，顾客视线容易集中在俯瞰落眼点最佳的最下一层位置，而与视线平视的层面则往往成为购物的死角。当然还有一些死角位于卖场的各个区域，消费者因为难以到达常常掉头而去，许多商品一旦进入这些区域，就似乎被打入"冷宫"！其实，这些死角也并不可怕，如果能充分利用这些死角位置，一定能达到"柳暗花明又一村"的效果。

（一）活用器材达目的

某企业是后起之秀，其商品进入卖场比同行业要晚得多，好位置都给人家占了，但商品又不能不进入卖场销售，无奈之下，死角的位置也要了。一个月下来，商品在大卖场走不动货。该企业的销售经理非常着急，在数次到现场考察后，终于想出了一个好办法，便立刻与卖场协商，看是否可以在陈列区一头放置一个落地卡通POP。卖场最终同意了，于是幽默的卡通POP就立在了陈列区一头，上面有一行醒目的工笔字，"往前走12米，必有收获！"许多消费者见此，果真往前走12米，到达他们的货品陈列区，促销小姐见有顾客到来就赠送小礼品、介绍产品，结果每月的卖场销售量居同类产品之首。

（二）好产品也要会吆喝

死角，不仅是在卖场最偏的地方，其实，一进场的最先位置也有可能是死角存在的地方。这个位置常常是揽不住人流的,因为人们一到这里,注意力就会被卖场内众多的商品吸引,造成了进口位置最火爆但往往也是销售最冷清的地方。例如,某外资零售企业新店开业,在卖场门口,一个销售人员拿着麦克风大声叫喊:"上广电,超薄镜面时尚双解码,只卖799元!"从而引起每天进入卖场的众多消费者的关注,这一招将众多的家电品牌声势给压住了。看来,"好产品也要会吆喝"。

(三)每个位置都是宝

经常会看到一些厂家或分销商抱怨,商品想进大卖场太难了,根本没有位置,即使有,对于这些中小企业来说经济压力也太大,进入大卖场似乎比登天还难。但这些企业是否想过,从卖场的死角做起,省钱又得利。众所周知,卖一块洗碗布利润相当薄,但是不管多薄的利润,某清洁抹布品牌照样在某大型卖场潇洒登场,其做法值得关注。在这家卖场里,他们一改传统思路,盯紧了手扶电梯,充分利用电梯上下扶手之间的35厘米距离处,将清洁抹布一袋袋放在手扶电梯的中间处,并在电梯的最上方悬挂了一个POP,打出"有××,就有清洁的家,9.9元/包"的标语。好思路!消费者进入卖场一踏上手扶电梯,看到一袋袋产品躺在身旁,便在无事可做中伸手抓起一包清洁抹布看;下电梯的消费者无意也伸出手拿起商品,这一上一下都在做相同的动作,一个都不放过,可谓"一网打尽"。经观察,凡是摸过该商品的顾客,购买率高得惊人。要说这个角落可是个"死角",但经过巧妙利用,效果却是出乎意料的好。

思考问题:你从这个案例中得到什么启示?

三、磁石理论

所谓磁石理论,是指围绕磁石点来构建商场布局形式的一种理论。而磁石点是指卖场中最能吸引顾客注意力的地方,也就是顾客的注意点。要创造这种注意力就必须掌握商品的配置技巧,即依据对顾客富有吸引力的商品配置,使卖场具有自然诱导顾客采购的效果。

商品配置中的磁石理论的意义在于,在卖场中最能吸引顾客注意力的地方配置合适的商品以促进销售,并且这种配置能引导顾客走遍整个卖场,最大限度地提升顾客购买率。

超市的磁石点有5个,不同的磁石点应该配置相应的商品,如图3-7所示。

(一)第一磁石点(展示主力商品)

第一磁石点位于卖场中主通道的两侧,是顾客的必经之地,也是商品销售最主要的地方。此处配置的商品主要有以下3种。

(1)主力商品。这里的主力商品是指卖场销售利润主要贡献者。

(2)购买频率高的商品。消费量大、消费频度高的商品是绝大多数消费者随时要使用的,也是时常要购买的,所以将其配置于第一磁石点,以增加其销售量。

(3)采购力强的商品,例如,蔬菜、肉类、日配品(牛奶、面包、豆制品等),应放在第一磁石点,以增加其销售量。

(二)第二磁石点(展示观感强的商品)

主通路的末端、电梯出口、道路拐角等能诱导顾客在店内通行的位置,称为卖场的

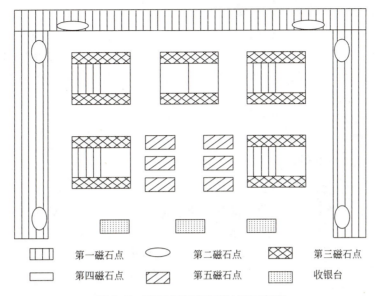

图 3-7 磁石点商品陈列位置示意图

第二磁石点。经验表明,凡是对卖场第二磁石点重视的商家,其经营效果大都是非常出色的。

在第二磁石点所作的商品展示,更多的是通过提案式的商品陈列来表现商家的主张或对顾客的诉求。在陈列内容上,更注重店内主力商品的宣传以求更好地推动销售。主通道的拐角处即主通道尽头,对于有效诱导顾客流动起着关键的作用。

(1)最新的商品。消费者总是不断追求新奇。10年不变的商品,就算品质再好、价格再便宜也很难出售。新商品的引进伴随着风险,将新商品配置于第二磁石点,必会吸引消费者走入卖场的最里面。

(2)具有季节感的商品。具有季节感的商品必定是最富有变化的,因此,超市可借季节的变化做布置,吸引消费者的注意力。

(3)明亮、华丽的商品。明亮、华丽的商品通常也是流行、时尚的商品。由于第二磁石点都较暗,所以配置较华丽的商品来提升亮度。配置在第二磁石点的商品应根据需要,间隔一定时间就进行调整,以保证其基本特征。

(三)第三磁石点(展示端架商品)

第三磁石点指的是超市中央陈列货架两头的端架位置。端架是卖场中顾客接触频率最高的地方,其中一头的端架又对着入口,因此配置在第三磁石点的商品就要刺激顾客。在此应配置的商品有以下5种。

(1)特价商品;
(2)高利润的商品;
(3)季节性商品;
(4)购买频率较高的商品;
(5)促销商品。

很多商家都认为端架就是临时卖场。为此,端架需要经常推陈出新(一周最少两次),以刺激顾客来店采购的欲望。

(四)第四磁石点(展示单项商品)

第四磁石点通常指的是卖场中副通道的两侧,是充实卖场各个有效空间的地点。这是一个需要在长长的陈列线中引起顾客注意的位置,因此必须以单项商品来规划,即以商品的单个类别来配置。在商品的陈列与促销方法上,应对顾客做刻意的表达和诉求。在此应配置的商品有以下3种。

(1)热门商品;
(2)有意大量陈列的商品;
(3)广告宣传的商品等。

(五)第五磁石点(展示促销品)

第五磁石点位于结算区域(收银区)前的中间卖场,是可根据各种节日组织大型展销、特卖的非固定性卖场,以堆头为主。其目的在于通过多品种、大量的陈列方式,形成一定程度的顾客集中,从而烘托出门店气氛。展销主题不断变化,也给消费者带来新鲜感,从而达到促进销售的目的。

 职业知识拓展

不同业态卖场布局中的磁石理论的运用

由于面积与模式的不同,各种零售业态在布局上是存在差异的。如传统食品卖场一般不设特别展示区,吸引力强的冷冻品和冷藏品都布局在卖场的最里面,端架上一般只配置向导性商品(表明其后的陈列架上陈列的是什么)。

1. 标准食品卖场布局

标准食品卖场因其主力商品是生鲜食品,所以把果蔬、冷冻品和冷藏品布局在进口处,并把生鲜品集中配置在一起,以达到吸引顾客并方便其一次性购买的效果。

2. 大型综合卖场和仓储式卖场布局

大型综合卖场和仓储式卖场因其面积大,故在布局上一般采取以下5种方法。

(1)食品与非食品区域分开,甚至实行不同楼层和不同通道的分开;
(2)副通道配置一般商品;
(3)主通道两侧只配置促销商品;
(4)用较大面积的特别展示区来配合其频率很高的促销活动;
(5)生鲜食品区布局在主通道末端,以保证生鲜食品与收银区的最短距离。

3. 便利店卖场布局

便利店由于卖场面积很小,其布局的特点则是进出口处和收银台合设在一起,以节约卖场面积和增强顾客的通过率。货架和陈列道具采取由低到高的层次性展开,使顾客对卖场陈列的商品一览无余,很快辨明自己所需商品的位置。卖场布局的透视性主要体现在卖场里的墙壁区配置冷藏、冷冻柜,并且在靠近出口处配置矮型书报杂志架,以此提高卖场外面对里面的透视度。

四、顾客的动线分析

在百货店或超市购物的顾客，一般都会按照"入店→走动→在商品前停留→审视→购物"这样一个先后顺序选购商品。据观察，进入超市的顾客中，有近半数只走店内通道的30%，所以研究顾客在店内的活动路线至关重要。

所谓顾客动线，是指顾客在店内的流动路线，又称"客导线"。顾客动线的现实意义在于，店方可以有计划地引导店内顾客的流动方向。一般来讲，店铺经营成果主要由两个因素决定：一是来店的顾客数；二是顾客的平均购买单价，即客单价。这两个数字以店内收款机所统计的数字为准。

店铺销售额＝客流量×停留率×购买率×购买件数×商品单价

客单价＝动线长度×停留率×注目率×购买率×购买件数×商品单价

另有客单价公式为：客单价＝商品平均单价×每一顾客平均购买商品个数

从以上公式可以看出，客流量的多少对销售额有很大影响。要把门店做好，就需要使顾客尽可能地多逗留、多买商品，最大限度地提高来店顾客数和购买单价。

（一）好的顾客动线的要求

（1）充分利用卖场空间，合理组织顾客流动与商品配置。

（2）顾客从入口进入后，在卖场内步行一圈，离店之前必须通过收款台。

（3）避免出现顾客只能止步往回折的死角。

（4）尽可能地延长顾客在商场内的滞留时间，以创造销售机会。

（5）设置适当的通道宽度，以便顾客环顾商场，观察商品。

（6）尽量避免与商品配置流动线交叉。

（二）卖场动线的形式

（1）漫走式。不利用设施强行规定顾客的动线，比较随意、自由、宽松，投资小。

（2）强迫式。利用设施强制规定顾客的动线，不尊重顾客，投资大。

（3）引走式。利用各种手法引导顾客走遍卖场，这是一种较高境界的布局方法。

（三）不同顾客动线分析

门店可以根据实际情况来设计主流动线和配置主力商品。设计主流动线要从中央陈列架的物理性配置、商品群的配置和主力品种的配置等方面来考虑。主力商品的配置要遵循引导顾客到门店最深处去选购商品或尽量延长顾客流动线的原则。一般情况下，让顾客环绕主要通道选购或围绕中央陈列架选购，能够帮助门店获得更大的销售额。

例如，大型综合超市可以采用"诱导型、集约型"卖场设计。因为大型综合超市经营的商品达几十个分类，各类商品的功能不同，顾客的需求重点也不同，卖场设计的诉求重心也就不同。以顾客的购买习惯为准绳，可将卖场商品分为两大类：一类是"计划性、习惯性购买商品"，多为居民日常生活主要消费的必需品，如粮、油、米、面、酱料、蔬果等，它们是吸引顾客的主要动力；另一类是"非计划性和随机性购买的商品"，如小吃、家居休闲用品、服装等，顾客往往在看到该类商品后才能激起购买欲望。

因此，在卖场设计上，应该根据顾客需求模式的不同，充分利用计划性购买商品对顾客的诱导功效，设计"走遍卖场布局法"。如将计划性购买商品布置在通道两端、卖场四周及中间位置，或按非食品、食品、生鲜的顺序设计卖场，因为非食品不是顾客天天需求的习惯性、计划性购买的商品，而生鲜是顾客每天的必需品，将生鲜区设置在卖场尽头，能有效延长顾客在卖场内停留的时间，促进非计划性购买商品的销售。

职业知识拓展

对于很多顾客而言，逛大商场时，最少光顾的地方，恐怕就是商场的高层了。一是逛到一半高度时已经累了，二是一般商场的布局规律都是把好卖的商品分布在低楼层，高楼层在商品大类规划上吸引人的东西不多。

喷淋式客流设计就是针对这一问题提出来的，即商家在最高层想尽办法，以物美价廉的商品作"诱饵"，来吸引顾客到最高层选购。随后，在最高层"战果辉煌"的顾客们会在先期低价格购买高质商品的刺激下，意犹未尽地向下逛其他楼层卖场。这样卖场的人流由上至下，形象地称为"喷淋式客流"。

商场高层的主要目的并不是赚钱，而在于增加人气，通过人气的带动来增加其他楼层商品销售收入。

喷淋式客流设计，关键是商场最高层在经营大类上要有吸引力，除了"名品特卖场"外，还可以考虑游乐场、小吃街等，或把开展营销活动时的礼品台设置在高层，此时在硬件设施的配备上必须有通往商场最高层的垂直电梯，并且做到在低楼层少停甚至不停，以方便带动客流直通顶层。

职业知识思考

喷淋式客流设计的特点是什么？

课后技能训练

一、选择题

1. 关联商品可（　　）摆设布置，以达到充分便利选购和促进连带销售的目的。
A. 分开　　B. 邻近　　C. 专门　　D. 特别

2. 各类商品的面积分配可以有两种方法，分别是（　　）。
A. 陈列需要法、利润率法　　B. 主题突出法、营业额法
C. 主题突出法、销售额法　　D. 主题突出法、比例法

3. 第一磁石点展示（　　）商品。
A. 主力　　B. 便利　　C. 购买频率低　　D. 采购力低

4. 第三磁石点展示（　　）商品。
A. 非特价　　B. 非高利润　　C. 非季节性　　D. 端架

二、案例阅读与分析

案例一

2019年，中国连锁百强名单中，苏宁易购排名第一，永辉超市排名第六，这两家民

营企业业绩表现抢眼。下面来看看永辉超市对门店的卖场布局、卖场通道、客动线的设计要求。

其卖场布局的要求如下：让顾客很容易进入；让顾客停留得更久；空间的安排最有效；最佳的销售氛围。

其卖场通道要求如下：足够宽；笔直；平坦；少拐角；通道上的照度明亮；没有障碍物。

其客动线的要求如下：开放畅通，使顾客轻松进入；曲径通幽，使顾客停留更久；明亮清洁，使顾客心旷神怡；主副通道宽度适宜；收银台终点；卖场与后场衔接。

案例思考题：永辉超市的这些要求体现了什么特点？

案例二

ALDI创立于1913年，是德国最大的连锁超市，至今已在全球10个国家拥有1万家店铺。该超市以出售折扣商品出名，曾把沃尔玛逼出德国市场，因为其严格控制成本，其利润反超行业平均水平。德国零售业销售利润平均为0.5%～1.5%，该超市却达到5%。它的每家店铺面积小，但坪效高，甚至是沃尔玛的2倍以上，远高出同行。它2017年通过天猫国际海外旗舰店进入中国市场，2018年年初开设天猫旗舰店，2019年6月在上海开设两家线下试点店，截至2020年11月，在中国有10家实体店。

奥乐齐是ALDI进入中国市场的名字。奥乐齐在中国把目标人群定位为一亿新中产，其典型客户是时尚、爱美食、爱分享，同时又讲求性价比者。上海普陀区长寿路店，面积500～700平方米。商品80%都是食品，只有少部分日用品。门店布局上，以货架为分区标准，每个区块都有明显的黑白标识，共分为16个区块，包括新鲜果蔬区、乳制品区、冷冻食品区、副食品区、护理区、冲泡饮料区、早餐食品区、零食区、甜品便当区、酒类、烘焙区、熟食热饮区。其客动线设计有条理，主要有两个动线。一个是购买食材、家用产品的顾客路线，该条线上包括蔬果、肉类、海鲜、调味品。购买完食材去自助收银台时会经过购买频率较低的产品区，比如副食品、生活护理品、酒类和零食区。另一条动线是购买即食产品的顾客路线，需要即食的顾客在入店处经过一个水果货架后便可以看到甜品、便当货架。顾客选购后转角便是收银台，结完账后可以沿线走到就餐区，很方便。如果有顾客喜欢烘焙类或者熟食热饮，也可以按照标识进入美食工坊区，选择在店就餐或者外带。

案例思考题：奥乐齐的布局有什么特点？

三、简答题

1. 货位布局包括哪些要点？
2. 门店卖场布局方式有哪些？
3. 岛屿式布局的优缺点是什么？
4. 什么是磁石理论？
5. 5个磁石点分别要配置什么类型的商品？

项目四

门店商品结构、分类与陈列

职业能力目标

- 掌握几种不同的商品分类方法；
- 理解商品组织结构；
- 能够绘制商品配置表；
- 会进行商品陈列操作。

学习任务导图

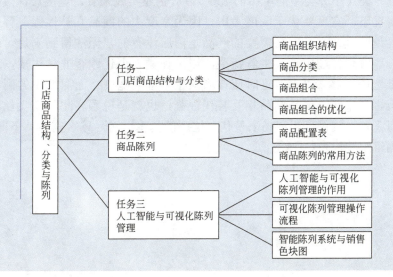

任务一　门店商品结构与分类

门店实践情景

某小区地处城市郊区，交通不方便，小区业主生活不方便，有很大意见。后来经过物业管理公司努力，A超市进驻小区，小区业主对这个超市怀着很大期望，希望可以在里面买到各种生活物资。但是，超市开业后，很多人去超市购物后却失望而归，有的人抱怨："这个超市为什么提供的生鲜蔬菜种类那么少呢？这是一日三餐都需要的。"有的人抱怨："本来我带着很大希望，但是我经常要买的名牌洗发水都没有……"有的人抱怨："我的家人很爱吃东北米，超市里面质量好的东北米都没有，非常失望。"

思考与启示：同学们，从上述情景中，你发现了这个超市存在什么问题。

一、商品组织结构

　　门店商品往往多得令人眼花缭乱，要想科学管理，必须了解商品结构。商品结构就是指在一定的经营范围内，按一定的标准将经营的商品分成若干类别，并关注若干类别的比例分配。通过门店的商品结构表，可以了解到门店都经营哪些商品。从不同企业的商品结构表中可知，有些企业商品种类多，有些企业商品种类少。人们通常会认为种类多的商家经营范围广，种类少的经营范围窄。这样说有一定道理，但不一定正确。因为商品的宽度是经营的商品类别的数量，表示商品对整个类别的覆盖度以及基本功能的覆盖度。商品组织结构表中的大分类和中分类就是指商品的宽度。商品的深度是指同一类商品中不同质量、不同尺寸、不同花色等因素的商品的数量，表示某种功能的商品在该类别的品牌覆盖度以及相关功能的细化和延伸。它在商品组织结构表中主要体现为小分类和细分类（小分类中的单品的数量）。从企业实践来看，宽度比深度重要，即在空间有限的情况下，宽度要优于深度考虑。因为宽度大的商品互补性强，替代性弱，如果宽度不够，说明顾客在某方面需要的产品是门店没有的，无法得到满足。比如上面情景中谈到的，顾客想在超市购买生鲜蔬菜，结果种类太少让顾客非常失望，这就说明该超市的生鲜部宽度不够，以后改进时应该增加生鲜部的宽度。而深度小的商品虽然顾客可以选择的范围变小了，但是商品相互替代性强，也就是说顾客想买海飞丝洗发水，如果商店没有海飞丝，就可以买清扬来替代。这还能基本上满足顾客需要。下面通过表4-1具体介绍商品组织结构表。

表4-1 商品组织结构表

分类编号	组织分类名称	预估单品数				实际单品数				单品数差异				供应商数目
		总数量	高	中	低	总数量	高	中	低	总数量	高	中	低	
45	电脑部	417				316				101				5
450	电脑硬件	63				55		8						3
4501	电脑	15				12				3				6
45010	台式电脑	10	10000元以上	5000~10000元	2000~5000元	8	10000元以上	500~10000元	2000~5000元	2	10000元以上	5000~10000元	2000~5000	5
			3	5	2		3	3	2		0	2	0	

（此表来源：李卫华，郭玉金.连锁企业品类管理.北京高等教育出版社，2018，8.）

编制商品组织结构表要注意以下事项。

（一）多级分类编号

采用多级分类原则，从部门分解到小分类，代码是清晰、易记且唯一的，见表4-2。

表4-2 商品组织结构表多级分类编码

第1个数字	第2个数字	第3个数字	第4个数字	第5个数字	简称
1					杂货
1	0				烟酒饮料
1	0	0			碳酸饮料
1	0	0	0		可乐
1	0	0	0	0	低糖可乐

（此表来源：李卫华，郭玉金.连锁企业品类管理.高等教育出版社，2018.）

（二）多级分类名称

将其与前面的编号代码结合使用，分类名称应该是对应并且唯一的。

二、商品分类

（一）消费习惯分类法

当消费者走进琳琅满目的大型超市，总能在众多商品中选购到如意商品，然后满载而归。当然，消费者也有另外的经历，例如消费者急需某种物品，但是，超市里面要么没有，要么不符合自己的期望，往往悻悻而归。比如，一个北方人在广州生活，想自己动手制作饺子，去超市买擀饺子皮的工具，结果超市没有中间粗两头尖的小擀面杖，只能买个大的凑合使用。从这个消费场景可以感受到，超市琳琅满目的商品看起来足够多且足够满足消费者需求，其实，还是没有完全满足全部消费者。当然，从实际经验来看，超市商品也不可能满足每一个消费者的全部需求。为何如此呢？下面来看看门店是如何根据消费者习惯对商品进行分类的。

按照消费者习惯，可以把消费者可能购买的关联性商品放在一起，并将商品分成大分类、中分类、小分类和细分类四个层次。某个商品只能划分到某一个细分类中，不能重复、交叉。

1. 大分类

大分类是门店商品中最基本的初步分类。为了管理更加有效，门店里面的商品总共要分成多少类？根据经验，十类以下比较容易管理。但在经营实践中，仍然要以门店实际情况来定。如果门店面积很大，终端消费者的需求面很广，那就需要更多分类。大分类往往根据商品的特性来划分，例如生产来源、生产方式、处理方式、保存方式等类似的多种商品集合起来作为一个大分类。例如生鲜就是一个大分类，因为这类商品都和农业生产有关，商品的采购储存方式相近，这样便于管理。

2. 中分类

中分类是大分类中的下一级分类。中分类采用的方法有：

根据商品对消费者的用途分类，例如在蔬果大分类中，划分出蔬菜、水果。

根据商品产地分类，例如有的消费者有国外商品就是好的心理，因此可以按产地列出进口葡萄酒这个中分类。

根据商品的制造方法分类，例如门店中的熟食组列出的烘焙类，就属于中分类。

3. 小分类

小分类是在中分类基础上进一步细分出来的类别。例如中分类中的烘焙类下一级再分出面包、蛋糕就属于小分类。中分类水果的下一级分出苹果、橙子等就属于小分类。中分类进口葡萄酒的下一级分出法国葡萄酒、西班牙葡萄酒等就属于小分类。

4. 细分类

细分类就是单品，是商品分类中不能进一步细分的、完整独立的商品品项。例如200毫升清扬洗发水和200毫升海飞丝洗发水，就是大分类、中分类和小分类都一样的下一级，不能再进一步细分了。

（二）ABC分类法

80/20法则告诉我们，80%的销售额和利润来自20%的商品，因此对商品进行销售管理，就需要确定出20%的商品。零售业在80/20法则的基础上产生了ABC分类法，ABC分类法又称为主次因素分析法，这种方法常常用于项目管理。它是根据事物某方面的主要特征，进行分类排队，区分出重点和一般，进而进行区别管理的一种方法。例如，在商品分类中，常常根据某商品金额占总金额的累计百分比这个主要特征来进行分类。

采用这种方法进行分类，一般来说，品种累计百分比5%～10%、资金占用累计百分比70%～75%的前几个物品，我们将它们确定为A类；品种累计百分比2%～25%、资金占用累计百分比20%～25%的前几个物品，我们将它们确定为B类；品种累计百分比60%～70%、资金占用累计百分比0%～10%的前几个物品，我们将它们确定为C类。下面我们看一个实例。

实例：某企业保持有10种商品的库存，按照大小进行分类，如表4-3所示。

表4-3 商品库存情况表

商品编号	单价/元	库存/件
a	4	300
b	8	1200
c	1	290
d	2	140
e	1	270
f	2	150
g	6	40
h	2	700
i	5	50
j	3	2000

要求：（1）将这些商品分为ABC三类；（2）给出A类库存物资的管理方法。

解析：ABC分类管理方法如下。

A类：资金金额占总库存资金总额的60%～80%，品种数目占总库存品种总数的5%～20%。

B类：资金金额占总库存资金总额的10%～15%，品种数目占总库存品种总数的20%～30%。

C类：资金金额占总库存资金总额的0～15%，品种数目占总库存品种总数的60%～70%。

根据已知数据，按照商品所占金额从大到小的顺序排列计算结果，如表4-4所示。

表4-4 商品库存情况表

商品编号	单价/元	库存量/件	金额/元	金额累计/元	占金额的累计比例/%	占品种的累计比例/%
b	8	1200	9600	9600	48.4	10
j	3	2000	6000	15600	78.7	20
h	2	700	1400	17000	85.7	30
a	4	300	1200	18200	91.8	40
f	2	150	300	18500	93.3	50
c	1	290	290	18790	94.8	60
d	2	140	280	19070	96.2	70
e	1	270	270	19340	97.5	80
i	5	50	250	19590	98.8	90
g	6	40	240	19830	100	100

根据计算结果，按照ABC分类管理的方法，对企业的库存做如表4-5所示的分类。

表4-5 库存商品ABC分类

分类	每类金额/元	库存品种数百分比/%	占用金额/%
A类：b, j	15600	20	78.7
B类：h, a	2600	20	13.1
C类：f, c, d, e, i, g	1630	60	8.2

　　根据解析结果，该企业应该对b, j两种商品定时盘点，详细观察记录销售情况，及时调整库存结构，防止出现缺货断货。需要注意的是，采用ABC分类法，三类比例有些时候需要有上下10%的调整，要根据实际情况来看。

三、商品组合

　　今天，人们走进大型超市，总觉得里面商品应有尽有，似乎太多了。这么多的商品能够完全满足消费者需求吗？答案是不一定。大型超市缺货成了一种常见的现象，超市的管理永远都有需要改进的工作等着相关人员去处理。越是管理效率低，商品结构混乱的超市，缺货现象越严重。缺货会导致顾客想买的商品超市没有，严重影响门店的经营效益。如何来解决这个问题呢？这就需要来学习商品组合的知识。很多时候，顾客到了门店，并不确定自己需要买哪些商品，购物目的性不强，比较随意，这个时候超市对顾客的引导就非常重要，对顾客的引导符合顾客需要就能增加其购物量，反之则会减少。那如何引导顾客增加购物量呢？这也需要我们了解一下商品组合的知识。

　　商品组合就是指门店商品的合理组织和搭配。商品组合不是一成不变的，需要根据经营情况进行调整。例如，把啤酒、开罐器和玻璃杯放在一起陈列，刺激消费者产生使用联想，可能会增加购买率。蔬菜上的沙拉酱，西瓜上的水果刀，牛肉上的调味料等都是关联陈列。因此，商品组合需要随着经营情况变化而变化，那么能否进行商品有效组合就成了可否刺激门店销量提升的手段。商品组合常用的方法有哪些呢？

（一）根据气候季节组合

　　每当季节变化，人们所消费的物品也会有所不同，商家要根据这种季节变化引起的消费变化进行商品组合的调整。在广州，每当春天来临，超市会腾出很大面积来推出除湿气的商品组合，因为广州的春天天气格外潮湿，当地人称为"回南天"，家家户户需要进行除湿气的家务活动，这段时间就是除湿气商品销售的最佳时机；每到冬天，一些超市会推出羊肉销售的商品组合，因为中国人的养生理念中认为冬天吃羊肉比较温补，所以冬天是销售羊肉的好时机。

（二）根据节假日组合

　　每年中秋节前两个月，我们会看到各大超市推出的各种精美月饼，可谓赏心悦目；每年六一儿童节，各大超市也会专门推出适合孩子们的各种商品；每年情人节，各大超市更会推出适合情侣的各种套餐组合；春节是中国的传统大节，每到春节，很多大超市都会推出年货一条街，各种商品组合丰富多彩。

（三）根据消费的便利性组合

　　大型超市都有熟食加工区，各种凉拌、热炒、油炸食品组合非常丰富；也有方便顾客下午下班尽快把菜做好的净菜（切好的菜）组合，极大方便了顾客消费。

（四）根据商品的用途组合

例如大型超市厨房产品、个人护理产品、清洁产品、婴幼儿产品等都会分别被组合在不同区域，满足顾客一站式购物需求。

四、商品组合的优化

（一）80/20法则

根据80/20法则，即在门店营运中有80%的利润是由20%的商品带来的，因此门店会根据不同商品的利润贡献率来进行优化，找出商品的利润贡献率，对贡献率大的商品重点经营组合。

（二）波士顿矩阵法

波士顿矩阵法在市场营销领域运用广泛，在零售领域也被用来进行商品组合的优化。根据市场占有率和销售增长率的不同，组合出四个类型，分别是明星类、金牛类、问题类、瘦狗类，如图4-1所示。

第1类商品，明星类，这类商品市场占有率高，销售增长率高。它们是门店的明星产品，门店要在日常经营中重点关注支持，以使它们发挥最大贡献率。

第2类商品，金牛类，这类商品市场占有率高，销售增长率低，能带来较高利润，是门店目前的主要收入来源，门店应对这类商品采取维持现状、提高盈利、关注未来发展的对策。

第3类商品，问题类，这类商品市场占有率低，销售增长率高，未来有较大潜力，如果未来能提高市场占有率将带来丰厚利润，因此应对这类商品集中破除市场占有率低的局限，扩大影响，提高品牌效应。

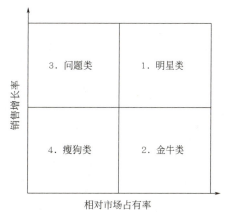

图4-1　波士顿矩阵图

第4类商品，瘦狗类，这类商品市场占有率低，销售增长率低，利润微薄甚至无利可图，未来影响会越来越小，门店应有计划地替换或者淘汰掉它们，寻求新商品。

 职业知识拓展

如果零售商发现果汁中分类的销量呈现了下降趋势，其在部门中的销售占比下降3%，这时零售商会思考：为什么果汁中分类的销量会下滑呢？问题出在哪里呢？这就要首先看看果汁中分类下的这些小分类究竟是哪个的销量下滑了。比如通过分析销售数据发现，在果汁中分类下的五个小分类中，含纤维果粒小分类的部门销售占比下滑了5%，而浓缩果汁小分类的部门销售占比增加了2%，其他三个小分类的部门销售占比未发生大的变化，那么问题的根源就找到了，正是含纤维果粒小分类的销量出现大幅度下滑导致果汁中分类的销售整体下滑。如果发现含纤维果粒分类的销量下滑是由于此品类在整个国内市场上都在下滑，则可以说明国内的消费者已经开始逐渐放弃对这个分类的需求，而转向浓缩果汁和其他类似需求了。那么，零售商就可以轻松制定出改善方案，即应该减少含纤维果粒分类的品牌和单品数量以及陈列空间，而增加浓缩果汁的品牌和单品数量以及陈列空间，并继续跟踪果汁分类中各个小分类的销售变化，从而保证及时做出进一步调整，直至有一天从软饮料大分类的分类结构中取消含纤维果粒小分类为止。

对果汁中分类进行以上的调查后，经过几个月的经营，零售商也许会看到，果汁中分类的销量又恢复到原来的水平，部门的绩效指标又可以实现了。

（案例来源：李卫华，郭玉金.连锁企业品类管理.高等教育出版社，2018.）

职业知识思考

该案例中的解决思路存在不足之处，请认真思考并找出。

任务二 商品陈列

> **门店实践情景**
>
> 　　一位女高中生在"7-11"的店铺中打工,由于粗心大意,在进行酸奶订货时多打了一个零,使原本每天清晨只需3瓶酸奶变成了30瓶。按规矩应由那位女高中生自己承担损失——意味着她一周的打工收入将付之东流。这就逼着她只能想方设法地争取赶快将这些酸奶卖出去。她冥思苦想,把装酸奶的冷饮柜移到盒饭销售柜旁边,并制作了一个POP,写上"酸奶有助于健康"。令她喜出望外的是,第二天早晨,30瓶酸奶不仅全部销售一空,而且出现了断货。谁也没有想到这个小女孩戏剧性的实践带来了"7-11"新的销售增长点。从此,在"7-11"店铺中酸奶的冷藏柜同盒饭销售柜摆在了一起。

思考与启示:女高中生无意中的改动陈列带来巨大成功,请思考陈列对门店的作用有哪些。

一、商品配置表

　　商品配置表是用书面表格的形式,把商品在货架上的陈列排面进行有效的分配,达到对商品进行科学管理的目的。商品配置表是连锁企业实现各门店商品陈列标准化的利器。

(一)商品配置表的制作依据

　　周转率:周转率高的商品一般都是顾客要寻找的商品,应放在较明显的位置。
　　毛利:毛利高的商品通常也是高单价的商品,应放在较明显的位置。
　　单价:单价高的商品毛利可能高也可能低,高单价又高毛利的应放在明显位置。
　　需求程度:具有高需求、高冲动性、随机性需求特征的商品,一般陈列在明显位置。
　　空间分配:运用高需求或高周转率商品来牵引顾客的视线焦点,纵横贯穿整个商品配置表;避免将高需求商品放在视线第一焦点,除非该商品具有高毛利的特性;高毛利且具有较大销售潜力的商品,应摆在主要视线焦点区内;潜在的销售业绩大的商品,应该给予最多的排面。

(二)商品配置表的制作责权

　　有些企业商品配置表主要由采购部门来主导,其他部门应给予合理建议并配合工作。有些企业设置有专门的货架管理员岗位。

1. 制作商品配置表的准备工作

　　商品陈列货架的标准化。如果连锁企业各个门店货架都是标准化的,商品配置表就可以用同一个;如果货架不是标准化的,就需要根据门店情况调整。
　　商圈与消费者调查。通过商圈调查了解连锁企业门店所属地区的市场容量、潜力和竞争者状况;通过消费者调查了解商圈内消费者的消费水平、家庭规模结构、购买习惯、对商品的需求。根据这些调研资料，来决定门店经营哪些商品。

单品项商品资料卡的设立。在连锁企业信息系统中，要设立每一个单品项商品的信息资料卡，如该商品的品名、规格、尺寸、重量、包装材料、进价、售价、供货量等相关信息。

配备商品配置实验货架。商品配置表的制作必须有一个实验阶段，制作人员应先在实验货架上进行实验性陈列，从排面来观察商品的颜色、高低或某些商品容器的形状是否协调，是否吸引人，不断调整，直到满意。

2. 商品配置表的制作程序

（1）每一个中分类商品的陈列尺寸的确定。由制作人员与门店人员共同讨论决定每一个商品大类在连锁企业门店卖场中所占的营业面积及配置位置，并制作出大类商品配置图。当商品经营的大类配置完成后，制作人员就要将每个中分类商品安置到各自所属的大类商品配置图中，即将每一个中分类商品所占的营业面积和占据陈列货架的数量确定下来。

（2）单品项商品陈列量的确定。单品项商品陈列量应与订货单位结合考虑。例如，一般来说由配送中心送配的连锁超级市场卖场和内仓的商品量是其日销量的1.5倍，对每一个单品项商品来说也是如此，即一个商品平均日销售量是12个，则商品总数量为30个，但每一个商品陈列量还必须与该商品的订货单位一起进行考虑，其目的是减少内仓的库存量，加速商品的周转。每个商品的陈列量最好是1.5倍订货单位。例如，一个商品的最低订货单位是12个，则其陈列量设定在18个，该商品第一次进货为2个单位即24个，18个上货架，6个进内仓，当全部商品最后只剩下6个时，再进一个订货单位12个，则商品可以全部上货架，而无须再放进内仓，做到内仓的零库存。零库存不仅要求订货准确，也要保证配送及时。但是我国大多数企业很难做到零库存。另外，有一些商品是由供应商直接送货到门店，这个时候陈列量就必须与供应商的经济批量相配合。

（3）根据商品的陈列量和陈列面积确定相应的货架数量。根据前期调研资料，结合每个商品包装的要求和外形尺寸来具体确定每个货架层面板的间距、陈列商品的货架位置和商品数量，以及其他配件的数量和位置。

（4）商品陈列位置与陈列排面数的安排。这个环节要考虑商品放在哪个段里，考验企业的采购能力、配送能力、与供应厂商的合作等，要根据每种商品销售个数来确定面朝顾客一排商品的个数。一般来说，第一排的商品个数不宜过多，如果个数过多，一个商品所占用的陈列面积就会过大，相应商品的陈列品种率就会下降，在客观上也会使顾客产生商店在激励推销该商品的心理压力，造成顾客对该商品的销售对抗，但促销商品除外。

（5）特殊商品用特殊陈列工具。陈列工具的选择要结合商品特点，哪种最能体现商品特点选哪种。

（6）商品配置表的设计。商品配置表是以一个货架为基础制作的，有一个货架就应该有一种商品配置表。商品配置表格式的设计只要确定货架的标准，再把商品的品名、规格、编码、排面数、售价表现在表格上即可；也有的把商品的形状画到表格上，但必须借助于计算机来设计。

下面我们看一个实例（见表4-6），其货架的标准是：高180厘米、长90厘米、宽45厘米，五层陈列面。

表4-6 某超市洗衣粉货柜商品陈列与配置表

商品分类 洗衣粉（1） 货架NO.12 制作人：			
180 170 160 150	白猫无泡洗衣粉 1000克 2F 12001 12.2	奥妙浓缩洗衣粉 750克 4F 12005 18.5	奥妙浓缩洗衣粉 500克 4F 12006 8.5
140 130 120 110	白猫无泡洗衣粉 500克 2F 12002 6.5	奥妙浓缩洗衣粉 500克 3F 12007 12.5	
100 90 80	白猫无泡洗衣粉 450克 2F 12003 2.5	奥妙手洗洗衣粉 180克 6F 12008 2.5	
70 60 50	佳美两用洗衣粉 500克 4F 12004 2.5	碧浪洗衣粉 200克 6F 12009 2.8	
40 30 20 10	地毯洗衣粉 500克 4F 12011 12.8	汰渍洗衣粉 450克 4F 12010 4.9	
厘米	10 20 30 40	50 60 70 80 90	

商品代码	品名	规格	售价	单位	位置	排面	最小库存	最大库存	供应商
12001	白猫无泡洗衣粉	1000	12.2	桶	E1	4	3	8	
12002	白猫无泡洗衣粉	500	6.5	袋	D	2	15	30	
12003	白猫无泡洗衣粉	450	2.5	袋	C1	2	20	32	
12004	佳美两用洗衣粉	500	2.5	袋	R1	4	32	50	
12005	奥妙浓缩洗衣粉	750	18.5	盒	E2	4	12	40	
12006	奥妙浓缩洗衣粉	500	8.5	盒	E3	4	8	20	
12007	奥妙浓缩洗衣粉	500	12.5	袋	D2	3	15	45	
12008	奥妙手洗洗衣粉	180	2.5	袋	C2	3	25	90	
12009	碧浪洗衣粉	200	2.8	袋	B2	6	35	90	
12010	汰渍洗衣粉	450	4.9	袋	A2	4	4	40	
12011	地毯洗衣粉	500	12.8	袋	A1	4	12	42	

注：1.位置是最下层为A，二层为B，三层为C，四层为D，最高层为E。每一层从左至右，为A1，A2，A3，……，B1，B2，……，C1，C2，……，D1，D2，……，E1，E2，E3……

2. 排面是每个商品在货架上朝顾客陈列的面，一面为1F，二面为2F……
3. 最小库存以一日的销售量为安全量。
4. 最大库存为货架放满的陈列量。

二、商品陈列的常用方法

法国有句经商谚语:"即使是水果蔬菜,也要像一幅静物写生画那样艺术地排列,因为商品的美感能撩起顾客的购买欲望。"合理地陈列商品可以起到展示商品、刺激销售、方便购买、节约空间、美化购物环境的各种重要作用。据统计,店面如能正确运用商品的配置和陈列技术,销售额可以在原有基础上提高10%。由此,陈列的重要性可见一斑。沃尔玛非常重视陈列,其卖场中有45种筷子,餐具、食用油、电饭煲、电磁炉、袋装米、粉丝、面条、调味品、电火锅、酱油醋这些商品旁边都有筷子,在不同的地方,在不同的分类区域,都考虑到商品之间的关联性而做了陈列。食品区当然是筷子的主要关联陈列区,但在这个区域内也不是筷子的某个单一品种,食品区中间夹杂陈列着5种不同价位的筷子。看来沃尔玛对小商品的销售也是煞费苦心的。下面我们来学习陈列的常用方法。

(一)根据使用工具陈列

1. 货架陈列

货架可以分成四个段,下面以一个高度为200厘米的货架说明四个段的区分。

(1)上段。上段即货架的最上层,高度在160~200厘米,该段通常陈列一些连锁超市所推荐的商品,或有意培养的商品,该商品销售一定时间或可移至下一层即黄金陈列线。

(2)黄金陈列线。黄金陈列线的高度一般在90~160厘米,它是货架的第二层,是人眼最易看到、手最易拿取商品的陈列位置,所以是最佳陈列位置。此位置一般用来陈列高利润商品,自有品牌商品,独家代理或经销的商品。而该位置最忌讳陈列无毛利或低毛利的商品,那样的话对连锁超市来讲是利益上的一个重大损失。

(3)中段。货架的第三层是中段,其高度为50~90厘米,此位置一般用来陈列一些低利润商品或为了保证齐全性的商品,以及因顾客的需要而门店不得不卖的商品。同时,该位置也可陈列原来放在上段和黄金陈列线上的已进入衰退期的商品。

(4)下段。货架的最下层为下段,高度一般在10~50厘米。这个位置不太明显,容易被顾客所忽视,因而通常陈列一些体积较大、重量较重、易碎、毛利较低,但周转相对较快的商品,也可陈列一些消费者已认定品牌的商品或消费弹性低的商品。

有调查显示,当商品在上述四个段调动时,会对销售额产生不同的影响:

从"中段"上升到"上段"销售额增加63%;从"中段"下降到"下段"销售额减少40%;从"下段"上升到"中段"销售额增加34%;从"下段"上升到"上段"销售额增加78%;从"上段"下降到"下段"销售额减少32%;从"上段"下降到"中段"销售额减少20%。

同一货架上陈列商品尽量一致,货架陈列层次也尽量一致,临近区域货架也尽量一致。商品在货架上占的面积与其市场占有率一致,不同类别的商品分别集中摆放,商品正面应面向顾客。这样陈列会使卖场整体看起来整齐、有序。如图4-2所示。

2. 端架陈列

端架也就是顾客视线的转弯处所设置的货架,主要陈列促销商品、利润高的商品、新商品、回转率高的商品。端架陈列要有促销标识或者价格牌。如图4-3所示。

3. 堆头陈列

堆头是指超市商品所形成的商品陈列,有时是一个品牌产品单独陈列,有时是几个品

图4-2 货架陈列

图4-3 端架陈列

牌的组合堆头。可放在花车上,或箱式产品直接堆码在地上。堆头陈列的商品主要有新商品、季节性商品、高周转商品、特卖商品、促销商品、高利润商品等。进行堆头的时候要注意底部的稳固性,堆头的造型设计要生动鲜活不断变化,色彩搭配吸引人,价格牌或者促销信息要清晰可见。如图4-4所示。

4. 柜台陈列

柜台陈列就是借助封闭或者半封闭的柜台进行陈列。例如,华润万家超市香烟就是采用封闭的玻璃柜台进行陈列,销售人员在里面,顾客不能自取,需要销售人员从封闭柜台拿出来。如图4-5所示。

图4-4 堆头陈列

图4-5 柜台陈列

5. 靠墙陈列

这种陈列方式以墙面为背景,用高柜子或者高的支撑物把商品高高挂起来,使卖场看起来商品更丰富,空间利用更充分。如图4-6所示。

6. 特殊陈列

特殊陈列是利用一些较小空间或者无法摆放专用工具的空间,比如靠墙的手扶电梯与墙壁之间有一条窄缝,可以在上面放一些商品。例如好又多超市在这些窄缝上摆放了一些小包装手帕纸,往往在顾客乘电梯的时候给顾客以提醒,会促使顾客增加购买量,如图4-7所示。

图4-6　靠墙陈列

图4-7　特殊陈列

（二）根据商品的摆放方式陈列

1. 悬挂式陈列

大型超市里常常有休闲服、运动衣、袜子、毛巾、内裤等服饰，还有袋装干货、袋装零食等商品，为了突出展示效果，往往采用悬挂式陈列。如图4-8所示。

2. 岛式陈列

颜色鲜艳的水果常用一个平台或几个平台形成岛式陈列。速冻商品如水饺、馒头、酸奶等商品，放入几个冰柜，几个冰柜摆放在一起即形成岛式陈列。如图4-9所示。

图4-8　悬挂式陈列

图4-9　岛式陈列

（三）根据商品的用途陈列

1. 主题陈列

家居商品，往往按照一个生活主题情景进行陈列，例如富安娜家居馆，除了主要纺织类商品，还有床、床头柜、台灯之类，整体上烘托出宁静、舒适的家居气氛。如图4-10所示。

2. 关联性陈列

将商品使用过程中有关联的放在一起，比如方便面旁边摆放筷子，生肉旁边摆放调味品、煲汤料、烧烤架、烤肉用具等。还可把女性购买商品和男性购买商品组合在一起，成人购买商品和儿童购买商品组合在一起，主力商品和辅助商品组合在一起。如图4-11所示。

图4-10 主题陈列

图4-11 关联性陈列

 职业知识拓展

永辉超市生鲜陈列要求

陈列是涵盖了营销学、心理学、视觉艺术等学科的综合体，也是实现终端营销效果最佳手段之一。下面来看永辉的生鲜各部商品的具体陈列要求。

1. 水果蔬菜的陈列要求

（1）水果蔬菜的所有单品的陈列必须是"侧正面"整齐排列，把其颜色最漂亮的一面统一朝向顾客。

蔬菜：叶菜部分是根部朝下、叶部朝上；果菜部分是头部（根蒂部）朝上、尾部朝下。

（2）要求一个商品一纵行梯形陈列，根据商品进货量确定纵行的宽度。

（3）货架陈列面与地面应有60度以上的角度。

（4）特价促销商品要用堆头和大面积陈列，且POP等宣传告示与之对应。

（5）对于新商品和特价促销商品等需要向顾客展示其内在品质的商品，应将其切开、包装进行展示，同时切成小块给顾客试吃。

（6）特价促销商品必须保证一个商品陈列一个堆垛，宽度保证在一至两米之间。

（7）高档且易损坏商品需要包装后进行陈列销售，绝大部分陈列于冷藏保鲜柜中，销售量不大的商品，要适当控制陈列面和陈列量。

（8）要随时注意陈列商品的保养，对坏货要及时撤离货架。

2. 肉的陈列要求

（1）鲜肉商品以保鲜碟打包形式陈列的，斜侧立陈列于0℃冷藏柜中销售；以悬挂方式陈列展示的，要准备手套给顾客挑选时用，并同时可以将猪肉悬挂在销售区内展示。

（2）特价促销商品陈列面积要加大，且POP等宣传告示与之对应。

（3）鸡类与猪、牛、羊肉之间需用分隔板隔开。

（4）按顾客行走的路线分品类陈列，建议依次为汤配、鸡类、牛羊肉、猪肉，最后为腊味。

（5）冻品类如鸡、鸡翅膀、凤爪及内脏等商品，除了包装陈列外，还可散装陈列于冰鲜台上。

3. 鱼的陈列要求

（1）活鲜的陈列要求

①水池里的水必须保持清澈。

②水池里的水必须保持循环、过滤、打氧。

③水池里的商品必须保证是活的。

④可以使用旋转式价格牌固定在鱼缸上标识价格。

⑤各种活鲜必须按品类特性进行陈列，如：咸淡水鱼分开，四大家鱼与鲈鱼、桂花鱼、河虾等分开，鲈鱼与河虾分开，活鱼与贝壳类分开，贝壳类分咸淡水，等等。

（2）肉丸和冰鲜的陈列要求

①必须按品类进行归类陈列。

②价格牌可以插到冰里面，必须与每一种商品进行对应。

③避免把鱼平铺于冰鲜台上，要求动感化陈列，鱼体斜侧立于冰面上，腹部藏于冰里面（黄花鱼除外）；细小鱼体则做圆形的花样陈列。

④肉丸必须先放置在沙网上再放在冰上，冰鲜则可直接放在冰上。

4. 熟食的陈列要求

（1）每个陈列盘中只能陈列一种商品。

（2）价格牌必须放在商品陈列位的右上角。

（3）按顾客行走路线，建议分别为面食、凉拌菜、卤水、炸物、烤鸡、烧腊、寿司。

（4）卤水、凉拌菜需要点缀芫荽、青葱等绿色调料。

（5）为了保证卫生，尽量避免使用敞开式的陈列方法。

5. 面包房的陈列要求

（1）按西式、中式、面包、蛋糕等大类用分隔板隔开，集中陈列。

（2）要求一个商品一纵行梯形陈列，根据商品生产量确定纵行的宽度。

（3）散装食品应该放在较低的陈列位置，且置于有机玻璃的面包罩里。

（4）特价促销商品用促销车或不锈钢层架，结合POP宣传告示做陈列销售。

（5）陈列出"××自制面包"不含任何防腐剂的特色的宣传告示。

（6）为了保证卫生，不可使用敞开式的陈列方法陈列热卖商品。

职业知识思考

永辉的生鲜陈列要求非常具体，请你找一家超市与案例的要求做比较，看看有哪些异同。

职业知识拓展

新零售之陈列专家管理系统

广州市锦昇信息技术有限公司成立于2015年,是专门研究零售领域可视化管理系统的研发型公司,拥有一批在零售行业服务了近20年的信息化实践的管理与技术型人员。公司自主研发的陈列专家系统针对目前零售行业的业务现状、行业的痛点难点采用信息化技术的办法,在门店空间管理、品类管理、协调与沟通等方面帮助客户,陈列专家是最懂陈列需求的开发商。陈列专家系统围绕着开店、品类管理、数据分析等,采用简便的拖拉拽的方式即可完成数据的可视化操作。目前已建成陈列管理云平台,是构建虚拟化门店空间管理、统一化与可变性相结合的模板化陈列管理平台,已经服务了众多客户。该公司的一个客户在应用了陈列管理软件之后,其企业督导人员从原来的30多人,减少到10多人,大大降低了人工成本,提高了企业营运绩效,并且,通过新技术的应用,提高了零售业的科技含量,使企业营运数据获得更有效的运用,赋予零售业更多科技力量。

职业知识思考

请登录广州市锦昇信息技术有限公司网页,详细了解该公司的产品应用及其服务企业,并根据网页查阅信息谈谈高科技对零售业的影响。

任务三　人工智能与可视化陈列管理

门店实践情景

  婷美小屋是广州市娇兰化妆品有限公司旗下品牌，诞生于2012年，隶属娇联集团，是集研发、生产、营销于一体的快时尚单品牌化妆品连锁，是国内单品牌店发展速度最快的一个案例。2017年初跟锦昇公司合作上线锦昇陈列专家系统，当时的婷美小屋门店数不到300家，一年后的2018年门店数量发展到了2800多家。也就是说一年多的时间里，门店数量增加了2500多，相当于日均新增8家门店。同时，品牌部下面负责开业的小组只有5个人，人均需要管理500家门店的事务。工作时间还从原来的大小周，变成了双休。开业组以前没日没夜的加班现象再也看不到了。

思考与启示：陈列专家系统给婷美小屋带来哪些改变？

一、人工智能与可视化陈列管理的作用

  传统零售连锁企业总部与终端门店之间出现信息断层，门店受营业时间、地理位置等主客观因素限制，不能及时发现门店的陈列问题，总部与门店之间信息不流通，没有及时有效的沟通互动机制，总部获取门店陈列信息成本高，也不能及时发现陈列与销售额的动态关系。近年来，人工智能与大数据已经在零售业得到广泛应用。这种技术的运用解决了传统零售企业实际运营中的一些问题。例如普拉达曾在自己的商品上安装了一个芯片，并在试衣间安装了传感器，这样每一件衣服从货架上被拿下来的次数和试穿次数就会被记录下来。此外，普拉达还会根据衣服从货架上被拿下来的次数和试穿次数结合消费情况作出分析。比如，消费者不断试穿某款衣服，但是其销量就是不好。从数据中可以分析出，这款衣服穿在身上并不是很好看，说明这款衣服的某些细节设计需要修改，才能更符合消费者的需求。

  近年来，新零售的概念被广泛提及，其代表性企业是盒马鲜生。盒马鲜生门店内部的商品陈列除了用货架等常规陈列外，还有另外一些特色，例如门店内部货架上商品标识牌印有二维码，顾客通过扫描二维码可以进入盒马APP，在其中查看商品详情，也可以在门店进行线上下单，下单后店内的员工会根据订单将商品装进袋内，然后将其置于一个快速输送带上，输送带将商品袋送到配送物流中心。这种形式相较于传统店也是一种新事物。

  通过可视化陈列管理系统，能够促进统一化、标准化的门店品牌形象的输出，让每一家门店都跟上最高的品牌形象标准。以广州锦昇公司的陈列系统为例，其内容包括：新店搭建、新店布局，30分钟完成门店搭建，极大地提高工作效率；即时分析品类的平效、米效、SKU贡献度、销售占比、陈列占比，优化品类管理；陈列更新，一键下发，5个人管理2000家店；总部无微不至的用心服务，将加盟商的距离拉得更近，企业快速发展，有助于招商加盟；数据分析、品类管理兼顾艺术创意，给门店带来最直接的销售提升；手机扫

码即可与总部陈列师互动沟通、获得指导，做到门店与总部无障碍沟通；数字化图形化展现门店经营状况，可视化数据管理，自动导出货品清单。

二、可视化陈列管理操作流程

目前，零售业已经出现一些领先的陈列管理企业，其开发出的陈列管理软件也在零售企业中应用并取得实效。下面来看广州锦昇公司的陈列专家管理流程。

第一步：制作模板，如图4-12所示。
第二步：一键下发，如图4-13所示。
第三步：自动通知门店（微信），如图4-14所示。
第四步：门店执行、拍照，如图4-15所示。
第五步：总部检查、点评，如图4-16所示。
第六步：门店根据检查结果改进陈列，如图4-17所示。
第七步：数据分析、绩效管理提升，如图4-18所示。

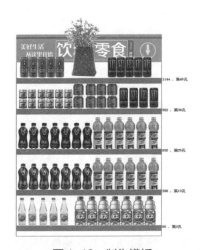

图4-12　制作模板

图4-13　一键下发

图4-14　自动通知门店

图4-15　门店执行、拍照

图 4-16　总部检查、点评

图 4-17　门店改进

图 4-18　绩效提升

三、智能陈列系统与销售色块图

（一）智能陈列专家系统

智能陈列专家的数据库系统将客户端、手机端、PC-Web端连接起来，可以即时分享信息，极大提高工作效率，如图4-19所示。

图 4-19　智能陈列专家系统

（二）销售色块图

智能陈列专家系统可以用彩色色块反映门店当前的销售情况，在平面图上由不同颜色显示，非常直观地展示出门店商品的销售情况，对比清晰。例如，饼干这个品类的商品，大部分销量都在几十个，甚至一些品牌的销量上百，但是有一小部分的销量只有几个，甚至零个。那么，很明显，这个商品滞销了。可以通过颜色深浅，来直观地发现不同区域的销售差异。如果通道等其他方面没有问题的话，浅色区域的品类销售就没有其他品类好。也可以通过颜色差异，来直观地比较不同货架的销售贡献率。通过系统的可视化的销售色块分析，为门店下一步陈列调整提供决策依据。

 职业知识拓展

每天惠集团是中国电子商务O2O领域的积极探索者和开拓者，公司总部位于国家级电子商务示范城市深圳，注册资本3000万元。作为科技型公司，每天惠从一开始就非常重视信息化、智慧化方面的投入。装上陈列专家系统后很快就应用起来，结合远程巡店、远程运营，将店务工作提升了几个档次，与传统的便利店做法相比有很多的先进之处。每天惠公司有自己的IT团队，开发自用的ERP系统，由于双方系统有很多数据需要交互对接，双方技术人员都非常真诚地合作，很快就将门店数据、远程视频监控端口、各种平台接口都衔接好了，而且整个过程双方技术人员都是在远程沟通、远程合作中完成的。最后每天惠董事长非常满意系统完美对接后的效果，他说："这是深圳速度与广州速度一次完美融合的结果。"这个项目完美地展示了锦昇公司技术团队的力量在方案融合、接口对接、互动合作方面的强大能力。最重要的是双方的团队在整个过程中就像是训练有素的女排国家队一样，有那种冲劲、拼劲。

樊文花专注面部护理32年，4000家门店全国领先，一年服务2000万顾客。2018年樊文花上线陈列专家系统，彼时的樊文花已经拥有2500多家门店，管理起来显得非常吃力，品牌形象部门压力非常大，特别是陈列小组加班现象非常严重，人员流动大，员工们怨声四起。2018年双方合作，锦昇公司全面负责所有门店的资料和平面图导入，以及布局所有门店的货架，完成所有这些基础工作后，顺利交接给甲方打理日常的店务运营工作。上线后，陈列小组的人员流动率为零，工作效率更是提高100%以上。这让门店与总部实现了沟通零障碍，同时也大大减轻了传统的客服工作量。真是一举多得。

 职业知识思考

每天惠与樊文花公司为何能快速提升效率？你如何看待门店陈列的智能化与可视化？

职业知识拓展

丝芙兰专卖店内的智能设备可以扫描顾客的面部,并为购买粉底和遮瑕膏的顾客提供个性化的推荐;还可以扫描顾客唇部,并帮助顾客找到颜色最适合的唇膏。对于那些经历过只有通过反复试色才能找到完美色调的顾客来说,这种体验是极具吸引力的。某线下零售商与一家创业公司合作制造了一款零售机器人,来帮助顾客在商店里找到特定的产品。这款零售机器人导购员可以在店内自由穿梭,指引顾客找到想要购买物品的货架,并显示该产品的库存数量;同时,它还可以提醒售货员补充货物上架等。

职业知识思考

你体验过实体店的这类人工智能服务吗?感受如何?有机会的话,对应用人工智能手段的实体店做一次使用效果调研。

课后技能训练

一、选择题

1. 商品的深度在商品组织结构表中主要体现为（　　）。
   A. 小分类和细分类　　B. 大分类　　C. 组别　　D. 类别
2. 商品组织结构表中的（　　）就是指商品的宽度。
   A. 小分类和细分类　　B. 大分类和中分类　　C. 组别　　D. 类别
3. 法国有句经商谚语:"即使是水果蔬菜,也要像一幅静物写生画那样艺术地排列,因为商品的美感能撩起顾客的购买欲望。"这句话突出了（　　）的作用。
   A. 陈列　　B. 颜色　　C. 宽度　　D. 深度
4. 商品配置表是用书面表格的形式,把商品在货架上的（　　）进行有效的分配,达到对商品进行科学管理的目的。
   A. 陈列数量　　B. 陈列位置　　C. 商品数量　　D. 陈列排面

二、案例阅读与分析

连锁便利店"7-11"店铺一般的营业面积为100平方米,店铺内的商品品种一般为3000多种,每3天就要更换15～18种商品,每天的客流量有1000多人,因此商品的陈列管理十分重要。"7-11"便利店在具体的做法上是每周都要出一本至少50多页的陈列建议彩图,内容包括新商品的摆放、招贴画的设计等,这些使各店铺的商品陈列水平都有了很大的提高。除此之外,"7-11"还在每年春、秋两季各举办一次商品展示会,向各加盟店铺展示标准化的商品陈列方式。参加这种展示会的只能是"7-11"的职员和各加盟店的店员,外人一律不得入内,因为这个展示会揭示了"7-11"半年内的商品陈列和发展战略。另外,"7-11"还按月、周对商品陈列进行指导,比如,圣诞节来临之际,圣诞商品如何陈列、店铺如何装修等都是在总部指导下进行的。"7-11"便利店商品陈列是随着时间和季节等外部的变化而变化的，一成不变的商品陈列就如同一潭死水。"流水不腐，户枢不蠹"，商品的陈列方法是在不停地摸索和繁衍的，不同门店间的相同商品的陈列也各有不同。

"7-11"的缔造者铃木敏文认为，在物资匮乏的时代，可以只凭经济学的思维方式来做生意，但在物资过剩的消费型社会，想要做好生意，不仅要懂得经济学，还要了解心理学。

所谓价格心理学，是指在价格设定方面，要从解读消费者心理入手。"7-11"在打造热销品时，就会很巧妙地运用到价格心理学。通过陈列三种相似产品，利用价格区别，来打造"中间价格"产品，使其成为热销品。铃木敏文认为，较之"极端价格"，"中间价格"更受欢迎。打个比方来说，同一个品牌的脱毛膏，店铺中陈列38元和88元两种价位，理所当然，38元的脱毛膏比88元的脱毛膏销售得好，但当加入108元的脱毛膏时，88元的脱毛膏则成了三种商品里最畅销的。

在铃木敏文看来，当脱毛膏只有两种的时候，顾客并不能真正意识到88元脱毛膏质量上的优势，当顾客难以对品质进行比较的时候，自然会将价格作为衡量标准，认为38元脱毛膏价格便宜，品质看起来也不会太差。但当三种脱毛膏陈列在一起时，顾客就可以通过价格、品质两方面来评估商品的价值了。

"7-11"在做数据分析时，也区别于常用的"ABC"分类法。在"ABC"分类法中，A级为"热销品"，C级为"滞销品"，然而，这种方法却有着不容忽视的缺陷。如果X商品销量为100个，Y销量为50个，Z销量为30个，通过"ABC"分类法来看，X商品应该是热销品。但是，倘若Z的库存只有30个，而且一天之内就售完，那么热销品应该是Z才对。

所以，铃木先生认为并不能简单地按照ABC分类法分类，在市场营销中，必须读懂数字背后蕴含的顾客心理和情感，在分析是否为热销品时，不仅要关注数量轴还要关注时间轴，从"7-11"的POS系统中，提取每个商品售完的具体时间，结合具体数字，这样才能知道哪种商品是真正的热销品。

支撑"7-11"经营的"单品管理"。

"7-11"的各门店无不是依据假设来下订单的，然后通过POS数据查看销售情况，来验证商品销售状况是否和假设一致。通过不断的假设和验证，随时掌握每种商品是热销还是滞销，从而提高订货的精确度，这就是"7-11"的"单品管理"。

"单品管理"概念是"7-11"的主干，所有的系统都是为实现单品管理而存在的。某家分店建立了某种假设，某个商品要引进多少量，总公司都要能应对。"7-11"必须保证总公司能迅速地处理由分店传来的订货资讯，为此所需的材料掌握、有效的物流以及不断地推陈出新。如果分店是幕前，则幕后的所有工作都是实现"单品管理"的前提。可以说，"单品管理"象征着"7-11"的总阀门，用来持续应对瞬息万变的顾客需求。

在全日本超过一万家的分店里，执行"单品管理"的不仅有老板、店长，还有兼职人员，也是这种"单品管理"造就了"7-11"的强盛。

"7-11"还注重框架效应。"框架效应"是指改变事物的表现形式和描述方式，或许就会改变人们进行判断和选择时所遵循的框架，并导致不同结果的发生。

研究发现，同样的促销活动，同样的服务，同样的商品，只要读懂顾客心理，改变表现形式，就能发掘出顾客的潜在需求和购买欲。例如，"7-11"经常会实施"百元均价饭团"活动，在打折的表现方式上，与其使用降价的形式，不如直接用"均价100元"更吸引顾客；同样一种绞肉，"80%瘦肉"和"20%脂肪"的描述虽然本质上完全相同，但实际购买时，顾客却毫不犹豫选择后者。在"现金返还"活动中，虽然"现金返还"相当于变相打折，顾客需要去收银台付账，然后去专门服务的柜台返还现金，遇到人多时还得排队，这对于顾客来说比直接打折要麻烦得多，可是，"现金返还"却比打折更具有吸引力。

优化货架的意义——越是精选，顾客在选择时越不会犹豫。

"7-11"为了尽量有效地利用店里有限的空间，会在种类丰富的主力商品中选取最受欢迎的几款，贯彻货架优化战略，从而实现更高的营业额。优化货架为什么重要？如果一件商品能够在货架上占据足够的空间，就能提高自身表现力，能更有效地发挥其魅力。同时对于顾客来说，每件商品都能看得更清楚，更容易找到自己想要的商品。

一种可以热销的商品，经过优化后在货架上摆放十几二十个，就能够卖出10个以上，可如果不进行优化，只在货架上摆放三四个，就很容易因为不起眼而被消费者错过，变成滞销品。一个货架上满满陈列着品种齐全的果酱，共24种，而另一个货架上则只陈列了精选出的6种果酱。结果表明，购买陈列6种果酱货架上的果酱的人数更多。在铃木看来，陈列24种果酱虽然也包含了潜在热销品，但由于实在太多，使顾客眼花缭乱，单件商品的表现力不足，绝大多数顾客对麻烦的"选择题"敬而远之，而最终造成顾客流失。

（案例来源：【日】铃木敏文.零售的哲学.江苏凤凰文艺出版社，2015.）

案例思考题：广州有很多家"7-11"，请每小组自行找到其中一家店，观察并记录该店的陈列情况。下次课上用PPT分组汇报，要有现场图片，并标识出具体店的位置。

三、简答题

1. 什么是商品的深度和宽度？
2. 按照消费习惯分类法，可以将商品分成哪几类？
3. 什么是商品配置表？
4. 商品陈列常用方法有哪些？

项目五

门店促销管理

职业能力目标

- 能够制定促销方案；
- 能够针对不同的商品选择不同的促销方法；
- 能够对促销活动的实施过程进行监督评估；
- 能够理解并操作线上促销。

学习任务导图

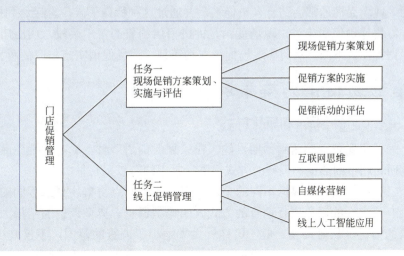

任务一　现场促销方案策划、实施与评估

门店实践情景

宜家是一家以体验制胜的家居实体店。宜家从哪些方面来让顾客体验呢？第一是产品陈列，宜家的产品陈列聘请了专业的软装设计师，将产品在店内以家居设计的形式呈现出来，让客户体验到家的未来可能性，如图5-1所示。同时，宜家鼓励顾客亲身体验这种软装设计的感觉——顾客可以随意坐在卖场的沙发上，甚至舒适地躺在卖场的展示床上。

图5-1　宜家广州番禺店

宜家为了让顾客充分地进行购物决策，在顾客选购的过程中，给出很多人性化的体验设计。比如为顾客提供免费的纸张、铅笔、量尺等工具，顾客可以动手记录或者测量，现场进行搭配和设计。也可以与店内员工沟通，员工在电脑上与顾客共同进行设计图的绘制。在沙发销售区，宜家设置有平板电脑，可以向顾客展示沙发的材质，并把不同布料的样板悬挂在现场。而且，由于宜家家居馆面积大，顾客逛久了容易疲劳，因此宜家提供餐厅，充分方便顾客。宜家广州番禺店的餐厅面积很大，顾客消费食用完后可以用自助推车把盘子和碟子等餐具送到专用传送带上，以便门店收集餐余物资。

思考与启示：你认为宜家的顾客体验是如何促进销售的呢？

现场促销是门店在一定时期内，针对多数预期顾客，以扩大销售为目的所进行的促销活动。现场促销通常会结合人员促销，并通过这种特殊形式，直接达到提高销售额的目的。对于零售连锁门店来说，现场促销是促进门店销售的常用手段，门店店长必须能够进行现场促销管控。下面，从门店现场促销方案策划、现场促销实施与评估两大阶段进行解析。

一、现场促销方案策划

（一）选择促销调研方式

为了使促销活动达到预期目的，在策划促销活动时，针对促销商品，超市需要进行促销调研。超市商品促销调研的方式很多，常用的有以下几种。

（1）典型调查。根据不同的个体中存在的共同点将事物分为不同的类别，再对该类别中具有代表性的对象进行调查的方式就叫典型调查。典型调查的结果大致能够代表这一类对象的情况，从而推及一般，这样就大大缩小了调查的范围，不仅减少了调查时的人力、

物力和财力的投入，而且省时、省力。但典型调查不够准确，因此，一般用于调查样本不大，而调查者又对总体情况比较了解，并能比较准确地选择有代表性调查对象的情况。

（2）抽样调查。从整体中抽取具有一定代表性的样本，进行调查的方式就叫抽样调查。这种方式最适用于连锁超市的商品促销调查，因为它能够从个别推断整体，具有较高的准确度。

（3）问卷调查。以问卷的形式对顾客进行书面调查的方式就叫问卷调查。问卷调查不受时间、地点的限制，能够在较大的范围内进行，因而是最实用的一种调研方式。

（4）访谈。访谈就是派调查员与消费者进行面对面的谈话调查，了解消费者的实际需求。这种方式易于了解客户，激发谈话者的感染力，并获得更加可靠的信息。但是，它也有许多不足之处，比如难以找到愿意配合的访谈对象。

（二）确定促销目标

零售门店的促销目标并非都是提升销售额，也有其他促销目标，例如新店开业、周年庆促销、吸引新顾客、提高企业知名度、清理库存、推广新商品、与竞争对手争夺市场等。现场促销策划要结合实际情况，确定出更清晰的目标。

（1）开业促销活动。开业促销活动是促销活动中最重要的一种，因为它只有一次，而且与潜在顾客是第一次接触，顾客对连锁企业门店的商品、价格、服务、气氛等印象，将会影响其日后再度光临门店的意愿。通常开业当日的业绩可达到平时业绩的5倍左右。

（2）年庆促销活动。年庆促销活动的必要性仅次于开业促销，因为每年只有一次。对此供应商一般都会给予较优惠的条件，以配合门店促销活动。其促销业绩可达平时业绩的1.5～2倍。

（3）例行性促销活动。例行性促销活动通常是为了配合法定假日、民俗节日及地方习俗等而举办的促销活动。一般而言，连锁企业门店每月均会举办2～3次例行性促销活动，以吸引新顾客光临并增加老顾客的购买品项及金额，促销期间的业绩可比非促销期间提高2～3成。

（4）竞争性促销活动。竞争性促销活动往往发生在竞争店数量密集的地区。当竞争店采取特价促销活动或年庆促销活动时通常会推出竞争性促销活动以免营业额减少。

（三）制定促销预算

1. 量力而行法

这是指零售商店在自身财力允许的范围内确定预算。首先要预测周期内的销售额，计算各种支出和利润，然后确定能拿出多少钱作为促销费用。小型的、保守的零售商店主要使用这种方法。

2. 销售百分比法（营业比例法）

即根据年度营业目标的一定比例来确定促销费用，再根据每月的营业目标分摊。这种方法方便、便于控制，一般大型企业采用得更多。

3. 逐案累计法

即按照促销目的和任务设定促销活动，再据此确定一年所计划举办的促销活动和每一次促销活动需要的具体金额，然后逐案累计需求经费。

4. 同业类比法

这是指连锁门店根据竞争者的行动来增加或减少预算。也就是说，门店确定促销预算，是为了取得与竞争对手对等的发言权。若某一区域的领先商店将其促销费用增加10%，则该区域的竞争者也做出相应的调整。

（四）选择促销时机

1. 促销活动的持续时间

（1）长期促销。时间一般为一个月以上，采用长期促销是为了提高顾客的忠诚度，或者与其他企业争夺顾客。

（2）短期促销。通常是3~7天，一般是为了提高客单价或者清理库存的时候采用。

2. 促销活动所处时机

（1）季节变化时期。季节变化时期，消费者在生活上需要进行调整，需要为新的季节做购物准备。如春夏季更替时期，可以推出清凉性商品；秋冬季更替时期，可以推出冬季保暖御寒物资。

（2）节假日时期。人们在节假日，有更多的时间在家做饭，不同节日有不同的意义，有不同物品的需求，因此，这是零售门店必须进行促销的时机。

（五）选择促销商品

促销商品的选择，要注意结合促销目标、促销预算与促销时机，选择符合目标、预算和时机的商品，同时也要注意促销商品的敏感性，也就是该商品降价时能否吸引顾客增加购买。

（1）季节性商品。季节性商品主要是指季节性很强的蔬菜、水果等，或者在夏季推出的清凉性商品、在冬季推出的保暖性商品。

（2）敏感性商品。一般属于生活必需品，市场价格比较透明；而且消费者极易感受到价格的变化。选择这类商品作为促销商品时，在定价上只要稍低于市场价格，就能很有效地吸引更多的顾客。

（3）大众性商品。大众性商品一般是指品牌知名度高、市面上随处可见、替代品较多的商品，如化妆品、饮料、啤酒、儿童食品等。选择此类商品作为促销商品往往可以获得供应商的大力支持，但同时应注意将促销活动与大众传播媒介的广泛宣传相结合。

（4）特殊性商品。特殊性商品主要是指卖场自行开发、使用自有品牌的特殊商品，不具有市场可比性。因此，对这类商品的促销活动应主要体现商品的特殊性，价格不宜定得太低，但应注意价格与品质的一致性。

（六）选择开展促销活动的具体位置

一般来说，促销活动位置在特别展示区、端头和堆头。这三个区域都是消费者反复通过的、视觉最直接接触的地方，在此处做促销更易引起消费者的注意。同时，选择某处进行促销，要考虑顾客增多不能影响通道畅通。

（七）选择促销方式

（1）限时折扣，即门店在特定营业时段内，提供优惠商品，刺激消费者购买的促销活动。例如，在16：00—18：00某品牌儿童服装五折优惠；或在9：00—10：00某些日用品七折优惠等。此类活动以价格为着眼点，利用消费者求实惠的心理，刺激其在特定时段内采购优惠商品。

在进行限时折扣时要注意：以宣传单预告，或在卖场销售高峰时段以广播方式，告知并刺激消费者购买限时特定优惠的商品，且必须与原定价格有三成以上的价格差，才会对消费者产生足够的吸引力。

（2）面对面销售，即门店的店员直接与顾客面对面进行促销和销售的活动。举办此类活动的目的是满足顾客对某些特定商品适量购买的需求，同时也可以适时地为消费者提供使用说明，促进商品的销售。其做法如下：规划适当位置作为面对面销售区（如在连锁超市中，通常规划在生鲜区或在其附近，以强调其关联性）；选择具有专业知识及销售经验的人员来担任面对面销售的工作，以此来提升营业额；强调商品新、奇、特及促销人员亲切的服务，并让顾客自由选择商品品种及数量，以便产生更好的功效。

（3）赠品促销，即消费者免费或付出一定代价即可获得特定物品的促销活动。例如，只要顾客在门店实施购买，就可以免费获得气球、面巾纸等。此类活动的做法如下：通常配合某些大型促销活动，如门店开业或周年庆，或特定节庆，如儿童节、妇女节、情人节、中秋节、重阳节等有特殊意义的日子，或在供应商推广新产品时实施赠品促销。赠品选择的好坏关系到促销活动的成败，虽然其金额不高，但是必须具备实用性、适量性和吸引性，才能吸引顾客来店。

（4）免费试用，即现场提供免费样品供消费者试用的促销活动。如免费试吃水饺、香肠、薯条；免费试用洗涤剂；免费为顾客染发等。此类促销活动是提高特定商品销售量的好方法。因为通过实际试用和专业人员的介绍，会增加消费者购买的信心和日后持续购买的意愿。其做法如下：安排适合进行商品试用的地点，要做到既可提高试用效果，又可避免影响顾客对门店内其他商品的购买；选择适合试用的商品品种及其供应商，通常供应商均有意配合推广产品，故应事先与各供应商沟通，确定免费试用促销的时间、做法及商品品种；相关供应商必须配合门店规定的营业时间进行免费试用活动，并安排适当的人员和相应的器具，或委托门店服务人员来为顾客服务。

（八）营造现场促销气氛

1. 人员

促销人员的职责是：增加示范商品的销量，热情亲切问候每一位顾客，准确地讲解商品知识，请顾客品尝产品，让顾客逐步产生购买这种产品的欲望。促销人员要及时记录展示样品的来源、数量、规格。

同时也要对促销人员制定销售目标。其具体办法是：通过信息系统查询到所促销商品在促销活动前4周的销售数量，然后用这个数量去除以28（四周天数），得出日均销售数量，则销售目标为：8小时示范的销售目标为日均数量×3，4小时展示的销售目标为日均数量×2。这些内容必须在促销员的每日报告中显示。例如：一项商品在促销活动前4周的销售数量为420个，则每日平均销售量为15个，8小时促销目标则为45个（3×15），4小时促销目标应为30个（2×15）。

2. POP

POP（Point of Purchase Advertising）是指门店卖场中能促进销售的广告，也称作售点广告。凡是在店内提供商品与服务信息的广告、指示牌、引导等标志，都可以称为POP。POP能够向消费者传递商品信息，烘托购物气氛，吸引消费者注意力。POP广告可以分为以下种类。

（1）销售型POP，是指顾客可以通过其了解商品的有关资料，从而进行购买决策的广告。销售型POP包括：

① 招牌POP。招牌POP主要是指包括店面、布帘、旗子、横（直）幅、电动字幕，其

功能是向顾客传达企业的识别标志，传达企业销售活动的信息，并渲染这种活动的气氛。

② 货架POP。货架POP是展示商品广告或立体展示售货，这是一种直接推销商品的广告类型。

③ 招贴POP。招贴POP类似于传递商品信息的海报，要注意区别主次信息，严格控制信息量，建立起视觉上的秩序。

④ 包装POP。包装POP是指商品的包装具有促销和宣传企业形象的功能。例如：附赠品包装，礼品包装，若干小单元的整体包装。

（2）装饰型POP，是用来提升门店的形象，进行门店气氛烘托的POP类型。

① 悬挂POP。悬挂POP主要包括悬挂在门店卖场中的气球、吊牌、吊旗、包装空盒、装饰物，其主要功能是创造卖场活泼、热烈的气氛。

② 标志POP。标志POP，即门店内的商品位置指示牌，它的主要功能是向顾客传达购物方向的流程和位置的信息。

③ 灯箱POP。门店中的灯箱POP大多稳定在陈列架的端侧，或壁式陈列架的上面，它主要起到指定商品的陈列位置和品牌专卖柜的作用。

二、促销方案的实施

（一）促销人员促销技巧培训

每个销售人员都知道顾客就是上帝，但如何让上帝满意却并不是谁都能知道的，因此，需要给销售人员进行服务技巧的培训。培训内容包括促销商品的正确推介、顾客沟通方式培训、突发事件的应对与处理等。

（二）促销商品准备

根据促销方案准备促销商品，提前进货，保证货品充足。促销实施期间，要注意销售变化引起商品数量的变化，及时补足商品，防止缺货，以免引起顾客不满。卖场内促销商品的价格要与促销海报等宣传资料上的价格保持一致，也要与收银系统内价格一致。

（三）促销活动信息推广

为吸引更多的顾客参与，要通过多种途径把促销活动信息推广出去。促销信息推广途径主要有：媒体广告、直邮DM、卖场海报、宣传人员、传单等。促销信息传单要有计划地确保发放完毕，以免留置卖场逾期作废；广告海报等应张贴于最佳位置，如入口处或布告栏上，以吸引顾客入内采购；POP应放置在正确位置，价格标识应醒目，以吸引顾客购买。

（四）卖场气氛布置

根据促销方案布置卖场气氛，常用的气氛营造工具有海报、旗帜、气球等。某些商品为了呈现陈列效果，还要用相应的衬托工具比如灯具、垫子、隔物板、人物模型等。同时在卖场气氛营造中可以加入文化元素，例如节日文化、地方文化、人物文化和企业文化等，也可以运用中国古代文化中的诗词歌赋、地方史志、文化名人、民俗风情等。

（五）促销活动执行

促销活动执行主要通过检核表来检验。促销活动检核表是连锁企业总部或门店管理人员在促销活动的不同阶段对卖场情况进行评估的依据,可以作为促销活动实施情况的参考。某超市促销活动检核表如表5-1所示。

表5-1 某超市促销活动检核表

类别	检核项目	是	否	备注
促销前	1. 促销传单、海报、红布条、POP是否发放及准备妥当?			
	2. 卖场人员是否均知道促销活动即将实施?			
	3. 促销商品是否已经订货或进货?			
	4. 促销商品是否已经通知计算机部门进行调价?			
促销中	1. 促销商品是否齐全?数量是否足够?			
	2. 促销商品是否变价?			
	3. 促销商品陈列表现是否吸引人?			
	4. 促销商品是否张贴POP?			
	5. 促销商品品质是否良好?			
	6. 卖场人员是否均了解促销期间的做法?			
	7. 卖场气氛的布置是否活泼?			
	8. 服务台人员是否有定时广播促销做法?			
促销后	1. 过期海报、POP、红布条、宣传单是否拆下?			
	2. 商品是否恢复原价?			
	3. 商品陈列是否经调整恢复原状?			

三、促销活动的评估

(一)促销效果评估

促销活动有没有达到促销目的,不能凭主观感受来判断,而要根据活动实际数据进行评估。通过评估,能找出本次活动的优缺点,为下一次促销方案的策划提供参考。评估方法如下。

1. 前后比较法

前后比较法是把促销前、促销中和促销后三个时段的销售数据进行对比。这是最常用的消费者促销评估方法。促销前、促销中和促销后产品的销售量变化会呈现出几种不同的情况,这说明促销产生了不同的效果。

(1)初期奏效,但在促销中期销售水平就逐渐下降,到结束时,已恢复到原来销售水平。这种促销冲击力强,但缺乏实质内容,没能对消费者产生真正的影响。主要原因可能是促销活动缺乏长期性、策划创意缺乏特色、促销管理工作不力。

(2)促销期间稍有影响,但促销后期销售低于原来水平。这时促销出现后遗症,这说明产品本身的问题或外来的其他因素,使该品牌的原有消费者构成发生动摇,而新的顾客又不愿加入，从而在促销期满后，销量没有上升。

（3）促销期间的销售情况同促销前基本一致，但促销结束后又无多大变化。也就是说促销无任何影响，促销费用浪费。这种情况说明该品牌基本上处于销售衰退期。主要原因可能是企业对市场情况不熟悉、促销缺乏力度、信息传播方式及方法出现问题、产品根本没有市场。

（4）促销期间销售有明显增加，且促销结束后销势不减或略有减少。这说明促销效果明显，且对今后有积极影响。促销产品的市场销量上升，原因是促销对消费者产生了吸引力。在促销活动结束后的一段时期内，即有货消耗期内，消费者因消耗在促销期间积累的存货而没有实施新的购买，从而使商品销量在刚结束的时候略有下降，但这段时间过后又比促销前上升了，说明促销取得了良好的效果，使产品的销量增加。

2. 观察法

通过观察促销活动现场消费者参与促销的积极程度，通过观察参加抽奖的人数以及赠品的偿付情况等来进行评估。

3. 调查法

调查法是选取一部分参与促销活动的消费者进行调查，询问他们对促销活动的感受和看法。比如了解有多少消费者还记得促销活动，他们对促销的印象如何，有多少人从中获得利益，对他们今后的品牌选择有何影响等。通过分析这些问题的答案，就可以了解到促销活动的效果。

（二）供应商状况评估

除对促销效果进行评估外，还应该对供应商的配合状况进行评估。

（1）供应商对连锁企业促销活动的配合是否恰当及时；

（2）能否主动参与、积极支持，并为连锁企业分担部分促销费、广告费和降价损失；

（3）促销期间，供应商能否及时供货，数量是否充足。

（三）自身运行状况评估

促销结束后，连锁企业还应对自身的运行状况进行评估。

（1）从总部到门店，各个环节的配合状况。主要有：配送中心运行状况评估；门店运行状况评估；总部运行状况评估。

（2）促销人员评估。具体评估项目：促销人员的服务态度、服务技巧和团队合作程度；顾客对促销人员和商品是否满意。

 职业知识拓展

一种洗发水在某商场举办了为期两周的促销活动。促销的内容包括降价（由原价23元降到19元）、促销广告和商品展示。销售数据如下。

促销之前四周的平均每周销售量为1000瓶，单价为23元。

促销期间（两周）的销售量为4000瓶，单价为19元。

促销期后两周的平均每周销售量为1100瓶，单价为23元。

促销广告、商品展示等成本为800元。

商品的成本为每瓶16元。
制造商提供的商品折扣是销售量的10%。

职业知识思考

从以上资料，可以粗略地计算出促销的获利情况。下面，大家分别计算：
（1）如果不举办这次促销活动，销售收入、销售成本和销售利润分别是多少？
（2）促销期间的销售收入、销售成本、销售利润分别是多少？
（3）促销活动的成本是多少？
（4）促销影响期（两周）的销售收入、销售成本、销售利润分别是多少？
（5）促销活动的利润是多少？

职业知识拓展

2020年本土零售企业胖东来怼酒成为爆红产品。怼酒的火爆则是因为质优价廉。怼酒是宝丰酒厂为胖东来独家定制的产品，纯粮食酿造，不含酒精。懂酒的人都知道，相比于用酒精勾兑的酒，纯粮食酿造的酒对酿酒工艺要求更高，流程更复杂，综合成本更高，但纯粮食酿造的酒不含添加剂，对人体健康更好。据喝过的人分享，怼酒入口不烈、回味甘甜，酒精度数虽有54°，后劲却不大，不怎么上头。一瓶500毫升售价39元，一箱6瓶200元，价格低于很多用酒精勾兑的品牌酒。诚然，中国的酒文化使白酒的价格不仅体现其自身价值，还要彰显其品牌价值，但这也使品牌酒在定价策略上增添了很多附加属性。胖东来研发怼酒的初衷，就是要抹去一切附加值，在酿酒原料与工艺上下功夫，回归白酒本身，让大家以相对低价买到真材实料的白酒。"畅销的商品，更要保障品质。"这是胖东来在网红商品经营上的原则。掌门人于东来亲自前往宝丰酒厂生产车间监督怼酒的生产工序，酒厂生产车间也安装了摄像头，超市相关负责人可以随时在手机上监工。为此，在研发出怼酒后，胖东来下架了门店内所有用酒精勾兑的白酒，只售纯粮食酿造的白酒。

职业知识思考

有了怼酒，下架所有酒精勾兑白酒是否可取？门店促销最重要的是什么？

职业知识拓展

靓家居曾是广东最早的一家本土建材超市，2008年转型进入家装行业，如今覆盖了整装、软装、局装、换装、智装等多个细分领域，目前开设了80多家门店，相当一部分开进了购物中心。他们将门店展厅定义为一个体验和转化的场所，而不仅仅是一个家装公司。作为靓家居旗舰店的店长，伍启元在广东省连锁经营协会举办的"2018广东好店长大赛"决赛上，分享了自己管理四家门店的一些经验和做法，并在比赛中表现出色，荣获了"十佳店长"的冠军。

他提出一环扣一环的"七天管理"。他认为：谈装修，更多是在谈人生，谈一个人的生活方式、生活品位。可见，运营没有那么高大上，拉新、促活和留存也并不仅存于互联网企业，运营的底层逻辑永远是对人性的高度洞察和对营销策略的灵活应用。

周一，活动策划和部署。一个星期最关键的是星期一，一个月最关键的是1号。如果店长没有更好的方案能给到员工，员工又怎能把最新的信息和最好的优惠给到客户呢？所以，周一会做出整周的行动方案，并对所有人员部署任务。靓家居一个月会有一个大型活动，具体到每一天都会有相应的活动。

周二，对客户进行分类及维护。所有客户，包括新客、储备客、陌生客，都要进行维护。在家居行业，要珍惜每一个客户，即使是无效客，也要对他进行分析，给出温馨提示，包括：早安！中午好！天气凉了……安排指定客服人员进行维护，他成交，我们发，他不成交，我们更应该发。所以，周二时，专门对客户进行跟踪维护，提升客户满意度，不管他有没有成交。

周三，商圈、社区、小区关系维护，拓展合作资源，加强联动宣传合作。店长带两位销售经理到合作楼盘，因为现在所有小区管委会都影响着家装企业的业绩，他能控制你的开工，影响你的商圈，只要一句话"你的公司不能在这里报建"，那就全部完了。所以，一些大楼盘如保利、万科等，靓家居周三会跟物业经理加强联络。例如，在三八妇女节，靓家居会带着团队去现场送花。靓家居与保利携手合作，只要客人过来扫码，就送玫瑰花。但不能把扫码变得很商业，应该是对方自愿扫码，留下联系方式，之后统一建一个群，统一发送消息，这样不会触犯法律，因为现在买客户名单是犯法的。通过这个方法，做小区的维护。

周四，电话营销，客户对接，落实方案。这里最关键的是一周内有没有拿到新的名单，有没有合作企业的名单，尤其是苏宁、国美这些大企业经常会和靓家居一起做跨界合作。靓家居拿到名单后，会针对性地邀约客户来参加家装课堂，有时是风水讲座。公司此时的关键是电话营销，统一跟客户对接，落实所有方案。

周五，客户的全面梳理。靓家居要求每一个销售人员，要清楚客户的全面情况，包括客户喜欢吃什么，开什么车，其爱人喜欢什么，都要做记录。因为谈装修，有时候是谈人生，会涉及一个人的生活方式、生活品位。如果一个客户喜欢吃牛杂面，他正在考虑这个价格能不能接受的时候，你说：我发现附近有一家很好吃的牛杂面，要不要去尝一尝？我可以带你去。通过这种方式，可以和客户更好地进行沟通。

周六，关注实时到客，保障到店及成交。周六约了客户，要知道客户什么时间来。如果是早上，那么早上几点钟来？要不要留车位？要不要订早餐？中午在不在这里吃？几个人过来？所以说，周六就是考试、比赛的时候。客户一进店，靓家居有套餐墙展示，还有VR模拟体验等内容。如果前面五天都做好了，周六还是没有客户来，店员要告诉店长是什么原因，有多困难没有约到客户。因为没有成交，一切都是空话。

周日，小区活动日。很多人认为，周日应该是一个缓冲期，反正第二天就是周一，又是一个新的循坏了。但我们把周日定为小区活动日，要为下一周做准备。周日是非常关键的，因为这一天很多客户都返回来了，活动做好了，就可以拉到更多的新客户。所以，周日的小区活动很重要，可以说是下一周获客的起点。

除了小区搞活动之外，靓家居还有其他渠道拉新获客，例如互联网渠道，包括与妈妈网、新浪家居等合作；每天还会派人去小区外发宣传单，走出去，请进来；也会跟小区物业管理部保持联系，当客户交水电费的时候，询问他们需不需要装修，希望他们一旦有这方面需求，能第一时间想起靓家居。

职业知识思考

从靓家居的"七天管理"，你学习到了什么？

任务二　线上促销管理

门店实践情景

> 小米的快速崛起是离不开其社群营销的。其在社群营销上的做法，主要包括如下几种。
>
> 1. 聚集粉丝：小米主要通过三种方式聚集粉丝，一是利用微博获取新用户；二是利用论坛维护用户活跃度；三是利用微信做客服。
> 2. 增强参与感：比如开发MIUI时，让米粉参与其中，提出建议和要求，由工程师改进。这极大地增强了用户的主人翁感。
> 3. 增强自我认同感：小米通过爆米花论坛、米粉节、同城会等活动，让用户固化"我是主角"的感受。
> 4. 全民客服：小米从领导到员工都是客服，都与粉丝持续对话，以时刻解决问题。
>
> 小米粉丝活动有三类形式。
>
> 爆米花，它是小米的官方活动，米粉交流会，规模300～1000人，每月两场，全年24场。
>
> 同城会，网友执法活动，类似车友会，规模在50人左右，在全国各大城市有300～400个，每周平均会有15场。
>
> MIUI社会论坛活动，小米官方活动，规模不等，主要是热衷手机技术研究的极客们的聚会，小范围，以座谈研讨的形式进行。

思考与启示：你参与过社群活动吗？请思考门店如何进行社群销售管理。

2013年以来，各大财经媒体不断出现实体店关店潮的新闻。之后至今，实体店仍然面临着业绩下滑、物业空置率高、店内顾客稀少、关店停业等窘境。突如其来的全球新冠肺炎，更使实体店雪上加霜。A股零售龙头永辉超市2019—2020年4月1日，关闭门店349家；2019年、2020年两年，华润万家关店800家；甚至，沃尔玛"5公里死亡圈"理论也在破灭。残酷的现实促使实体零售店思考线上销售模式。下面，我们来解析当前实体零售店实施线上销售的路径与方法策略。

一、互联网思维

电商在发展前期通过巨额的成本投入、较低的价格吸引巨大客流，但随着电商规模变大，电商平台之间、平台卖家之间的竞争日益加剧，平台的运营成本也大幅增加，使得电商运营成本增加，产品价格也不再具有很大优势。随后，阿里巴巴、京东、当当网、亚马逊等平台巨头大规模加快线下布局，希望通过开实体店来弥补网上销售无法为顾客提供真实体验的不足。电商的线下拓展，说明了实体店自身的核心优势依然存在，而这一优势正是电商的不足。因此，华润万家、沃尔玛、麦德龙、永辉超市等实体零售公司也纷纷与电商平台合作，进行线上销售。

中国连锁经营协会发布的《2019年中国超市百强榜单》中，华润万家以951亿元的销售规模位居第一。但有一项数据更值得注意，2019年二季度以来，华润万家逐渐恢复营业收入正增长。其中，上半年万家线上业务累计增长532.2%，在一定程度上缓解了门店线下客流下滑的影响。华润万家线上业务为什么会有如此大幅度的增长呢？这与华润万家较早开展线上业务有关。2015年，华润万家开始建设线上渠道"华润万家APP"，并与京东到家、美团外卖、饿了么等第三方线上渠道开展合作，大力推进到家业务，不断延伸线下门店的服务范围。通过线上线下融合，扩展了实体门店的消费人群。2020年上半年，万家旗下Olé精品超市完善了线上场景功能，优化了品类结构，提升了新业务占比，线上业务占比提升至7.6%。尤其2020年疫情影响，使得开展线上业务的零售企业获得迅猛发展。华润万家全国全业态已上线到家业务的门店超过2200家。

华润万家总经理徐辉认为，"万家+互联网"的转型主要围绕门店商圈消费者展开，基于门店打造生态圈共赢的服务平台，聚合上下游及产业生态资源，连接消费者和商品、服务。

实体店要想成功进行线上销售，必须掌握互联网思维。西少爷肉夹馍、黄太吉煎饼果子店都是近年来利用互联网思维迅速将企业销售额做到十几个亿的实体店。小米创始人雷军认为互联网的核心思想是：专注、极致和口碑。专注是指企业需要确定一个定位，告诉顾客能够给他们提供的最强卖点、最具吸引力的特色。极致是给顾客一个无可拒绝的理由。有效的极致方向是规模极致、产品极致和成本极致。规模极致是指在一定市场区域内的市场占有率第一，成为某一特定品类的第一品牌。产品极致是指把产品本应有的重要特性极致地表达并传递给消费者。效率极致是指零售业借助移动互联网，将供应链的效率、收银的效率和服务顾客的效率等做到极致。成本极致是指零售业要将运营成本、产品成本等控制到极限。口碑是指顾客对产品的评价与认可。当产品超越顾客期望的时候，顾客就会自动口口相传产品。随着移动互联网的发展，线上销售渠道呈现多样化趋势。

当前形势下，很多人看到了线上渠道的红利，纷纷加入进来，线上渠道竞争也非常激烈。下面我们通过一个传统企业产品创新的案例来进行分析。1997年，顶新糕饼事业群开始创新其他产品时选择了差异化策略，如乐芙球、彩笛卷等。最值得称道的是"3+2"夹心饼干市场同样有主导品牌，如纳贝斯克是巧克力夹心的主品牌、奥利奥是奶油夹心的主品牌。这些夹心饼干是两片夹心的主品牌，而"康师傅"的夹心饼干是3层饼体夹两片奶心，这是夹心饼干的一种创新。在进行口味测试时，"3+2"与奥利奥的消费者偏好度为6：4，这说明"3+2"在产品上有一定的优势。顶新糕饼事业群在其夹心饼干的命名上也别出心裁，3层饼体，2层夹心，就叫"3+2"，用数字命名，很直接地将产品的特点告诉给消费者，而且饼干用数字命名的很少。当时"奥利奥"的市场零售价一包为5.3元，而"3+2"的零售价定位3.8元，这等于比竞争对手的价格要低20%。低的价位，再加上强势广告以及免费品尝等促销活动，使"3+2"一炮打红。一年下来，"康师傅"的夹心饼干的销售量要比竞争对手高出很多，一改以往"奥利奥"领导夹心饼干的局面。进一步地，"康师傅"又适时推出了咸酥夹心饼干，也很受消费者的欢迎。顶新的案例可以启发我们，消费者认同的好的产品是竞争取胜的关键。虽然说实体店要有互联网思维，但是消费者最终要通过他所买到的商品进行判断并决定下一次是否购买，因此，互联网思维的极致、专注和口碑是要通过产品来实现的。在实体门店进行互联网转型中，一定要重视这个问题。

二、自媒体营销

自媒体是指普通大众通过网络等途径向外发布他们本身的事实和新闻的传播方式。在中国，自媒体发展有四个阶段：2009年新浪微博产生，开始引领自媒体风潮；2012年微信公众号产生，移动端自媒体开始发展；2012—2014年大型门户网站、视频、电商平台等涉足自媒体，更多平台开始出现；2015年至今，直播、短视频等形式在大众中迅速发展。

实体店可以充分利用自媒体的发展，做好线上引流，与更多顾客进行深度沟通。

（一）微博

微博营销是商家或者个人通过微博平台推送企业各种信息并吸引粉丝的一种营销方式。微博博主每天或定期更新内容，与粉丝交流互动，获得粉丝的信任与支持。微博营销的特点是微博内容简洁、主题突出、贴近生活、实用、有趣。实体店进行微博营销可以先通过线下促销活动吸引顾客关注门店微博，然后由门店相关部门专门对微博内容进行更新以及与消费者互动。在企业实践中，零售门店进行微博营销的并不多见。

（二）微信朋友圈和公众号

微信自2012年上线以来，不断在运行中更新升级软件，性能越来越完善，也迅速获得众多用户认可，用户规模巨大。微信公众号运营最重要的是公众号的内容质量，因为微信公众号数量和种类很多，而人们每天的时间是有限的，如果公招内容不够吸引人，很难被长期关注。微信好友往往和微信主人是朋友关系，对其信息有更高的信任基础。微信朋友圈的信息量越来越大，但需要及时发布信息，以免被忽略。

（三）微信小程序

微信小程序是2017年正式上线的，拥有庞大的用户规模。微信小程序使用简单方便，只需扫一扫或者搜索一下就可以打开应用，极大地吸引了社会大众。实体店应如何运营微信小程序呢？

1. 充分利用搜索栏

关键词是影响小程序搜索排名的重要因素。搜索栏能否得到充分利用，取决于关键词设置得好坏。门店运营人员需要掌握关键词运营技巧和提高关键词排名，从而选择合适的关键词。

关键词的选择要根据业务及社会实时新闻来确定。关键词的精准程度、小程序的使用次数和小程序的发布认证时间，这三个要素是提高估计关键词搜索排名的关键。关键词越精准地描述小程序的功能或业务，小程序的使用次数越多，小程序的发布认证时间越早，越能提高关键词的搜索排名。

2. 增加新媒体流量入口

小程序要想获得充足流量，抢占新媒体流量入口是运营工作的重要任务。运营者借助微信平台的力量，通过扫码推广、分享推广、公众号推广等方式来获取流量。运营者也可以通过百科平台、直播平台、视频平台、音频平台、论坛平台和网站平台等，将小程序的相关信息传递给用户，方便用户形成对小程序品牌和产品的认知，同时也有利于向潜在用户推广小程序。把小程序与公众号相关联，运营者可以在公众号的菜单栏和文章内容中直接设置小程序的入口并对小程序进行宣传，也可以让小程序出现在公众号的信息介绍中。

（四）微信群（社群）

零售门店的顾客以居住在门店附近的居民为主，通过建立微信群，可快速拉近与顾客的关系。例如世纪华联超市在番禺市桥繁华店就通过门店促销活动吸引顾客，建立了多个顾客特惠群，不断在群内推送促销信息，与顾客进行更多沟通，顾客也可以在微信群询问店内商品信息。进行微信群运营，要注意不能只推送产品信息和促销信息，而应结合用户的需求、兴趣、体验来运作，不关注用户很可能会把微信群做成一个广告宣传群，最终失去顾客的关注。比如盒马鲜生经营微信群特别用心，除了在群内发出一些促销活动，还会发动群内成员开展线下面对面交流活动，促进了群内成员间的彼此连接，巩固了群内成员对微信群的感情，增加了他们对微信群的归属感。

（五）直播带货

直播带货让一个又一个凡人站在聚光灯下，成为视频主角。门店要进行直播销售，首先需要建立一支直播团队，该团队包括主播团队和运营团队。主播团队包括主播、副播和助理。主播就是直播间重要的人员，因此需要形象气质好，性格活泼，善于控制情绪，有较强的语言表达能力和临场应变能力，对产品有专业的了解，能够回答直播间顾客的问题。运营团队主要有编导、运营人员、后期制作和客服人员。编导主要负责直播节目选题、脚本撰写、视频拍摄和统筹执行。运营人员主要负责直播期间活动的运营和用户的维护。后期制作人员需要将直播中的精彩片段剪辑成短视频，发布到网上进行进一步的传播。客服人员负责直播间的互动答疑，配合主播回答直播间顾客的询问。

直播间需要一些硬件设备，具体包括：摄像头、麦克风、声卡和调音台、手机支架和三脚架、电脑、摄影灯、背景布。

直播间推售的商品是消费者最关心的，主要有快速消费品、无法亲自体验的商品、具有品牌知名度的商品。这些推介商品都是与顾客生活密切相关的商品，同时必须让顾客明确直播商品有性价比高、质量好、用途广的特点。2020年4月24日，武汉市汉阳区四新街品源水果超市举办了一场特殊的网络直播带货活动。由于疫情影响，该水果店之前每天300多人次上门，现在仅10多人，直播当天不少居民在线下单。社区看到商户经营困难，而附近居民也有各种需求，于是主动提出每天帮助3家困难商户直播带货，每场直播有数百居民参与，直播当天一个东北饺子店接到十多斤饺子的订单。从这个案例中我们看到，社区工作人员及时把握到商家与居民的困难，通过直播带货将双方需求连接起来，帮助他们解决了困难。根据当前一些直播实践，发现化妆品直播效果有限，但是口红的效果就很好，因为口红的展示更容易打动人心。所以，直播间的商品要谨慎选择，否则不能达到预期目标。

可以说，"直播+小程序+社群+门店"已成为当前门店营运的组合工具，但是对消费者来说，最重要的是产品，如果仅仅把线上运营当作"特价信息发布平台"，那将会收效甚微。

三、线上人工智能应用

目前，线上零售商已经通过引入基于人工智能的解决方案，主要的应用有智能客服机器人、智能推荐引擎、智能分拣等。阿里发布的智能服务机器人"店小蜜"，是一款面向淘宝系千万商家的人工智能客服。线上商家可让店小蜜取代部分客服，从而减轻人工客服的工作量。2016年双十一期间，店小蜜邀请多个天猫旗舰店参与内测，最终其一天内接待消费者近百万，节省近一半客服人力；2017年双十一期间，店小蜜一天接客量突破300万；2018年双十一期间，新版店小蜜全面应用到商家客服中，提供二十四小时不间断、售前到售后全链路的智能服务。这一人工智能技术的应用，有效解决了高峰消费期间客户服务问题。

佛山市咔嚓购信息技术有限公司研发的一款手机软件——酒咔嚓储备了大量进口红酒数据，可以为消费者提供进口葡萄酒的在线市场信息。该公司曾与海尔公司合作，其进口红酒数据通过海尔酒知道APP酒标扫描功能扫描红酒酒标，识别红酒信息，可为葡萄酒爱好者提供专业的红酒信息解读，同时配合海尔微酒设备，可实现最佳存储温度的一键控温，保障用户的最佳口感，这些都能帮助海尔准确获取用户需求并创造最佳用户体验。除了这些，还有些零售商与软件公司合作，了解消费者使用各种设备的行为。比如，消费者是不是都是在移动设备或平板电脑上点餐的，哪些人习惯使用移动设备，哪些人习惯使用平板电脑等。线上零售商利用相关软件获取这些信息，不仅可以选择最适用的策略与跨平台的用户群体进行互动，也能为每个用户量身定制营销信息，还能更具体地针对每个用户的设备进行个性化推广。

职业知识拓展

2017年上半年，海澜之家在天猫男装排名第二。旗下近千家门店已实现天猫全渠道打通，全渠道成交占比已超过10%。随着战略合作之后的大规模推进，全渠道落地和占比将进一步攀升。海澜之家总裁周立宸称，海澜之家是国内传统男装品牌的"航空母舰"，天猫则是驱动新零售的"宇宙飞船"。基于新零售合作，双方将重点推进线上线下融合，加速线下门店全面向智慧门店的数字化转型。其中在商品通、会员通、服务通等全渠道融合上，将线上线下数据、多平台以及不同运营体系打通，通过门店发货、门店自提、扫码购、随身购物袋、智能导购、极速达等全链路升级，着力提升新消费体验。

职业知识思考

你如何理解当前企业实践中线上线下门店的多方位融合？

职业知识拓展

实体企业可以借鉴"同程旅游"挖掘用户痛点，发现用户新需求的方法。2015年6月，同程旅游公司推出一则招募"百万年薪诚招首席吐槽官"的活动，吸引了社会的广泛关注。该活动的口号是：动动嘴皮子，找找吐槽点，提提小建议，出去旅旅游，就能轻松赚百万。吴志祥说："首席吐槽官职位的推出，是同程旅游建立以用户口碑为核心的服务闭环的重要一环，让用户来告诉我们哪些做得不够好，哪些地方还需要改进，以用户体验为指针，让用户成为我们的啄木鸟，检查我们的产品和服务，保持我们的健康生态。"活动期间，所有用户均可参与到吐槽中来，不仅可对产品的预订流程、界面、交互效果进行吐槽，还可以对线路编排、价格合理性、客服服务热忱度进行评价，更能对同程旅游目前没有的产品或服务给出自己最具想象力的点子。

自吐槽活动开展以来，同程旅游陆续收到各方反馈，外界对担任同程首席吐槽官的意愿非常强烈，仅在活动开启当日，同程累计收到"吐槽"1873条。从2015年6月开始截至10月底，总吐槽量达到了19814条。而专家评委团也会在每月初公布上月的月度"吐槽王"的名单，并从中筛选出见习首席吐槽官的人选。评选标准是，由评委指定吐槽话题，月度"吐槽官"要在规定时间内提交体验报告，专家评委团从原创度（30分）、可执行性（30分）、创意性（40分）方面进行打分，得分最高者为见习首席吐槽官。

除了同程旅游，其他企业也有类似招聘。2013年6月，淘宝网商裂帛服饰宣布招聘CXO，即"首席惊喜官"，为顾客和员工提供惊喜，引爆顾客的购买情绪和员工的工作情绪。2013年6月，淘宝品牌俏CIAO公司招入C8O，即"首席八卦官"，将八卦编成段子吸引粉丝。2014年7月，聚划算团队与禾博士共同招募的"极致体验师"，负责在全球范围内体验保健食品的原材料生产过程。要求为必须是80、90前后的处女座，原因是处女座常常被人认为是最挑剔的，出任这一职位有着天然的优势。2015年3月，应用程序开发商豌豆荚宣布招聘首席喵星官，负责照顾豌豆荚公司内养育的5只宠物猫的日常生活，要求学历是博士以上。豌豆荚开发了多款以猫为主角的应用程序，猫的存在将会为工程师写程序提供灵感。2015年4月，阿里巴巴宣布招聘程序员鼓励师，负责鼓励和赞美工程师，协助团队内部的交流。要求应聘者必须是美女，颜值要对程序员有足够的震撼力。

职业知识思考

你如何看待同程等企业特别的招募活动？

课后技能训练

一、选择题

1. 促销预算中的同业类比法是指连锁门店根据（　　）的行动来增加或减少预算。
A.竞争者　　B.供应商　　C.顾客　　D.消费者

2. 最适用于连锁超市的商品促销调查是（　　）。
A.典型访谈　　B.抽样调查　　C.问卷调查　　D.当面访谈

3. （　　）是选取开展促销活动不同时段（之前、中间、之后）的销售量进行比较。
A.调查法　　B.前后比较法　　C.观察法　　D.其他

4. （　　）是连锁企业总部或门店管理人员在不同促销期间，对卖场情况进行评估的依据，可以作为促销活动实施情况的参考。

A. 促销计划　　B. 促销活动检核表　　C. 促销评估　　D. 促销方式

二、案例阅读与分析

案例一

请以重阳节为主体，帮某商场设计一份重阳节促销活动方案，并总结开展节日促销活动的关键要素有哪些。

促销方案内容提示：一、活动主题；二、活动时间；三、卖场氛围；四、活动方式（活动背景、活动内容）；五、媒体计划。

案例二

2021年4月13日，广州市市场监督管理局公布2021年第一批（15个）虚假违法广告典型案例。公布的案例中涉及拉名人"背书"等刻意误导消费者的违法行为。某知名商业集团有限公司广州天河商场在无法证明钟南山院士曾发表相关言论的情况下，在牛奶销售区摆放的标示牌中设有"听钟南山院士的话，喝奶！增强免疫力！"等内容，并制作钟南山院士卡通肖像的广告立牌和宣传单。广州市天河区市场监管局对其作出行政处罚，责令停止发布违法广告，在相应范围内消除影响，并处罚款200000元。

案例思考题：案例中的知名商业集团做法显然不对，请谈谈商业诚信对企业发展的重要作用。

案例三

北京晚报2020年11月8日报道，中国消费者协会近日发布了网络直播销售侵害消费者权益七大类型，提醒消费者认清商家套路，理性消费。七个类型分别为：1.虚假宣传问题；2.退换货难问题；3.销售违禁产品问题；4."专拍链接"误导问题；5.诱导场外交易问题；6.滥用极限词问题；7.直播内容低俗违法问题。

案例思考题：直播带货、抖音带货确实掀起了社会热潮，但带货行业的问题也很多，请阅读上述案例，谈谈你对企业社会责任的认识。

三、简答题

1. 促销调研常用方法有哪些？
2. 如何确定促销主题？
3. 什么是店头促销？
4. 促销人员培训包括哪些内容？

项目六

门店收银管理

职业能力目标

- 了解收银员、收银主管职业素质养成；
- 掌握收银操作流程；
- 掌握现金安全管理；
- 了解收银差错产生原因及处理措施。

学习任务导图

门店收银管理	任务一 收银岗员工职业素质培养	收银员礼仪培养
		收银主管职业素质培养
	任务二 收银操作管理	收银操作流程
		微信、支付宝收银流程
		超市现金安全管理
		设零与营业间兑零
		收银差异管理
		现金营业款管理
	任务三 无人零售与无人收银	无人零售及经营现状
		无人店陨落原因分析
		无人零售模式本质重新认知

任务一　收银岗员工职业素质培养

门店实践情景

　　郑惠凤是中百公司的收银员，一天上班，大门口的特价商品前挤满了顾客，很是热闹。她和往常一样，接待着来来往往的顾客。下午4点左右，连续给五位顾客结完账后，一位女顾客递给郑惠凤100元现金，该女顾客选购了一件50元的特价商品，等待找零。因为那天是周六，公司大门口有特卖，备用的零钱已经用完，郑惠凤当时特别着急，抱歉地对顾客说："对不起，请稍等一下，我去换钱，马上就回来。"话音刚落，这位女顾客凶巴巴地说："你没钱找还在这儿当什么收银员，你们是怎么搞的？……"当时，在女顾客后面有位等待刷卡的男士看到这一情况，把卡收了起来，掏出零钱对郑惠凤说："我这儿有50元，你先用吧，一会儿结账再抵。"郑惠凤很感激地说"谢谢"。"没什么。"那位男士友好地笑了笑。接过钱，验证无误后，郑惠凤找给了那位女顾客。可女顾客却拒绝接收这50元。也不知道是刚才那位男顾客大度的行为触动了她，还是她在顾忌什么，只是用稍微缓和的语气对郑惠凤说："你把钱退给我，我也刷卡。"郑惠凤微笑着说："只要您能满意，选择什么样的付款方式都可以。"刷完卡，开完票之后，女顾客对郑惠凤说了一声"谢谢"，语气有点生硬。通过这件事，郑惠凤悟出一个道理：不管发生什么事都要以顾客为核心，因为顾客是形成销售的重要主体，收银员要为顾客提供优秀的服务和优质的商品，处理好顾客的意见和抱怨，切实维护公司利益！

思考与启示：收银员岗位对门店运营产生哪些影响？

一、收银员礼仪培养

　　收银员是每一个顾客在结账时必然要打交道的对象，收银员的礼仪形象对顾客购物体验有着直接的重要影响。如何培养收银员的礼仪素养呢？

1. 收银员如何修饰自己

　　整洁的制服。每位收银员的制服，包括衣服、鞋袜、领结等，都必须保持一致并且维持整洁、不起皱。执勤时，必须配戴员工工作证等，要挂在统一且固定的位置。

　　清爽的发型。收银员的头发应梳理整齐。发长过肩者，应以发带束起。

　　适度的化妆。收银员上点淡妆可以让自己显得更有朝气，但切勿浓妆艳抹，反而造成与顾客之间的距离感。

　　干净的双手。超市贩卖的商品绝大部分属于食品，若收银员的指甲藏污纳垢，或是涂上过于鲜艳的指甲油，会使顾客感觉不舒服。而且过长的指甲，也会造成工作上的不便。

2. 收银员如何保持得体的举止态度

　　收银员在工作时应随时保持微笑，以礼貌和主动的态度来接待和协助顾客。与顾客应对时，必须带有感情，而不是表现出虚伪、僵化的表情。

当顾客发生错误时，切勿当面指责，交流应委婉有礼。

收银员在任何情况下，皆应保持冷静与清醒，控制自身的情绪，切勿与顾客发生争执。

收银员之间切勿大声呼叫或彼此闲聊，需要同仁协助时，应尽量使用叫人铃钟。

3. 收银员如何使用正确的待客用语

在适当的时机与顾客打招呼，不仅可以缩短顾客和收银员之间的距离，建立良好的关系，还可以活络卖场的气氛。只要收银员能够友善、热心地对待顾客，顾客亦会以友善的态度来回馈收银员。

常言道：礼多人不怪。收银员与顾客应对时，除了应将"请""谢谢""对不起"随时挂在口边之外，还有以下一些常用的待客用语。

当顾客走近收银台或服务台时，收银员可以说："欢迎光临／您好！"

当欲离开顾客，为顾客做其他服务时，必须先说"对不起"，同时将离开的理由告知对方，例如"请您稍等一下。我马上去仓库查一下"。

当顾客等候一段时间时，必须说："对不起，让您久等了。"

当顾客在叙述事情或接到顾客的指令时，不能默不作声，必须有所表示："是的／好的／我知道了／我明白了。"

当顾客结束购物时，必须感谢顾客的惠顾："谢谢！欢迎再度光临。"

当为顾客做结账服务时："总共××元／收您××元／找您××元。"

当遇到顾客抱怨时，应先将顾客引到一旁，仔细聆听顾客的意见并予以记录，如果问题严重时，立即请主管出面向顾客解释。其用语为："是的，我明白您的意思。我会将您的建议呈报店长并且尽快改善。"

当顾客抱怨买不到货品时，向顾客致歉，并且给予建议。其用语为："对不起，现在刚好缺货，让您白跑一趟，您要不要先买别的牌子试一试？"或者"您要不要留下您的电话和大名，等新货到时立刻通知您？"

当不知如何回答顾客的询问，或者对答案没有把握时，绝不可回答"不知道"，应回答"对不起，请您等一下，我请店长（或其他主管）来为您解说。"

当顾客询问商品是否新鲜时，应以肯定、确认的态度告诉顾客："一定新鲜，如果买回去不满意，欢迎您拿来退钱或者换货"。

当顾客要求包装所购买的礼品时，应微笑地告诉顾客："好的，请您先在收银台结账，再麻烦您到前面的服务台（同时比手势，手心朝上），有专人为您包装。"

当顾客询问特价品信息时，应口述数种特价品，同时拿宣传单给顾客，并告诉对方："这里有详细的内容，请您慢慢参考选购。"

二、收银主管职业素质培养

收银主管是基层管理者，直接管理收银员，工作内容重要又琐碎。如何做好一个收银主管呢？需要注意下面一些关键事项。

收银主管要有较强的沟通表达能力，才能督促所有收银员下班及时做好交接班；才能每天安排收银员的班前会议并对已发生的各项问题进行陈述、防范和规范；才能每周组织例会，解决收银员工作中存在的问题。

收银主管对数字要敏感，要准确识记。收银主管要配合财务人员做好账务衔接和核对工作，并记好有关的往来账务。

收银主管要具备一定的管理能力，才能管理好手下的数名收银员。

收银主管要具备培养下属的能力，自身专业操作技能过硬，能够培训下属收银操作技能，能够帮助下属解决收银工作中遇到的问题。图6-1所示为某商超收银主管岗位职责。

```
收银主管（岗位职责）
职位描述
岗位职责：
1. 负责收银员培训及日常行政管理工作；
2. 保障收银作业的顺畅进行；
3. 负责监控现金差异和现金安全；
4. 负责收银员考勤与排班；
5. 督促收银线区域卫生的清洁工作；
6. 安排门店盘点支援工作；
7. 检查收银员的工作流程与服务质量；
8. 做好与顾客的沟通协调，督促礼貌待客的优质服务，解决结账区顾客问题。
任职要求：
1. 大专以上学历，企业管理、法律、会计、公关等专业优先；
2. 具有2年零售业管理工作经验，1年以上收银专业管理工作经验；
3. 掌握相关法律知识，公关礼仪知识；
4. 熟练使用POS机，熟练使用办公软件；
5. 具备良好的沟通能力，良好的语言表达能力，有一定的抗压能力。
```

图6-1　某商超收银主管岗位职责

 职业知识拓展

　　信誉楼百货公司是河北一家连锁企业，公司非常注重员工服务精神和服务技巧的培养。下面来看一个该公司收银员的小故事。一位老大爷拿了两件卫衣来收银台交款，办理完交付手续后，收银员将两件卫衣整齐地叠放于一个袋子里，这时看到顾客不停地在翻着袋子里的衣服，收银员便主动询问顾客："您这是在找什么东西吗？"这时顾客对收银员说："刚才导购员给拿的是两个尺码的衣服，现在一交钱我就分不清哪个是大号的了，又看不懂衣服的尺码。"听到顾客这么说，收银员马上接过袋子，拿出衣服看了看尺码，并告诉顾客："别着急，我有办法。"收银员将两件衣服各装了一个袋子，并用笔在装着大一码衣服的袋子上写了一个"大"字，在另一个袋子上写了一个"小"字。收银员一边写，顾客就非常高兴地说："太好了，太好了，真是太谢谢您了。"收银员连忙说："不用谢，能为您解决这个问题我也很高兴。"

 职业知识思考

这个收银员的处理方式合适吗？你是怎么看待为顾客服务这个角色的？

任务二　收银操作管理

门店实践情景

> 胖东来是河南一家商贸企业，被中国连锁经营协会认为是国内最好的零售企业。华为的任正非、小米的雷军、阿里巴巴的马云都曾经参观过该企业，之后都给出极高的评价。2020年10月，胖东来北海店开业，每个收银员背后都有一个靠背座椅。胖东来的收银员对服务的理解可以通过下面的故事来体现。收银员于惠娟有天上下午班，晚上六点多，收银台有点忙，一个老太太很吃力地提着一购物篮特价菜，放在了收银台上。于惠娟迅速地把商品扫描完，并装好了袋子，告知了金额。这时，老太太用微微颤抖的手从衣服口袋摸出来一个塑料袋，打开塑料袋，里面有一个很脏的小手帕包着50元钱。当老太太把钱递给于慧娟的时候，于慧娟发现是一张假钱。于是问老太太："大娘，你有零钱没有呀，帮我换一张吧？"老太太却说："没有了，这50块钱还是这几天捡破烂卖的钱，是我和我孙女这几天的生活费。"看着灯光下老太太泛着白光的银发和干枯得没有一点水分的皱褶密布的脸，还有那双浑浊不清的眼睛，收银员心里立刻有了决定，不告诉她这是假钱。这时后边的顾客也发现这是一张假币了，但是收银员依然帮老太太结了账。看着老太太离去，后边排队的一位大姐说："傻妹子，明知道是假钱，你还收，你不得自己赔啊。"随着大姐的话题，很多顾客你一言我一语地议论起来……有的说收银员真傻，有的说胖东来人心眼儿就是好。听到这些，于慧娟并没有后悔，她反而认为："胖东来要用超值的服务来感动每一个顾客，在日常生活中，会遇到很多事情，换一种角度去想或去做，就会有意想不到的结果，不经意的一次善举能让很多人不会遗憾！"

思考与启示：同学们，你看到上述情景会不会感到吃惊？谈谈你的看法。

一、收银操作流程

（一）营业前的准备工作

（1）穿着统一整洁的工装，佩戴工号牌，仪容仪表整洁。

（2）认领备用金，清点清楚，备足小钞零头。

（3）检验收银机程序是否正常，统计数值是否归零，日期是否正确，收银打印纸是否安装好，防盗系统消磁板是否正常。

（4）整理补充必备物品。包括：各种规格购物袋、剪刀、绳子、吸管、干净的抹布，空白收银纸，必要的各种笔记本和笔，"暂停结账"牌等。

（5）整理补充收银台前小端架上的商品，核对价目牌。

（6）了解当日变价商品和特价商品，熟记当日新品种，备好促销活动中的赠品。

（7）准备迎宾。

（二）营业中的日常工作

1. 在正确礼貌的基础上迅速进行结账收银作业

（1）面带微笑与顾客目光友善接触，将收银机活动屏幕面向顾客，亲切问候"您好，欢迎光临"，确保顾客能听清楚。

（2）逐条扫入商品条码登录商品标价，最后报出总金额"总共××元"，并适当提醒顾客出示积分卡，检查购物车（篮）底是否留有未结账商品，并放好购物篮，趁顾客拿钱时，可先行将商品入袋，一旦顾客拿出现金，应立即停止装袋工作。

（3）收取顾客现金时，应唱票"收您××元"，并检查是否为伪钞，若顾客未能及时付账时，应礼貌地重复一次，不可表现出不耐烦的态度和说出不礼貌的言语。

（4）找零钱给顾客时，应唱票"找您××元"。同时将现金和收银条一并双手交到顾客手里。

（5）根据商品入袋原则，将商品依次放入购物袋。将购物袋交与顾客手中，目光再次与顾客友善接触，面带微笑，亲切道出"谢谢，再见"。

（6）酌情提醒顾客带走所购商品和随手携带的皮夹等物品。对顾客不愿带走或遗忘的收银小票，应暂时保存，以备顾客回身索要。

2. 非营业高峰期，听从店长或收银组长的安排从事其他工作

（1）整理及补充收银台各项必备物品：购物袋、点钞水或油、胶带、绳子、剪刀、吸管等。

（2）整理及补充收银台前小端架上的商品。

（3）兑换零钱，及时办理营业款的移交。

（4）整理顾客的退货及临时决定不买而留下的商品。

（5）用干净的抹布擦拭收银台，整理环境，保持收银台及其周围环境的清洁。

（6）当收银台超过五人以上等候结账时，必须离开加开收银机，并提示现场当班人安排人员帮助收银员为顾客做入袋服务，以加快收银速度。

3. 收银差错、退款折扣的作业要求

（1）结账中，若多键入商品数量，不得要求顾客多买商品，必须立即更正。

（2）发现结账错误，应先向顾客道歉，同时通知收银主管或现场当班人用钥匙打开钱箱纠正错误。

（3）顾客因现金不足或经现场当班人同意退调商品后的退款操作，由现场当班人或前台处理。

（4）每发生一次退款或作废操作，收银当事人、现场当班人或店长都必须在小票上签字确认并据此考核收银员的差错率。

（5）所有退调、作废手续必须在当天营业结束之前按规定办理、确认。

（6）收银员不得私自做折扣作业。

4. 入袋原则

（1）商品入袋必须选择合适尺寸的购物袋。

（2）生食与熟食分袋，食品与化学物品分袋，生鲜类与干货类分袋。

（3）重硬物放袋底，正方形、长方形商品放在袋子的两侧，瓶装、灌装商品放中间。

易碎和较轻的商品放置在上方。

（4）注意别让商品尖角扎破包装袋。

（5）易出水的冷藏（冻）品、豆制品、乳制品及易出汁液的肉、鱼、菜类商品必须分开装袋。

（6）入袋商品不得高出袋口，避免顾客提拿不方便。

（7）避免将不是一个顾客的商品装入同一购物袋中的现象。

（8）整箱或体积过大的商品，应用绳子捆扎，方便顾客提拿。

（三）营业后总结、交接工作

（1）整理各种票券、现金、POS刷卡票联，正确填写交款单。

（2）清点营业额，将当日销售款、票券等如数上缴。

（3）关闭电源，盖好电脑防尘布，整理收银台及其周围环境。

（4）归拢购物篮（车），放于指定位置，打扫收银区的卫生。

（5）协助现场当班人处理善后工作。

二、微信、支付宝收银流程

需要注意的是，在营业中的日常收银操作，越来越多的商家开设了微信、支付宝的收款功能，这是一种新的操作方法，虽然简单易学，但是仍然需要企业对收银员进行统一培训，规范操作方法才能统一在收银中使用。下面我们看图6-2所示微信收款支付整体流程。

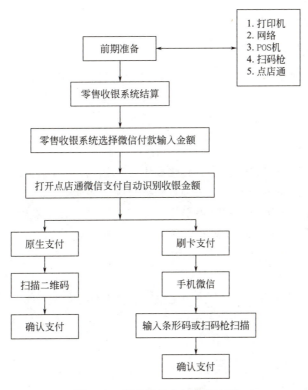

图6-2 微信收款支付整体流程

三、超市现金安全管理

（一）大钞预收的概念

当收银员银箱中的现金过多时，要在下班前提前收取大面额现金，称大钞预收。大钞预收的目的：减少收银机中现金的数量，及时将现金返回财务室进行处理；防止偷窃、抢劫，保证资金安全；空出银箱便于收银员操作等。

（二）大钞预收的程序

收银员和收银主管一起，领取现金收银箱→开收银机银箱→收取大钞现金→入箱封好→关闭收银机银箱→入保险箱→做收银记录→收取下一收银机→回交财务室。

（三）大钞预收的原则

（1）授权原则：大钞预收只能由收银管理层或者其他授权人员进行。
（2）安全原则：收取和押送的过程中保证资金的安全、银箱的安全。
（3）监督原则：收银管理人员、收银员均在场时，打开银箱，收取大钞现金。
（4）对应原则：收取的大钞必须用专用现金袋并放入保险箱，而且现金袋号码与收银机号码一致。
（5）时间原则：大钞收取后，第一时间押送现金室交接，中途不作任何停留。
（6）不交接原则：大钞收取时，收银员与大钞收取人员不作任何现金数额的确认与交谈。

四、设零与营业间兑零

（一）设零/兑零的概念

设零：收银机上岗前（包括每日开店前和营业间重新上岗前），必须设置收银机起始零用金，将之放在收银机的现金抽屉内，每台收银机起始零用金相同。

兑零：营业时间为收银机提供的兑换零钱时间。

（二）设零/兑零的原则

相同原则：收银机任何时间设置的起始零用金都相同。
起始原则：收银机在重新上岗前必须重新设置起始零用金。
不交接原则：设置零用金者与收银员均不得清点银箱内起始零用金。
授权原则：起始零用金只能由超市收银管理层设置并接受指定人员的监督。

五、收银差异管理

收银差异是指收银员的现金金额与电脑系统中的金额总数之间的差异。收银差异有正差异和负差异两种，当现金金额大于电脑系统中的金额时，为正差异，反之为负差异。无论是正差异还是负差异，都算是工作失误。

（一）产生收银差异的原因

（1）收银员收款错误和找零错误等。
（2）收银员没有零钱找给顾客或顾客不要的小面额零钞等。

（3）收银员误收假钞等。
（4）收银员不诚实，盗窃公司的收银货款等。
（5）收银员将收银机的输入键按错等。
（6）收银员在兑零的过程中出现错误等。

（二）处理原则和措施

（1）收银差异必须在24小时内进行处理。
（2）超出一定金额的收银差异，必须在发现的第一时间报告安全部和收银经理。
（3）收银差异的原因由财务室进行查找，不能有合理解释的，收银员本人必须有书面的解释。
（4）所有收银员的收银差异必须进行登记，计算差异率和差异总额。
（5）对于超出规定的收银差异的收银员给予警告处理，且处以与所出现差异的同等金额的罚款。
（6）如出现假钞，当事收银员负责赔偿。

（三）减少差异的措施

（1）加强收银员的培训，减少假钞带来的损失。
（2）加强收银员的教育和品德培养，杜绝因不诚实而引起的现金盗窃。
（3）加强收银过程的标准化服务。
（4）加强收银区域安全防范管理，对收银员的工作进行有效的监督。
（5）加强营业高峰和节假日的大钞预收工作，减少收银机的现金累计，减少现金被盗的机会。

六、现金营业款管理

各部门的收银员必须在当班营业终了，根据实际所收款填制解款单后，将营业款交给指定收款人（店面出纳）。指定收款人在每班终了，打出清账单，在未收款项之前，不得将清账结果告诉收银员，否则每次罚款5元，收妥营业款之后，将长短情况作好记录并通知收银员。收银员如果出现长短款超过1元的，每出现一次，记过失一次，罚款5元。

职业知识拓展

识别假币可以通过四种方法综合判断：一看、二摸、三听、四测。

一看。看点：固定人像水印、白水印、光变油墨面额数字、交印对应图案。观察方法：迎光透视。真钞：固定人像水印有立体感，非常清楚，白水印高透光反光性比较强。这三处均是迎光透视可以看见。光变油墨面额数字在光源角度改变时有绿色和蓝色颜色的渐变。假钞：固定人像水印和白水印不迎光透视，平放在桌面上就可以看见，迎光透视的时候人像没有立体感，白水印不高透光。交印对应图案荧光透视对应得参差不齐。

二摸。摸的地方：中国人民银行的汉字、毛主席头像、盲文标记、国徽以及背面人民大会堂的图案。真钞：摸起来会有凹凸感。假钞：摸起来这些地方非常光滑。

三听。轻轻地抖动。真钞:清脆的声音。假钞:声音发闷。

四测。用简单的小工具进行检测,例如用紫光灯或者用验钞机进行检测。真钞:"中国人民银行"下面,会有一个金色的阿拉伯数字100。通过验钞机时没有声音。假钞:在紫光灯的照射下什么也没有。通过验钞机检测的时候,验钞机发出警报声,可以检测出HD90开头并不一定是假钞。

职业知识思考

同学们,你根据资料学会辨别真钞假钞了吗?

任务三　无人零售与无人收银

> **门店实践情景**
>
> 　　2016年1月28日，永辉超市重庆地区分店率先在南桥寺门店推出4台无人自助收银机进行"试水"。"不到半年时间，凭借'省时省力'的良好体验，受到消费者广泛好评，虽然这是笔不小的开支，但我们还是加大了投入量。"永辉超市相关人士介绍。使用这种"高大上"的无人自助收银机的投入有多大？目前，永辉在重庆门店使用的无人自助收银机主要分为手持式终端自助收银机、计量式全自助收银机、人工自助双模收银机三种，每台价格分别为100多万元、4万元、1万余元。按照人工自助收银机投放分配比例4∶70∶7来算，目前永辉已经总共投入近700万元。"80、90后逐渐成为新生代消费主力，他们也会更注重消费体验，今年内永辉超市南桥寺店也将在已有8台的基础上新增4台，为消费者带来更好的消费体验。"永辉相关负责人说，永辉在重庆共有104家门店，只有35家使用无人自助收银机。目前，永辉正着手根据店面和客流量的大小比例，按照4、6、8、10、12的数量进行无人自助收银机的分配投放，一年时间内将实现永辉重庆104家门店全覆盖。"从2016年年初投入使用至今，只出现了极个别的'漏单'情况，机器和整体的运营状况保持得非常不错，无人自助收银机有五年保修期，不存在太大的维护成本，看似价格高昂，如果按五年时间来算，日均成本也只有不到30元。目前，四川、河北、陕西、贵州、安徽等永辉门店也正全面铺设无人自助收银机，这是实体零售业发展的一个趋势。"永辉相关负责人说。

　　思考与启示：新零售在企业实践中不断具体化，面对这种情况，你觉得自助收银机会全部替代人工收银吗？为什么？

一、无人零售及经营现状

　　由于零售行业长期存在缺人、招人困难问题，2016年，马云在杭州云栖大会上提出新零售概念，此后，新零售概念在学术界和企业实践中被广泛关注，许多企业积极参与实践，出现了诸多新零售模式，其中影响较大的无人零售由于触及行业痛点而最为突出。从企业实践来看，无人零售包括四种类型：无人售货机、无人店、无人货架和传统零售店融合在一起的无人收银台。这四种类型在产品运营、无人程度以及技术手段等方面都存在不同，但是，它们的共性是无人，综合运用多种技术来替代或减少人工，希望通过无人来解决传统零售业缺人的难题。

（一）无人售货机

　　无人售货机是一种较为传统的，相关技术和运营模式成熟的无人零售模式。随着技术的进步和市场需求的改变，这种传统模式也发展形成了多种新形式，其中最典型的代表就

图6-3 公交车上的无人售货机

是部署于中国各大高校内部的无人值守咖啡、奶茶机，其受到了学生群体的广泛欢迎；设置于各居民楼、办公楼中的可以购买食品、饮料以及日用品的大型售货机也占据了一定的市场。甚至，2020年12月，广州的公交车上也出现无人售货机，如图6-3所示。这些新型的无人售货机相比于无人店，具有规模较小、易于复制、成本较低、品类少、易管理的优点。同时，这一模式的市场针对性较强，其主要目标是填补传统零售市场的空缺部分，市场反响良好。

（二）无人零售经营现状

在中国零售市场，从2016年开始无人零售概念的兴起到2019年年底，四种不同模式的发展经历了很大变化。

1. 无人店模式从风头强劲到关门停业

2017年被称为中国的"无人零售店元年"，自该年6月首家缤果盒子落户上海，无人店概念在短时间内受到了资本市场的青睐，阿里巴巴以及京东等行业巨头均投入大量资本。截至2017年年底，全国落地无人超市200余家，市场规模近200亿元。虽然与产生行业的规模效应还有相当大的差距，但是发展速度还是较为可观的。随后无人店的发展却迅速遇冷，早在2017年年底，该行业就出现了一系列危机，发展速度明显放缓。时至2018年中期暴发了关店浪潮：该年7月，行业领军企业邻家便利宣布由于"月亏损500万元"濒临破产；同年10月，小闪科技破产清算。2019年6月，行业龙头缤果盒子又被爆出出现巨额亏损，不得不进行大裁员，大量的门店也被迫关闭。时至2019年年底，大量的无人店宣布关闭，依然存活的也是生意惨淡，门店数量的增长陷入停滞状态。

2. 无人货架模式盛极而衰

无人货架可以视为无人店的简易版本，其主营商品为零食和饮料，最初主要安设在办公场所，瞄准"办公室经济"。随着无人店的高速发展，这一零售模式也在2017年一同成为行业的焦点，吸引了大量资本。截至2017年年底，全国范围内就已经安设了超过25000个无人货架。据《2017年无人货架行业白皮书》，"连锁及零售领域无人货架模式兴起，数十家企业累计融资超30亿元"。低成本、低壁垒的优势推动了无人货架行业规模迅速扩大，但随着资本的大量涌入，行业的服务对象由企业向其他领域拓展，也带来了货损率的快速上升。据业内人士透露，2017年上半年，在无人货架行业尚处于部署初期阶段时，毛利率可以达到30%左右，除去12%的物流成本、10%的运营成本以及6%的货损成本，还是有一定的盈利空间。随着市场扩展，平均货损率则达到了20%～30%的水平，无人货架的盈利能力迅速下降，行业因此由盛转衰。2018年年初，"GOGO小超"宣布停止运营，这是国内第一家彻底停运的无人货架企业，随后猩便利、七只考拉以及果小美等也纷纷传出裁员、关停甚至停运的负面消息。

3. 无人收银模式得到迅猛发展

与日显颓势的无人店以及无人货架不同，无人收银模式随着技术的进步得以快速发展。2018年2月，无人店尚未彻底显现颓势之时，家家悦精品超市等线下传统零售企业就开始试点在店面内安设无人收银台，用以缓解高峰时间段的结账压力。现如今，无人店已经处于衰败局面，而传统零售店中的无人收银台却在不断增加设置，已经进入全家便利店、家家悦生活超市以及家乐福超市等诸多传统零售店。这种模式没有追求完全无人化，而是在无人零售模式和传统零售模式结合的角度上另辟蹊径，取得了较好的效果。

二、无人店陨落原因分析

在上文提及的四种无人零售模式中，无人店因其技术应用和运营模式方面的新颖性而备受关注。在进入国内市场的早期，对于这一新型模式的普遍观点是，其将因为低成本和高便利性的优势而具有较好的发展前景。现如今，这一新兴行业并未如公众所预料的那样日益壮大，而是渐显颓势，这必然是受到了诸多因素的制约。其中，曾经被广为宣传的两大优势实际上也成为其发展的最大制约因素。

（一）成本节约优势未实现

从成本节约的角度来讲，无人店相比于传统便利店，能在收银员工资成本这一方面做到节约，而在补货员、物流人员以及后台技术操作人员等方面的人力资源成本则无从减少；同时，由于店面小、商品少的问题，补货区间也被缩短，实际人力成本节约十分有限。另外，无人化也带来了高昂的隐性成本，其中最明显的就是技术应用方面的隐性成本，如RFID标签的应用，这种标签的成本较高，应用过程中对于环境也有一定的要求，这都使得无人店的运营成本负担进一步加重。节约了零售行业成本中占比较低的人力成本，却带来了高昂的隐性成本，所谓的成本优势实际上并不存在。此外，早在无人店刚刚诞生之初，学者鲍跃忠就曾提出，零售行业从来就不是由成本导向的，从街头小贩到大型商超，再到现如今盒马鲜生等新零售模式，高成本的零售模式一直在部分取代着低成本的零售模式。比起通过低成本获取优势，新的零售模式需要以更高的服务水平和产品供应水平来满足更高水平的需求。可以说成本节约的优势不存在，即使存在也可能是一个错误的探索方向。

（二）便利性优势不明显

当前，无人店的支付方式主要分为两种：一种是完全的面部识别方式，顾客在选取所需商品后离开店铺就可以自动完成支付。虽然这一方式具有很高的便利性，但是由于其较高的技术故障率以及高成本带来的难以复制性，还无法在无人店当中被广泛应用和推广。

另一种则是直接基于移动支付平台，进行扫码支付。这种支付方式技术比较成熟，应用也更加广泛。但现今的传统零售店绝大多数都已经支持扫码付账，相比之下这种支付方式为无人店带来的便利不具有独特性，也难以在市场上形成有效的竞争力。因此，由支付过程带来的便利性也不是无人便利店最大的优势。

从本质上来讲，无人店所采用的让顾客自行支付结算的模式是失败的支付方式。其一方面没有考虑到相关操作的复杂性，没有考虑到无法熟练使用智能手机的顾客群体，降低了整体便利性；另一方面从成本出发，将结算支付这一枯燥的任务全部交给顾客进行操作处理，在无法为顾客带来便利性或者低价格的前提下，不具备吸引力。

（三）科技带来的新鲜感无法作为长期的竞争优势

从企业实际运营来看，公众普遍认同的"低成本"以及"高便利性"两大无人店优势并不存在，更高的隐性成本以及和传统便利店无区别的便利程度反而制约了其发展。关于无人店出现初期的火爆，在很大程度上是因为"无人"概念本身对于顾客的吸引力，然而这种概念所带来的只是短期的新鲜感。从长远来看，如果这种概念不能为消费者带来切实的利益，那么是无法作为长久的竞争优势的。

三、无人零售模式本质重新认知

（一）无人零售要回归顾客需求核心

从生产运作管理的角度来讲，一家企业成功与否的判断标准具有多重性，但是企业之间的竞争最终是体现在产品和服务上的。所以企业所提供的产品和服务必须满足顾客的核心需求，可以说顾客根本不会关心"无人"与否，在这种无人的表象无法带来实质上的价格优惠或者便利性时，就变成了"无意义"的多余属性。反观四种无人零售模式的发展情况，高度无人化的无人店走向衰落，而传统便利店中的自助收银业务却发展壮大，这充分说明在追求店面高度无人化的方面大下功夫，而不考虑无人属性所能带来的实际经济效益，是一种盲目的行为，无人零售的未来发展必须回归顾客需求的核心。

（二）无人零售是传统零售的补充手段

无人店以及无人货架的市场定位与传统零售店基本相同，均将传统零售店视为竞争对手，并希望可以取而代之。相反，取得成功的无人售货机和无人收银台两种模式则只是传统零售店的一个补充。这在一定程度上说明，无人零售的本质不在于通过所谓的低成本和高便利性等优势击败并取代传统零售，而是要作为传统零售的一个补充。在这一补充市场上，无人零售模式通过相关技术，可以在以下两个方面取得优势：一是零售商层面的精准营销，相比于传统零售，无人零售对于移动支付的依赖性更强，这能够帮助无人零售模式在销售数据收集和顾客信息记录等多个方面具有更强的优势，也可以通过数据共享促进线下和线上零售业更好地结合，这是符合"新零售"发展要求的。二是顾客层面的个性化供给，目前较为成功的无人售货机规模较小、易复制，完全可以实现在不缩小整体服务覆盖范围的基础上，缩小每一个无人零售设施的服务覆盖范围，让市场需求进一步细化，为进一步的大数据分析和应用提供最基本的可能性，继而使得实体零售业实现某种程度上的个性化供给。精准营销和个性化供给也是无人零售发展的重要追求目标，其也在一定程度上反映了新零售模式的发展方向。现如今，无人店和无人货架已经渐渐淡出了人们的视野，但是无人零售不会终结，其将因独特的优势，发展出各种新模式并成为传统零售市场的补充部分，以推动传统零售业的升级和转型，实现更高程度的精准营销和个性化供给。无人零售业的发展必须回归顾客需求的核心，立足于传统零售市场的补充部分，不能盲目追求高程度的"无人"。

 职业知识拓展

90后的李某，是一家科技公司员工，平时喜欢逛超市买食材、水果和零食。2020年6月，她在购物时发现，自助扫描结账有漏洞可钻。她购买了很多商品，其中一部分，比如比较昂贵的食品，像车厘子、进口牛肉之类不扫码，付款之后可以把全部商品带走。李某得知超市好像没有人发现，也没有相关的处罚，于是胆子越来越大，贪图小便宜的心理越来越强烈。得手一次之后，李某故技重施，一个月里，十多次疯狂"打卡"南京各家"无人超市"，专挑价格较贵的进口水果和牛肉下手。这些超市在盘点时，发现商品丢失，查看监控后，发现了李某的多次漏刷行为，于是报警处理。李某盗窃商品店铺的财物价值共计3700余元，经法院审理，被判决盗窃罪，判处拘役三个月、缓刑4个月，罚金人民币1000元。

职业知识思考

同学们，你如何看待无人零售中出现的此类问题？

课后技能训练

一、选择题

1. 当顾客等候一段时间时，收银员应该（　　）。
   A.说："对不起，让您久等了。"　　B.不做声
   C.若无其事　　　　　　　　　　D.其他
2. 收银主管要对（　　），准确识记。
   A.数字敏感　B.人敏感　C.顾客敏感　D.小偷敏感
3. 大钞预收的时候，（　　）要一起。
   A.主管　B.收银员　C.收银员和收银主管　D.收银主管和店长
4. 每台收银机，起始零用金（　　）。
   A.相同　B.不同　C.分别对待

二、案例阅读与分析

案例一

两位顾客在结账时，故作熟识，给收银员造成一种二人认识、一起结账的假象。当扫描了一半时，前一位顾客将一部分已装袋的商品拎走，而收银员结束扫描正要收钱时，后一位顾客说收银员多结账，他与前一位顾客根本就不认识，他没买过账单上的部分商品。

案例思考题：如何防止此类事件发生？

案例二

两位顾客买了一推车的物品，由于过节商场拥挤，要求使用信用卡结账，但顾客的信用卡是坏卡，无法结算。顾客提出先将账单打出，然后去ATM取款，留下一人帮忙看商品。当一人去"取款"时，看商品的顾客趁收银员忙时不注意带着商品离开。

案例思考题：如何防止此类事件发生？

案例三

一位顾客拿了一件10元的商品来结账，当他付给收银员100元整钞并在收银钱箱打开

时，说有零钱并将这张百元纸币拿了回去。经过一番寻找后，该顾客说"不好意思，没有零钱，那你找吧"。然后就等收银员找零。如果收银员一大意，就会在没有收到钱款的同时，又"找零"。而顾客会说他钱已给了收银员。

案例思考题：如何防止此类事件发生？

案例四

一位顾客买了很多商品，结账时，他先点了一遍现金然后交给收银员，当收银员也点了一遍且辨别了真伪后，该顾客又说好像不能确认，要求自己再点一遍。当他再次清点时，趁收银员不注意，迅速换了一张假钞进来或抽掉了一张。而后装作很不好意思的样子说是对的。当收银员再次收到这笔钱款时，误以为没问题，刚刚才点过无须再复点，便将这笔有问题的钱款大意地收下了。

案例思考题：如何防止此类事件发生？

案例五

两位外国顾客买了一些商品，结账时，其中一位以需换取特定号码的人民币或换钱为由（利用收银员不懂外语并感到困惑时），在收银员打开钱箱后，收银员拿出一沓现金让顾客自行挑选，顾客在收银员的注视下，迅速将人民币翻找一番，然后将钱还给收银员，离开收银台。等收银员醒悟过来核对现金时，发现已经少掉数千元。

案例思考题：如何防止此类事件发生？

案例六

2001年7月，某超市顾客服务中心收到这样一个投诉，顾客杨某一家在买完单时无意中发现，他的小票上多录入了2件他并没有购买的商品，与此同时，跟随他身后买单的家人，也发现小票上多录入了2件并没有购买的商品。杨某当时非常气愤地跑到顾客服务中心，大骂："你们这简直是诈骗犯！"而且一直嚷嚷："如果不对这件事做出合理解释，我就投诉到消协。"并口口声声说"要炒掉这样的员工，要狠狠地处罚她"。闻讯而来的主管马上拿过电脑小票进行核实，发现情况确实如此，而且错误出自同一个收银员。

案例思考题：主管该如何处理这件事？

三、简答题

1. 收银员如何修饰自己？
2. 收银员如何使用正确的待客用语？
3. 收银操作流程是什么？
4. 营业后的总结交接工作包括哪些内容？

项目七

门店专柜管理

职业能力目标

- 了解门店专柜的类型；
- 理解门店与专柜的协议内容；
- 掌握如何管理专柜。

学习任务导图

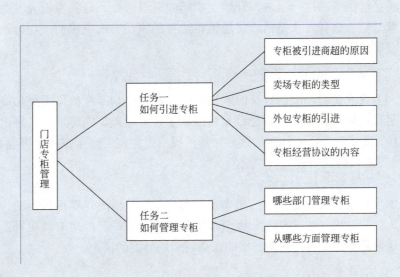

任务一　如何引进专柜

门店实践情景

2016年秋季,陶乐去广州某百货商场给妈妈买衣服,商场中老年服装有四个专柜组成十字形,由于妈妈告诉了她喜欢的款式,于是陶乐就按照妈妈要的款式选择。她先在A专柜看到一个妈妈喜欢的,但是一看价格四五百元,觉得太贵了,于是又去B、C、D专柜仔细挑选。让她意外的是,在D专柜她发现了一件和A专柜一模一样的衣服!都是她妈妈喜欢的那种款式!她觉得很吃惊,然后又看了D专柜的衣服吊牌,价格两百多元。为什么一模一样的衣服价格差别这么多呢?于是她用手机悄悄把两个衣服的吊牌拍下来,仔细对照起来。结果她发现,两个衣服的吊牌上面标示的面料、成分类别等所有信息一模一样,只有价格不一样。于是,她很怀疑这两个专柜有什么猫腻。然后,她悄悄地找到A专柜的一名服务员,让她看两个吊牌,那个服务员看了之后,很尴尬地张口无言。最后,陶乐一件衣服都没有买,因为这明显是两个店拿了小厂衣服然后分别自行贴上价格信息,她不想被欺骗。当然,出于不想惹事的习惯性思维,她并没有去该商场服务台投诉,但是从此,她对该商场的产品不再像以前那么信任了。

思考与启示:请问,陶乐如果去商场服务台投诉的话,商场该如何处理?

一、专柜被引进商超的原因

(一)消费者需求升级

随着中国消费者消费能力的不断提升,他们追求高品质的购物心理越来越普遍。超市为了满足消费者的这一需求,开始在卖场内引进专柜。这些专柜大多数是外包专柜或者称作联营专柜。这种方式是门店将场地租给有品牌优势的供应商,双方签订联营协议,共同谋求发展。

(二)提升门店形象,提高卖场利用效率

大多数消费者,根据自身的购物经验,都会认为专柜的形象更加高大上,专柜的产品品质更有保障,因此,门店开设专柜提高了自身形象。同时,门店划出来的用于出租的场地往往是超市自身不好规划的区域,通过设立专柜也提高了空间利用效率。

二、卖场专柜的类型

本项目谈到的专柜是指商超卖场里面的专柜,而不是卖场外面的。大型商超往往会租下很大面积,比如三层楼,一楼全部用于出租,二、三楼用来做卖场。一楼出租给各种商户,这里的专柜不包括这些一楼的在商超卖场外面的商户。

（一）自营专柜

自营专柜销售的商品往往是礼品、烟酒、西点等。自营，顾名思义就是门店自身来经营，不与别人合作，产品品质有保证。

（二）联营专柜

不是门店自身经营，而是外包给其他专业公司来经营的就称作联营专柜或者外包专柜。目前，各大商超里面的专柜都以联营专柜为主。联营专柜经营的商品主要有化妆品、保健品、药品、家用纺织品、服装等。

三、外包专柜的引进

（一）引进方式

门店可以通过一些商业渠道发布招商广告，让各种有意愿的公司来报名参加专柜招商活动。门店也可以直接与一些销售良好的公司联系设立专柜。在大型连锁商超，会设立专门负责专柜招商的部门去跟进这项工作，通过招商找到合适的合作伙伴，双方开始谈判，如果最后能够合作，就签订联营合同。如果是大型商超总部做出专柜招商的决定，那合作伙伴很可能在该大型商超的各个门店都开设专柜；如果只是某一个门店有这种需求，就是门店和合作伙伴谈合作了。双方在合同中对与经营有关的事项达成一致后，开始开展具体工作。

（二）引进条件

大型商超作为终端客户直接购物的场所，其招商需求还是能够吸引不少企业来询问合作事宜的，这个时候商超要仔细考虑自身对合作伙伴的要求，尽量选出对自身发展有利的合作伙伴。

1. 厂商在消费者心目中的形象

大型商超作为中高端消费者的重要购物场地，人流量是可观的，如果能够找到适合这个群体信任的专柜合作者，就可以刺激这个顾客群的消费，实现更多的销售。由于商超引进专柜，专柜经营方是不需要向商超交租金的，只要顾客对该品牌信任，就能够拉动需求。例如，富安娜家纺在广州有很大一部分较为忠实的顾客群，富安娜专柜就在新大新百货公司易发街店和华润万家超市繁华路店分别设有专柜，所销售的商品也是一样的，而设立在华润万家超市繁华路店的价格比易发街店的价格低，这就能吸引一批顾客在华润万家超市购买。

2. 厂商的资源配合程度

联营专柜是由厂商来经营的，厂商能否派驻合适的销售人员常驻在该专柜，就依赖于厂商的配合程度。如果厂商资源缺乏，会影响商超形象。因为顾客并不清楚该专柜与商超的关系，顾客会想当然地认为在卖场里就应该是超市方在销售，一旦在这里购物不满意，就可能会要求超市解决。当然，这些经营细节在最初的合同里面也是需要约定的。

（三）利润分享

目前，商超内的专柜大都是联营的，联营专柜不需要向商超交场地租金，商超根据专柜的销售额进行扣点，扣点就是商超与厂商的利润分享机制。厂商根据专柜的销售额按照一定的百分比给予门店就叫作扣点或者提成。门店为了保证出租空间的效益，往往要求专柜每月必须达到一定的销售额，这种联营专柜的形式在国内大型商超非常普遍。

四、专柜经营协议的内容

（一）位置与面积

商超与厂商双方就专柜的位置与面积进行协商，一般来说专柜的装修由商超负责，也有的是厂商按照自己的方案直接装修，但必须与商超协商征得商超的同意。

（二）经营时间

协议中的经营时间一般约定为1～2年。因为，如果协议时间太短，厂商装修后短期内收回成本困难，同时也担心短期协议结束后商超对扣点要求提高。如果经营时间太长，专柜对未来的经营情况也不好把握。

（三）利润分成方式与专柜管理

1. 扣点

专柜经营方大多采用这种方式，每月把销售额乘以一定的百分比的金额作为返给门店的租金。

2. 保底制

无论专柜的经营情况如何，每月都必须向超市缴纳一定的费用作为保底，保证门店的场地效益。

3. 保底+营业扣点制

在企业实践中往往有三种方式。

保底+固定扣点。这种方式专柜需要缴纳保底金额，这个保底金额也包括了保底的销售额，超过一定的营业额部分再按照事先约定的固定比例提成。

保底+营业扣点递增制。这种方式专柜需要缴纳保底金额，这个保底金额也包括了保底的销售额，超过一定的营业额部分再按事先约定的递增比例提成。

保底+营业扣点递减制。这种方式专柜需要缴纳保底金额，这个保底金额也包括了保底的销售额，超过一定的营业额部分，按照事先约定的递减比例提成。

4. 经营内容

双方要事先就专柜的经营内容进行约定，专柜必须按照约定的内容经营，如果专柜有新品要上专柜，需要向商超管理方提前申请审核，审核通过才可以上柜销售。一般来说，商超的审核原则是考虑专柜产品不与卖场内其他产品重复，如果重复会影响商超的销售。

5. 专柜装修

运营良好的门店往往要求厂商自行装修。水、电、煤气等费用，门店通常会先垫付，以后再从货款中扣除。而专柜厂商则希望商超分担一些装修费用，以后从销售额中分期扣除。因此，双方需要充分沟通协商。

如果专柜厂商装修，需要先将设计图样交给商超审核，审核通过才能装修。

6. 专柜变更

双方一般都会约定，如果在一定时间内没有达到一定的营业额，门店有权进行专柜变更，变更位置或者变更部分协议条款或者撤柜。

7. 营业时间

因为专柜在商超卖场内部，所以营业时间要与商超的营业时间一致。专柜厂商不能擅自更改。

8. 履约保障

门店通常要求专柜先缴纳一笔履约保证金，等到日后合约期满不再续约，由商超将保证金返还专柜厂商，返还时通常不付利息。

9. 专柜销售收款

为方便管理，专柜的收款要与商超的收款系统一致，有些商超会专门设立一个收款台来专门收专柜的销售款，但是也是由商超管理，商超每月从销售款中扣除利润提成、门店前期垫付费用等，然后将剩余销售收入付给专柜厂商。在这之前，专柜厂商一般要先将增值税专用发票开给门店。

10. 商品管理

专柜销售商品要经过商超同意，专柜要保证商品经营质量，订货进货渠道要有保障。厂商若在商超多个门店都开设专柜，各个门店专柜的商品价格应该统一。门店对专柜经营的商品有监督权力，有责任要求厂商提供产品相关资质证书证件。

11. 专柜员工管理

专柜员工不属于商超职员，但由于要在卖场内销售商品，也要经常出入超市，因此行为要符合门店规范，比如需要穿着与超市员工一致的工服、佩戴工卡等。专柜员工在进出门店的过程中，要遵守门店管理规定，比如走专用通道，不得私自偷拿其他商品等。

12. 广告促销

我们知道，商超的促销项目特别多，专柜也要积极参与，最后以实际销售业绩来扣点。当专柜厂商想自行搞促销时，需要向门店申请审核，审核通过才能进行促销。

13. 其他

协议前面的条款没有提到的，在其他条款中进行补充，但仍然需要双方协商一致。除了协议，双方的经营证件的复印件要作为附件附在后面。

 职业知识拓展

超市专柜联营合同（协议）书

合同编号：_____

甲方：_____有限责任公司

乙方：_____

根据《中华人民共和国合同法》及甲方会员章程，为明确甲乙双方在商品供销过程中的权利、义务和责任，经甲乙双方友好协商，订立此合同，并共同遵守。

第一条　基本文件：乙方必须提供盖有公章的营业执照、税务登记证、商标证明、食品卫生许可证、质检报告等有关证照复印件及法人代表授权书。

第二条　专柜设立

1. 甲方商场_____楼提供_____平方米的场地，经营品牌系列品种的商品；若乙方商品首次在甲方销售，须向甲方缴纳_____元的商品进场费。

2. 乙方承担专柜设计、装修的费用，具体方式为：_____。

（1）乙方设计、装修；（2）乙方设计、甲方装修；（3）甲方设计、装修；

（4）改造甲方现有设施。

3. 合同期满后，专柜的所有权归甲方所有。

第三条　结算方式及要求

1. 甲方每月按乙方销售额的_____%作为销售的利润提成。

2. 为促进商品销售，乙方应积极配合甲方的各类促销活动，并每月按销售额的_____%提成作为广告促销费用。

3. 甲方采用POS机销售商品，乙方须每月向甲方支付按销售额的_____%的条形码制作费。

4. 乙方月度保底销售额、月度保底利润额〔计算方式：当月保底利润额＝当月保底销售额×（提成扣点＋广告促销费扣点＋条形码费扣点＋电费比例扣点）〕。

当乙方_____个月实际销售额超过或等于保底销售额时，甲方按_____%提成；当乙方_____个月实际销售额未达到保底销售额时，乙方应按保底利润额在_____个月内补齐，否则甲方有权单方面调整乙方商品的经营位置及面积；如乙方连续_____个月未完成计划保底利润额或在同类商品销售中排名后_____位，甲方有权提前终止协议；中途停止经营的按实际经营月度结算。

5. 乙方累计销售商品达到_____万元（大写）时，乙方给甲方年终返利，返利额为累计销售额的_____%。

6. 甲方在扣除提成及相关费用后，凭乙方_____%的增值税发票，在_____日内将剩余销售款支付给乙方。

7. 甲、乙双方的交易必须严格遵守国家对增值税的有关规定，不得借用、冒用第三者的增值税发票，乙方违反本条款应承担给甲方造成的损失。

8. 以甲方电脑实际销售数量和销售额作为结算依据。

第四条　供货方式及要求

1. 乙方所代商品的品名、规格、数量、单价及金额等均以甲方的商品订货单为准，乙方在接到甲方订货单后，须在_____天内将所订商品送到甲方指定交货地点_____，费用由乙方承担，甲方的订货单为本协议的组成部分。

2. 乙方因不可抗力的原因须延期供货或不能供货，应在收至订单后两天内书面通知甲方，否则，若乙方七日内仍不能将商品送到甲方指定的交货地点，将视为乙方无故不能供货，甲方有权从乙方当月销售货款中扣除不能供货金额的50%作为违约金，并有权单方面终止本协议。

第五条　经营期限

1. 本协议有效期限为_____年_____月_____日至_____年_____月_____日。

2. 协议期满，乙方如想续约，须在协议期满30天前向甲方提出书面申请，并经甲方同意后方可签订新的协议，若未于期限内提出续约申请，则协议自行终止。

3. 乙方要求提前解除合同，需提前30天提出书面申请，经甲方同意后方能撤柜。若乙方未经甲方同意擅自撤柜或终止协议，须自撤柜或终止本协议之日起到本协议期满之日,按本协议规定的保底利润分成方法赔偿甲方。

第六条　甲方责任

1. 有偿提供商场的有关设备、设施。
2. 提供商场的经营管理及经营管理条件。
3. 对乙方派遣的人员进行监督和管理,并提供销售、行政培训机会。
4. 负责统一制作商场的宣传广告及美工工作,但相关费用由乙方承担。
5. 负责商场的统一收银。
6. 对商品的品种选择,零售价的定价与利润分成由双方协商决定,但甲方拥有最终决定权。

第七条　乙方责任

(一)商品管理

1. 乙方销售的商品以第二条的内容为限。若有新增品牌,必须填写《新增品牌引进审批表》报甲方审批,经审批合格后方能上柜销售。
2. 乙方存放于甲方场所的商品由乙方自行负责管理,风险由乙方承担。所有商品的出货(退货、换货、撤货等)须经甲方采购部门同意,经甲方警卫人员查验并依规定的出口进出。
3. 乙方必须提供合法有效的经营证件,严格遵守国家法律、法规,符合《产品质量法》《标准化法》《计量法》等国家有关规定及甲方的有关规定,不得经营任何性质的假冒伪劣商品,乙方应当向甲方提供商品的真实情况,包括价格、产地、生产者、用途、性能、规格、等级、生产日期、检验合格证明、使用说明书等有关情况,不得更换商标,超过保质期的商品,已接近失效期的商品,中文标识不齐全的商品不得陈列和销售。
4. 甲方在验收货时,对不符合合同规定的商品,甲方有权拒收并索赔,经验收通过的商品,甲方保留对其质量提出异议的权利,对于滞销商品,乙方负责退、换处理。
5. 乙方应根据国家有关法律法规及甲方的有关规定,对商品实行保质量、保换货、保修理、保退货及搞好售后服务。
6. 乙方不得经营与本商场其他柜台品种雷同或相近的商品,如有此类情况发生,甲方以谁先上柜谁经营的原则处理,乙方应服从甲方的统一管理。
7. 乙方须允许国家有关部门或甲方对商品质量进行抽查,并承担相关抽检费用。
8. 若有顾客对乙方的商品或经营行为提出诉讼,或有关政府部门对其经营活动或商品提出某些修正意见或进行处罚时,甲方有权对该投诉或修正意见或处罚作出适当及相应的处理,乙方须服从于该决定、处理方法。
9. 处于非正常经营状况时,甲方有权随时要求乙方达到陈列标准或终止协议。
10. 如乙方违反上述规定,甲方不承担任何责任,乙方除对顾客造成的损失、伤害应承担赔偿责任外,还必须赔偿甲方因此所产生的费用及损失。

(二)价格管理

1. 乙方的商品价格须符合国家物价政策,乙方不得擅自调价,确需调价时,应提前出示正式调价通知单，经双方协商一致后方能执行。

2. 商品零售价格以_____（A.甲方定价；B.乙方定价）。但售价不得高于同城其他商场、专卖店。否则，甲方有权单方降价、增加扣点_____%或终止本协议。

3. 同类商品在同城其他商场或专卖店打折销售或其他促销活动，乙方须事前三天通知甲方，以使甲方享有同等的优惠，否则甲方有权单方降价、增加扣点_____%或终止本协议。

4. 商品的会员价与销售价之间的差价，乙方应按实际销售额的_____%承担。

5. 甲方已付款的部分商品的市场价格下降时，只要降价现象发生在结算日之前，乙方应对甲方所受的损失给予等值补偿；如果乙方故意隐瞒商品市场价格下降现象，乙方应按该部分商品实际销售额的三倍支付给甲方作为赔偿金。

（三）人员管理

1. 乙方专柜营业员由_____方提供_____名，费用由乙方承担，但专柜营业员须事先经甲方面试、考核、培训合格后方可上岗。

2. 乙方营业员须遵守甲方的统一规定，如有违规行为，甲方有权处罚或要求乙方撤换该人员。对因乙方有关人员的行为影响甲方信誉或权益的，乙方负连带责任。

（四）商场管理

1. 乙方须遵守甲方规定的营业时间。除甲方另有规定外，乙方不得在营业时间内停止营业。

2. 未经甲方事先同意，乙方不得在商场或专柜内随意展示任何广告、布告。

3. 乙方使用甲方提供的各项设备如有故障或不良反应时，应立即通知甲方，否则因此所造成的损失由乙方承担。

4. 乙方享有所有权的商品，乙方承担商品在商场的一切风险。对于该商品非因甲方员工的故意过失行为等引起的损失，甲方不负责任。

5. 协议有效期内，若未经甲方书面同意，乙方不得随意停止营业，不得擅自将本协议的权利义务或专柜转让转租于第三者，或与第三者合作经营该专柜以及参与其他有损甲方权益的事宜，违反此规定者，甲方有权终止本协议。

6. 乙方如违反本协议规定擅自收银，截留销货款，甲方可处以十至百倍的罚款，乙方应承担5000～10000元的违约金，甲方有权终止本协议。

7. 乙方如违反本协议规定超出乙方及甲方的经营范围从事经营活动及利用专柜进行非法或违规经营，甲方不承担由此产生的任何后果，所造成的损失由乙方承担。

8. 如因乙方提供的商品发生变质或包装不良及其他原因造成商品滞销，乙方应当无条件接受甲方退货要求，退货款及退货费用从货款中扣除，货款不足抵扣的，乙方应补齐不足部分，如发生其他损失，由乙方全额赔偿。

9. 如因乙方或其代理人、受雇人的行为造成甲方商场结构、设备及其他有关财务或商场其他专柜蒙受损失时，乙方应负完全的赔偿责任。

10. 乙方应服从甲方因商场经营结构和布局的变动所作的一切调整。

第八条　协议变更、解除和终止

乙方如违反本协议的任何条款，除给予甲方经济赔偿外，甲方有权单方面终止本协议；如因不可抗力原因导致本协议无法履行，合同自行终止。

第九条　其他约定事项。

第十条　本协议有关条款经双方协议无效，将不影响本协议其他条款的效力。

第十一条　违约责任及争议的处理

1. 本合同的最终解释权归甲方，合同如有未尽事宜，双方可协商解决，如协商不成，诉请人民法院裁决。

2. 凡因执行本合同有关事宜所发生的一切争议，甲乙双方应友好协商解决，如协商不成，任何一方均可向甲方注册地人民法院提起诉讼。

本协议一式四份，甲方执三份，乙方执一份，具有同等法律效力，自签字盖章之日起生效。

甲方：　　　　　　　　　　　　　　　　乙方：

法人代表　　　　　　　　　　　　　　　法人代表

职业知识思考

通过合同，你认为商超和专柜方是什么样的关系？

任务二　如何管理专柜

门店实践情景

陈某某在一家知名购物中心经营一个柜台，该柜台售卖M公司产品。M公司有一次巡查时发现该柜台售卖假冒产品，并对此次购买行为进行了公证。然后，M公司向该购物中心寄送了《警告函》，明确指出陈某某的售假行为，并要求购物中心严格管理。几个月后，M公司又在该柜台购买了假冒产品。当地法院认为，陈某某售卖假冒产品，属于侵权，应该承担赔偿责任，判令陈某某赔偿4万元。但根据《租赁合同》，购物中心应承担连带赔偿责任。如果陈某某只赔偿其中的3万元，剩余的1万元需由购物中心承担。

思考与启示：连锁商超对门店引进的专柜要承担哪些责任？

一、哪些部门管理专柜

门店引进专柜之后，并不是就可以完全不管，而是要有专门的管理部门去全程跟踪管理。一般来说，门店的采购管理部，主要负责经营商场的定位规划、选择厂商、开发供应商资源等工作；营运部，主要对专柜进行日常管理；工程部，主要负责监督厂商专柜的装修和维护日常营运设备；财务部，主要负责处理与专柜的财务往来业务。此外，综合管理、防损、人力资源等部门也会根据营运需要提供一些辅助工作。

二、从哪些方面管理专柜

（一）商品质量问题

有些专柜可能会钻空子，认为商超不一定每天都能查到，而出售一些不符合要求的产品，甚至假冒产品。因此，即使已有合约，对专柜的产品质量监管也不能放松，对专柜日常经营产品必须进行审核和检查，以保证产品质量。如果专柜违反协议，出售一些有质量问题的产品，门店有权要求联营专柜进行业务整顿，直到产品符合要求。

（二）专柜员工管理

专柜员工是厂商的员工，虽然不属于商超门店的员工，但是由于场地在卖场内，所以，一般专柜员工的工装以及行为要符合超市的规定。门店要对于员工的仪容仪表、行为规范、迟到早退等现象进行管理。

（三）商品价格管理

一般来讲，商超专柜的产品价格各个门店要保持一致，而且要与卖场附近商场专柜的价格一致或者稍低，如果专柜定出太高价格，门店需要进行管理。

（四）商品促销管理

商超的促销是非常频繁的，商超卖场内的专柜，要与商超的促销保持一致，也就是商超进行促销的时候，专柜也要进行促销。当然，不同专柜与商超的谈判筹码是不一样的，如果是销售非常好的热门专柜，可以与商超谈判减少参加促销次数，或者专柜要做自己的促销，应提前报告门店管理部门促销计划，通过审批后才能进行促销。

（五）收银管理

卖场内专柜是由商超统一收银的，专柜不能自行收银，如果有专柜自行收银现象或者故意偷漏货款，就会造成门店营业额的损失，甚至要根据协议打官司解决。

（六）未使用规定的备用品管理

一些专柜为了突出自身特色，不按门店统一要求使用规定包装袋、标价签、海报等备用品，需协商解决。

（七）顾客投诉管理

门店接到顾客对专柜的服务或商品质量的投诉，经确认情况属实后，联营厂商应按双方合同约定向门店做出相应的赔偿。如果短期内多次出现顾客投诉专柜，专柜整改措施不力，不能解决顾客投诉问题，门店有权终止联营和清退商品。

（八）专柜防损

专柜员工不能利用上下班时间私自夹带卖场内的其他商品出门，要遵守卖场规定的行走路线，主动接受防损员的检查，如果有货物需要带出门店，要找相关人员开出门证并附清单，防损员检查签名后，才能将货物带出。专柜员工也不能私藏卖场内的赠品及促销品。

（九）定期召开分析会议

门店要定期与所有专柜管理者召开沟通分析会，比如一周或者两周一次。分析专柜销售额、客单价、来客数等销售数据；分析专柜销售商品品种、品质、价格、顾客满意度等；分析专柜员工的销售能力、服务态度、工作积极性等；分析未来商超经营管理变革中与专柜相关的内容，让专柜提前做未来变革方案。例如，商超想在同一个城市另外一个地方开新店，专柜会不会也去开店等。例如，商超想提高商品质量，提供更多能满足高端顾客的商品，专柜也要思考能提供哪些商品满足高端顾客。

职业知识拓展

2021年6月17日，中国连锁经营协会CCFA联合尼尔森IQ（NielsenIQ）发布《2020～2021年度中国购物中心消费者洞察报告》，该报告中有以下几点：与2020年相比，2021年购物中心全面复苏，客群人气指数、消费者光顾频次和游逛时间都有增长，但是只逛不买现象增加。同时，游逛客群对购物中心的社交属性、产品的丰富度、现场的体验感和智能化也提出了更高要求，对购物中心的防疫工作提出更精细化的要求。另外，游逛商场的会员人数增加，且35%的消费者只是一家购物中心的会员。对于疫情后消费渠道的选择意愿，线下依然是主力，部分零售类产品选择线上线下兼顾。

职业知识思考

根据该调查报告，购物中心该如何面对未来？

课后技能训练

一、选择题

1. 卖场专柜包括（　　）。
 A.自营专柜和联营专柜　　B.专卖店　　C.加盟店　　D.专门店
2. 在大型连锁商超，会设立专门负责专柜招商的部门去跟进这个工作，通过招商找到合适的合作伙伴，然后双方开始谈判，如果最后能够合作，就签订（　　）。
 A.联营合同　　B.用工合同　　C.劳动合同　　D.劳务合同
3. 联营专柜是由（　　）来经营的。
 A.商超　　B.店主　　C.厂商　　D.商场
4. 商超对专柜的产品质量监管不能放松，对专柜日常经营产品必须进行（　　），以保证产品质量。
 A.审核和检查　　B.有时候检查有时候不检查
 C.利润核算　　D.盈亏分析

二、案例阅读与分析

案例一

2019年秋季，张女士从广州某知名百货公司门口经过，看到一个女士睡衣品牌在搞活动，就进去看看促销情况是否适合自己。看了一会儿，她看中一款居家服，当即就买下来。回到家后，把衣服从袋子里拿出来放进卧室，突然有一股很大的香味扑面而来，她有些诧异，以为是从窗口进来的。过了两天，张女士打算先把买的居家服清洗一下，她把居家服拿进洗衣房，仍然有很重的气味，和前两天一样。这时候，张女士才认真地拿起居家服看，原来，这款居家服吊牌上说明此款衣服面料是欧洲香氛面料，通过了环保监测。但是，张女士不喜欢这个味道。她考虑了一下，已经放了两天还有这么大香味，估计以后一直都会有，干脆退货。她拿着衣服，到购物的品牌店说明了情况。商家坚持认为，促销的衣服不能退换。但是，这个香味张女士确实不能接受，她非常希望能换掉，甚至愿意加些钱买其他更贵的，也不愿意要这个。但是，店家仍然坚持不换。无奈之下，她让服务员叫来百货公司经理，经理了解了此事之后，也是勉强同意和店铺单独沟通一下。最终，张女士换掉了这个衣服，她加了一部分钱买了该店家其他款式的衣服。虽然换了衣服，但是，张女士心想："以后参加这种促销活动还是小心一些了，感觉自己被坑了。"

案例思考题：你认为在这个促销活动中，张女士来找百货公司协调有没有道理？百货公司该不该去协调？

案例二

请思考下面不同工作场景下,营业员的应对之策。
(1)营业员应如何招呼顾客?
(2)如顾客请营业员帮忙挑选商品怎么办?
(3)如顾客的同伴对商品不满意如何解决?
(4)如顾客试穿后,表示再看看怎么办?
(5)如顾客用其他专柜商品与本专柜商品比较怎么办?
(6)如某款商品只剩一件该怎么介绍?
(7)如明知顾客不能穿,但顾客要求试穿怎么办?
(8)如顾客多次试和看未买,再来时又试或又看该怎么处理?
(9)如顾客试穿效果确实不好,但又征求营业员意见怎么办?
(10)如顾客对浅色服装摸来摸去怎么办?
(11)如顾客购物时在两件商品中拿不定主意怎么办?
(12)怎样与可买可不买的顾客成功交易?
(13)顾客购物送人应如何处理?
(14)如一位买货、一位退货的消费者同时进入专柜怎么办?
(15)如顾客要求对商品质量做口头保证怎么办?
(16)如顾客问专柜有哪些售后服务怎么办?
(17)一部分顾客购买商品后不愿写VIP顾客档案怎么办?

三、简答题

1. 商超引进专柜的原因是什么?
2. 卖场专柜的类型有哪些?
3. 专柜经营协议包括哪些内容?
4. 商超如何进行专柜管理?

项目八

门店订货、收货与存货管理

职业能力目标

- 理解订货的操作方式；
- 掌握订货的操作流程；
- 理解进货与收货的操作；
- 掌握存货的操作方式；
- 理解调拨货与坏品处理。

学习任务导图

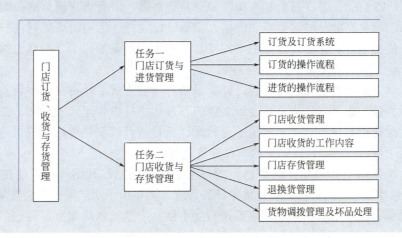

任务一　门店订货与进货管理

门店实践情景

> 小张是90后，最近几年受到国家万众创业环境影响，也想试试创业。经过考察，小张开了一家零食店。一开业，为了能在进货时拿到较多折扣，一次性进了一大批货。结果，新店开业后，经营效果并不理想，看着仓库里面堆积的货物，小张心急如焚。下一步该怎么办呢？小张有些后悔，感觉一开始太莽撞了，当初进货太多，以至于钱被压在库存上，门店销售效果又不好。

思考与启示：小张的创业之路看起来并不顺畅，主要原因是第一次进货贪图量大折扣多，结果经营效果不理想。那么，究竟该如何进货呢？

一、订货及订货系统

门店的订货是指门店根据实际销售情况，在连锁总部确定的供应商及商品范围内或者自身门店的供应商范围内，根据订货计划而进行的叫货、点菜或添货的活动。订货不是简单地凭着感觉走，而是要参考不同类别商品的订货周期、最小订货量等，必须有事前计划。同时，订货要有正规的操作流程。订货方式可以采用人工下单、电话联系、传真、电子订货系统等多种方式，电子订货（Electronic Ordering System，EOS）系统是当前发展的趋势。

EOS系统是用VAN系统和EDI系统而建立起来的，是连锁总部、连锁门店、供应商、物流中心、制造商等整体的供应系统。

VAN系统是增值网络系统，在基本网络环境下，利用电脑软件系统和通信设施将所收集到的商业信息系统经电脑网络，附加各种服务，再提供给第三者，如电子广告、数据查询等。

EDI系统是利用电脑和通信技术，将交易双方的商品选择、订货、配送、流通、验收、付款等信息自动传输，实现无纸贸易。

EOS系统主要有三个基本构件：一是价格簿，即商店应根据商品类别编码编制商品价格簿，标明商品品牌、类别、价格、条形码，这样在运用时商店只需扫描价格簿上的条形码就能完成订货作业，而不需要扫描具体商品上的条形码；二是掌上终端机，即扫描商品条形码及数量的工具；三是数据库。

就当前大型连锁超市来说，订货系统有两种方式：一种是集中订货系统，一种是分散订货系统。集中式订货是指连锁企业的各分店将订单传至连锁总部，由总部汇总后通知自己的配送中心进行订货和配送；分散式订货是指商店仅是单店，或虽是连锁企业的分店但被授予可以自行向厂商订货的一种订货流程。

沃尔玛在1962年从阿肯色州的一个小镇罗杰斯城开始开店，现在已经多年蝉联世界500强榜首。它的订货系统是集中订货系统。当年由于沃尔玛开店位置偏僻，只有一家店且销售量有限，很多供应商不愿意送货到小镇，于是沃尔玛建立了自己的配送中心。但是由于只有一家店，一个配送中心的成本也很高，为了降低运营成本，于是沃尔玛以配送中心为中心，在其周围500公里左右的范围内迅速开了其他分店。

家乐福与沃尔玛的运作不同。家乐福到一个城市开店，往往会选择地理位置好的地段，这些地段配送商进行配送很方便，所以，家乐福就授予各个门店店长较大的采购权，且供应商可以直接将货物送到门店。

二、订货的操作流程

订货的操作流程比较简单，如图8-1所示。首先要根据订货计划准备订货，订货计划的制订要考虑安全库存量、商品销售情况、订货周期、商品种类、商品规定的订货单位等，当商品库存小于安全库存量的时候应该去订货，当商品促销销量大增的时候需要订货，同时需要注意不能等到卖场商品销售完再去订货，因为订货之后送货需要时间，如果商品全部销售完了再去订货，就会造成卖场缺货。另外还要注意订货时间，一般连锁企业规定每天下午三点前为当天订单，过了这个时间就算是第二天订单，订货时间会影响到货时间。

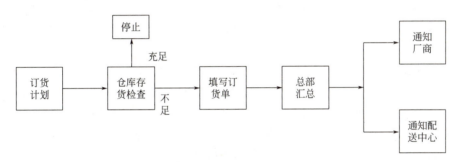

图8-1 订货的操作流程

准备订货的时候要查询仓库库存情况，如果仓库库存充足，只需要填写相关订单后从仓库拿到卖场即可，如果仓库库存不够，需要填写订货单，对于集中式订货的企业来说，订货单要汇总到总部，总部通知厂商或者配送中心去送货。如果是分散式订货，门店的订货单到达供应商处，供应商可以直接配送到门店。表8-1是超市常用的订货计划表。

表8-1 订货计划表

门店名称：　　　　　　商品类别：　　　　　　制表日期：

品种	货号	供应商编号	规格	数量	单价	金额	购进方式	提货方式	订货日期	到货日期

三、进货的操作流程

门店的进货是依照订货订单由供应商或配送中心将商品送达门店的过程。进货作业对供应商或总部、配送中心而言就是配送，对门店而言就是验收。

进货的操作流程中应该注意遵守企业总部规定的时间，如果有退货先办退货再办进货，商品整理分类要清楚，对应商品的验收单和发票要齐全，验收后部分商品直接进入卖场，部分商品则填写入库单后进入仓库或者进行加工后进入卖场。入库单如表8-2所示。

表8-2　入库单

入库编号	商品编号	计量单位	进货单价	进货数量	金额	生产厂商	出厂日期	仓管员	入库日期

 职业知识拓展

作为连续多年蝉联世界五百强企业之冠的零售业巨头，沃尔玛的成功有着多方面原因，其中至关重要的原因就是其对信息技术的成熟应用。据说沃尔玛的电脑系统仅次于美国军方系统，比微软总部的服务器还多，而其中的精髓就是沃尔玛的管理信息系统。

沃尔玛的管理信息系统包括很多个组成部分，比如自动补货系统（AR-Automatic Replenishment）、销售时点数据系统（Point of Sale，POS）、电子自动订货系统（EOS-Electronic Ordering System）、快速反应系统（QR-Quick Response）等，这里就简单说说其中的自动补货系统。

"巧妇难为无米之炊"，商品之于商店，就如水之于河。尤其对于沃尔玛这样的巨人级商店，货物数量是否充足、种类是否齐全、是否投顾客所好，就显得尤为重要。沃尔玛的自动补货系统走在了同行的前列。

沃尔玛的自动补货系统是连续补货系统（Continuous Replenishment，CR）的延伸，即供应商预测未来商品需求，负起零售商补货的责任，在供应链中，各成员共享信息，维持长久稳定的战略合作伙伴关系。

自动补货系统能使供应商对其所供应的所有分门别类的货物及在其销售点的库存情况了如指掌，从而自动跟踪补充各个销售点的货源，提高了供应商供货的灵活性和预见性，即由供应商管理零售库存，并承担零售店里的全部产品的定位责任，使零售商零售成本大大降低。

一种商品一旦被大量采购，就会促使该商品的制造商大量生产此种商品，也会使该商品在供应链中快速流动起来。随着供应链管理的进一步完善，补货到零售店的责任，如今已从零售商转到了批发商或制造商的身上。对于制造商和供应商来说，掌握零售店的销售量和库存，可以更好地安排生产计划、采购计划和供货计划，这是一个互助的商业生态系统。

从库存管理角度看，在库存系统中，订货点与最低库存之差主要取决于从订货到交货的时间、产品周转时间、产品价格、供销变化及其他变量。订货点与最低库存之差保持一定的距离，是为了防止产品脱销等不确定性情况的出现。为了快速反应客户"降低库存"的要求，供应商通过与零售商缔结伙伴关系，主动向零售商频繁交货，并缩短从订货到交货的时间间隔。这样就可以降低整个货物补充过程（从工厂到门店）的库存，尽力切合客户的要求，同时减轻存货和生产波动。

自动补货系统的成功关键在于，在信息系统开放的环境中，供应商和零售商之间通过库存报告、销售预测报告和订购单报告等有关商业信息的最新数据实时交换，使得供应商从过去的单纯执行零售商订购任务转而主动为零售商分担补充库存的责任，以最高效率补充销售点或仓库的货物库存。

为了确保数据能够在供应链中畅通无阻地流动，所有参与方（供应链上的所有节点企业）都必须使用同一个通用的编码系统来识别产品、服务及位置，这些编码是确保自动补货系统实施的唯一解决方案。而之前的条形码技术正是这套解决方案的中心基础。

要使连续补货有效率，货物的数量还需要大到有运输规模时才有经济效益，而沃尔玛的销售规模足以支撑连续补货系统的使用。

沃尔玛成功地应用自动补货系统后，有效地减少了门店的库存量，并提高了门店的服务质量，不仅降低了物流成本，还加快了存货的流通速度，大大地提高了沃尔玛供应链的经济效益和作业效率，为稳定沃尔玛的顾客忠诚度作出了杰出的贡献。

职业知识思考

沃尔玛的自动补货系统对沃尔玛的成功有巨大作用，你能自行查阅资料来了解更多关于沃尔玛成功经营的信息吗？

任务二 门店收货与存货管理

门店实践情景

麦德龙是一家现购自运的仓储型超市,它的收货模式分五个步骤。

(1)收货前准备:供应商到达麦德龙现购自运商场收货部,必须提供供货单复印件和订单复印件,收货部员工要检查文件是否完整(如订单号、供应商名称和供应商序号、麦德龙商品数量和商品描述、商品符合麦德龙销售单位等),所有文件检查都符合后为供应商分配平台,供应商在被叫到收货平台之前,须在停车场等待。

(2)输单员在系统中检查数据:这次送货对应哪几个订单号?送货文件与系统数据是否一致(是否是正确的商品)?如果同一个供应商有好几个不同的订单,必须选择正确。选择订单时,系统将自动指定一个收货编号,每次收货都会有一个编号。然后将送货编号信息输入系统,包括送货号和送货数量。

(3)供应商负责卸货:由送货人员负责将商品卸载到收货平台上。商品放在仓板上,收货主管或助理负责监督整个过程。送货人员应在指定位置卸货,再由收货人员将商品送到收货部仓库。如果没有将货物放置在仓板上,可以拒收商品。

(4)粗检需要关注三个要点:一是商品检查,即本次送货是否是本商场的,确保货物与订货单一致;二是数量检查,清点商品数量、商品箱数等是否正确;三是质量粗检,看有无明显的可见破损,检查包装及有效期等。在检查质量与数量的同时,需要检查条形码。对于食品,在收货平台同时进行粗检与精检。

(5)完成检查后,收货员将送货单、订单、送货编号送到收货办公室,在收货办公室将实际收货的数量输入系统。精检主要分为数量检查和质量检查。得到收货办公室确认后,打印计数单交给司机。如果发货数量与实际收货数量不一样,需要在送货单上注明差异。

思考与启示:麦德龙的收货模式体现出什么特点?

一、门店收货管理

收货是指按照商品或物品正确的收货程序,收到超市内成为公司的财产。从事收货工作,必须具备诚实的职业道德、正确的验收数据能力、准确的分类分区能力、保证收货过程安全的能力、日清日结的工作效率。

(一)验收组组长的岗位职责

(1)对验收人员工作进行排班管理,对供应商的送货时间进行适当安排。
(2)正确验收进货。
(3)存货管理。
(4)正确处理退货。

(5)根据顾客要求准时把顾客购买的商品送到指定地点。

(二)验收员的岗位职责

(1)保持环境整洁卫生,及时清理散乱物品。
(2)准确核对收货商品与订货单。
(3)商品有异常时应予以清查。
(4)验收结束后,必须将商品堆放在暂存区或者直接放入卖场,再由理货员确认,不能与其他商品混淆。
(5)准确核对退货单和商品。
(6)检查确认供应商收回的空箱。
(7)内部员工购物,必须由验收人员确认。

二、门店收货的工作内容

(一)收货操作流程

收货操作流程如图8-2所示。

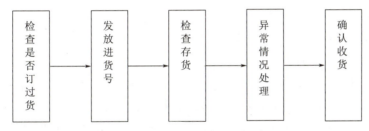

图8-2 收货操作流程

(二)收货作业内容

(1)按日期和小时编制收货进程表,同时按指定出入口进入。
(2)把进货单位和货物排序,验收人员系统有序地验货。
(3)核对进货单据与订货单上列的商品品名、规格、金额是否相符。
(4)核对进货单据与商品实物是否相符。
(5)清点购进的每一件商品,即使商品已装箱密封,如可乐,也应打开所有箱子和盒子核实商品的数量、大小等,商品较多可以按照30%的开箱检查率进行检查。尤其对散箱、破箱,必须进行拆包、开箱验收,核实点数。
(6)对无生产日期、无生产厂家、无具体地址、无保质期、商品标准不符合国家有关法规的商品拒收。
(7)对变质、损坏、过保质期或已接近保质期的商品拒收。
(8)商品验收合格后方可在进货单据上签字、盖章。
(9)发现缺少商品时,要求供应商出具一个有供应商签名的补偿担保。

(三)验收供应商送货保质期规定

保质期10天以下,允许收货期限(距生产日期)3天以内,下架期限(距保质期)2天。
保质期15天以下,允许收货期限(距生产日期)5天以内,下架期限(距保质期)3天。

保质期1个月以下，允许收货期限（距生产日期）10天以内，下架期限（距保质期）7天。

保质期3个月以下，允许收货期限（距生产日期）30天以内，下架期限（距保质期）20天。

保质期6个月以下，允许收货期限（距生产日期）45天，下架期限（距保质期）30天。

保质期8个月以下，允许收货期限（距生产日期）2个月，下架期限（距保质期）30天。

保质期1年以下，允许收货期限（距生产日期）3个月，下架期限（距保质期）30天。

保质期1年半以下，允许收获期限（距生产日期）4个月，下架期限（距保质期）60天。

如遇订单以外商品或检验有问题的商品，收货人在订单的品名后注明拒收字样，并使用标记以示区别，不可与合格商品混放，以防不合格商品流入卖场。

三、门店存货管理

（一）存货的含义

存货是指企业在日常活动中持有的以备出售的产成品或商品，或物料原料以及加工品。门店存货管理包括仓库作业管理、退货作业管理、调拨作业管理和盘点作业管理等。仓库作业管理是指对商品存储空间的管理。

（二）仓库作业管理注意事项

（1）分区定位管理。对不同的储存商品进行分区存放。仓库内至少要分成大量储存区、小量储存区、退货区三个区域。大量储存区商品以整箱货栈板方式存放；小量储存区存放拆封的零散商品；退货区专门放置一些等待退货的商品。

（2）仓库入口处张贴商品定位配置图。小量储存区一般位置固定，整箱储存区可以灵活运用。

（3）仓库储存商品不能直接接触地面，以防潮湿影响商品质量。

（4）管理仓库区的湿度和温度。

（5）消防设施要完善，有防水、防火、防盗功能设施。

（6）设置存货卡，用先进先出管理商品进出。

（7）商品进出库要做好登记工作，对进出库严格管理。

（8）非仓库管理人员不得进入仓库内。

四、退换货管理

（一）退换货时间管理

退换货可以与供应商送货作业相互协调配合，减少路上花费的时间，一般定期办理，例如每周一次或10天一次。

（二）退换货操作注意事项

（1）查明待退换货供应商或者送货单位，并及时联系沟通退换时间。

（2）将待退换货商品放在指定区域，按照供应商或送货单位整齐摆放。

（3）填写退换货申请单，注明数量、商品名称和原因。

（4）退货时确认扣款方式、时间和金额。

五、货物调拨管理及坏品处理

（一）货物调拨管理的含义

货物调拨是指同一个连锁企业内，由于供应商或配送中心不能及时送货或者供应商与配送中心也没有货，在不同门店之间因销售需要而进行的商品借调。

（二）货物调拨发生的原因

（1）门店该商品销量突然大增，例如促销引起的销量大幅增加。
（2）供应商缺货。
（3）配送中心缺货。

（三）货物调拨流程

货物调拨流程如图8-3所示。

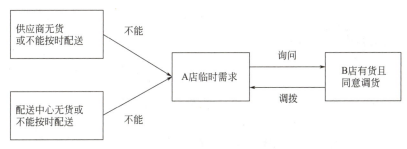

图8-3　货物调拨流程

（四）货物调拨的注意事项

（1）调拨前本店店长批准，对方店长同意，物流、人员安排准确。
（2）调拨时填写调拨单，双方店长签名，调拨单一式两联且定期汇总送至总部会计部门，进行账目登记处理。
（3）调拨后两个门店均需查明存货账与应付账是否正确，拨入门店吸取教训，以后在订货量、订货时间上改进。

（五）坏品处理

坏品是门店在销售过程中，由销售或存储不当造成的品质损坏、包装破损、商品过期等商品。这类商品如果在保质期内，可以联系供应商或总部供应中心，如果可以换货就做换货处理，如果不能换货也不能再次销售就做坏品处理，本店承担财务损失。

进行坏品处理，必须有坏品信息记录，并有验收人员在场。同时，要检查分析坏品产生的原因。

 职业知识拓展

2016年8月，李平家附近的大型超市对速冻水饺搞促销活动。促销期间李平为孩子买了儿童速冻水饺，当她拿回家打开包装准备煮的时候，发现水饺有馊味，于是她开始仔细查看水饺的生产日期，水饺的生产日期是2015年8月，也就是马上要到期了。李平非常郁闷，但是由于时间关系，并没有去超市投诉。过了几天，李平又去超市购物，走到速冻水饺冰柜前，促销员向她推销水饺，李平就想起来了前几天购速冻水饺的事情，顺便把这件事情告诉了促销员，促销员一听也非常吃惊，赶紧去向主管汇报，主管来到现场详细询问了李平购物的时间和水饺的生产日期。看到主管非常认真地询问情况，李平尽管没有退货，仍然感受到这家超市对产品质量的重视。

职业知识思考

为何李平购买的水饺出了这样的问题？

课后技能训练

一、选择题

1. 订货不是简单地凭着感觉走，而是要参考不同类别商品的（　　），必须有事前计划。

　　A.订货周期、最小订货量　　B.特点　　C.分类　　D.经营

2. （　　）是指企业在日常活动中持有的以备出售的产品或商品、物料原料以及加工产品。

　　A.收货　　B.存货　　C.订货　　D.接货

3. （　　）是指同一个连锁企业内，由于供应商或配送中心不能及时送货或者供应商与配送中心也没有货，在不同门店之间因销售需要而进行的商品借调。

　　A.收货　　B.订货　　C.接货　　D.货物调拨

4. （　　）是门店在销售过程中，由销售或存储不当造成的品质损坏、包装破损、商品过期等商品。

　　A.坏品　　B.新品　　C.调拨货物　　D.退货品

二、案例阅读与分析

案例一

便利蜂商贸有限公司是一家私营企业，成立于2016年12月21日，总部位于北京。2017年2月份在北京开出第一家门店，随后在北京多个商圈拓展，采用区块渗透式战略密集开店深度服务用户。团队由原"7-11"便利店、邻家便利店高管和知名互联网团队共同组成。

零售业直接与终端消费者接触，往往能快速直接体现出消费者的变化。最近几年，零售业逐渐出现由大型零售业态主导向中小型零售业态变化的趋势。便利蜂作为最近5年的便利店先锋品牌，一路狂奔，目前已在全国20个城市开出了超过1500家门店，北京超过500家。便利蜂的快速发展，离不开数字化的支撑。例如，便利蜂的智能选品订货系统。在实体店经营中，由于门店小、库存浅，而且低温短保的商品销售周期比较短，便利店订货的频次比较高。在一般的门店，订货由店长通过系统发出指令，甚至认为数据只是参考，

更多的需要店长根据当地实际来做出判断，包括周边竞争门店的销售状况。具体说来，补货、选品、汰换等都属于订货内容。对于已有的固定销售商品，店长需要及时补货，核心在于确定数量；如果是商品结构需要一定程度上的调整，还应重新选品进行汰换。但是在便利蜂，公司内部已经建立了丰富的商品数据库订货指令，由系统根据数据、算法以及综合相关因素后发出，店长只需要执行就好。订货参考的数据来源也非常广泛，有公开数据、产业信息，也有当地消费特色，甚至天气、气温等指标。虽然有些门店会出现缺货的个别现象，但随着系统的进化，订货会越来越精准。

同时，便利蜂在一个城市开店之前，会部署几百个人，通过选址系统对所需的各项数据进行收集、分析，形成一个当地"人口常住图"的描述。这是一个专业的、为便利店选点定制的地图。当我们看到一个点位的时候，通过所在位置的路线、距离和人口池等因素，很快就能用简单的公式算出这个点位大概有多少销售额，初步判断是否可以落地。之后，会有专业人士多次到实地做核实，将数据上传到云端，再通过计算最终确定这个店是否可以做。

便利店要进行快速扩展，必须有大量优秀的店长才能实现。便利蜂的店长借助于系统，大大提高了工作效率。一个店长早晨6点起床、上班路上熟悉各类操作流程、按"系统"指令准备早餐、开始用微笑迎接客人、不断告诉客人早餐新品、忙完早餐继续准备中午的热餐……

案例思考题：便利蜂的数字化系统对你有什么启发？

案例二

2013年广州白云区某超市开业半年，盈利较好，诸多商品申请入场，儿童饮料公司哈娃娃也准备入场，超市提出入场费10万元，哈娃娃公司觉得费用不合理，反复磋商并无效果，而消费者想要买这种饮料也一直买不到，给超市带来了不少的损失。

案例思考题：如何看待上述问题？并请各组同学提出合理方案解决供应商与零售商关于进场费的争执。

三、简答题

1. 如何进行订货？
2. 进货的操作流程是什么？
3. 什么是门店收货管理？
4. 门店收货的工作内容是什么？
5. 发生调拨的原因有哪些？

项目九

门店盘点管理

职业能力目标

- 了解商品盘点基础工作和盘点前准备工作；
- 掌握商品盘点的流程；
- 理解盘点工作的职业素质要求。

学习任务导图

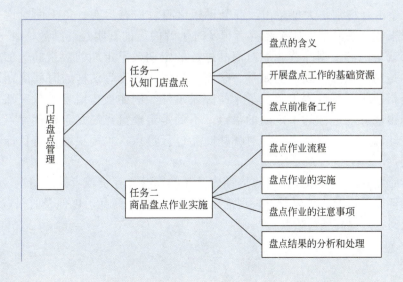

任务一　认知门店盘点

门店实践情景

　　京东超市2018年年货节趣味数据显示，春节囤年货，米面粮油唱主角。统计数据显示，金龙鱼、福临门、十月稻田占据大米品类销售额前三甲，过年期间食用油品类最受欢迎的是鲁花5S压榨一级花生油等。年货节期间，三只松鼠、百草味、良品铺子成为最受用户喜爱的坚果干货品牌，德芙、徐福记、好时则占据糖果巧克力品类热销榜单前列。传统老字号品牌及进口食品也成为春节期间人们最关注的"网红食品"：稻香村、立丰、皇上皇成为最受全国人民喜爱的老字号品牌；费列罗、丹麦蓝罐、皇冠成为进口零食销售额TOP3品牌。不同区域在口味上差异大。如广东省在糖果巧克力消费上占比全国第一，成功入选中国最"甜蜜"省市；被网友评价重口味的"崂山圣水"——白花蛇草水，生产当地购买力领先全国，让山东成为全国"最重口味"的省市。酒类方面，大家最钟爱的还是传统白酒，五粮液、茅台、洋河三个品牌最受欢迎，五粮液普五（52度）、贵州茅台新飞天（53度）、剑南春水晶剑（52度浓香型）占据白酒销售榜单前三名；葡萄酒品牌中，拉菲、长城、张裕更受"小资群体"喜爱；马爹利、人头马、轩尼诗等洋酒品牌也登上春节酒水热销榜，为春节的酒桌奉献了更加丰富的酒品选择。酒品上，黑龙江省年货节期间啤酒销量全国占比第一；河南地区白酒品类销售占比遥遥领先；重庆地区葡萄酒销售占比全国第一。

思考与启示：随着大数据的应用，通过分析盘点数据能给门店带来什么机会？

一、盘点的含义

　　超市，特别是大型超市，商品琳琅满目、应有尽有。每天面对这么多商品，每天面对来来往往的顾客，如果经营者想及时了解门店的真实经营绩效，唯一的手段就是盘点。盘点就是门店根据经营计划对商品进行的定期或不定期的数量的全部或部分清点。定期的就是门店按照计划，例如月、季度、半年、年度等这样的时间周期进行盘点。不定期的是指门店经营过程中发生了一些突发事件，例如被盗或者销量突然大跌或大增，为了了解事件影响进行的不定期的盘点。不管是定期盘点还是不定期盘点，都可以对全部商品或一部分商品进行盘点。对哪些商品进行盘点，主要根据盘点目标和盘点人手等因素来决定。

　　通过盘点，可以发现盘点周期内商品的库存如存货或者缺货情况，可以了解该周期内的损耗盈亏状况，可以及时发现滞销商品或者临期商品，以便及时采取促销、订货等手段解决问题，提高经营绩效。

二、开展盘点工作的基础资源

（一）选择盘点方法

盘点方法有实物和账面盘点、全部或部分盘点和周期盘点，门店究竟选择哪种方法，要根据门店盘点的目的来决定，没有统一的标准。

实物和账面盘点，就是通过盘点，弄清楚实际存货和账面存货是否一致。实际存货数量要通过在卖场和仓库进行实地清点得出数据，账面存货是根据信息系统资料，计算出来商品存货数据。

全部或部分盘点，是根据盘点目标，对全部商品或一部分商品进行的盘点。例如，全部盘点一般总部统一制订计划并进行，而部分盘点由门店列出半年盘点计划表，门店自行组织实施，报总部营运总监和财务部备案。

周期盘点，包括定期盘点和不定期盘点。定期盘点是指根据经营计划，按照每日、月度、季度、年度进行的固定时间的盘点。不定期盘点是指盘点时间不固定，在门店出现价格调整、管理层变动、突发事故发生等的临时盘点。例如，店长更换，新店长要了解店里的存货情况，就必须进行临时盘点。

一些价值较高的商品，容易丢失的商品要进行高频盘点，甚至每日盘点，例如生鲜、香烟进行每月度盘点，家电部门进行特别商品的账面盘点；食品干货、百货部门进行季度盘点，整个门店进行年度大盘点；新店开张3个月进行新开张盘点。

（二）盘点工作组织成员

盘点的实际操作，由各个门店落实。门店要保证达到盘点目标，必须把盘点工作分配到部门与个人。盘点工作需要投入的人力非常大，一般都是门店员工全部参与，每个部门为一个小组，小组内要有一个工作任务的分配。图9-1展示了盘点工作组的人员分工。

```
组长                         监督盘点者
制订盘点计划                 及时准确录入与检查数据
统筹盘点工作                 跟踪进销存单据录入
监督盘点流程实施             查找更正盘点差异原因
稽核盘点数据                 贵重、易盗、差异大商品的抽盘
                             审核门店盘点分析表

财务人员                     门店员工
审核门店盘点分析表           与盘点小组确定具体盘点时间
出具盘点分析报告             准备盘点工作
抽盘、重新核实疑问数据       盘点实施
                             盘点差异查寻
                             提交盘点差异分析表
```

图9-1 盘点工作组人员分工

（三）盘点配置图及其表格准备

一般而言，盘点时应制作一张配置图，包括卖场的设施（冷冻冷藏柜、货架、大陈列区等）、后场的仓库区、冷冻冷藏库等，凡商品储存或陈列之处均要标明位置，以便分区负

责实施盘点作业。盘点区域的负责人负责组织协调初盘、复盘、抽盘人员，以便使盘点人员确实了解工作范围，并控制盘点进度。

1. 盘点配置图排面编号的确定

（1）编号原则

① 一个货架有两个排面（不含端头），一个排面即有一个排面编号。

② 促销区编一个独立的排面编号。

③ 冷冻（藏）库、柜：一个库、柜给予一个排面编号。

④ 一个散货柜一个排面编号。

⑤ 一组端架作为一个排面，给一个编号。

⑥ 收银台前端小端架统一编一个排面编号。

（2）字母说明

按照字母代表商品大类别，数字代表货架位置的方法来制作盘点区域卡片，例如食品区用A表示：A_1……A_{121}；百货区用B表示：B_1……B_{89}；生鲜区用C表示：C_1……C_{50}；蔬菜冷冻仓库用I表示：I_1……I_{33}；冷藏仓库用K表示：K_1……K_{20}等。盘点区域卡片须安放在每个区域位置的左上角。

（3）对于无法标示排面编号的商品，要指定专人负责盘点，如图9-2所示。

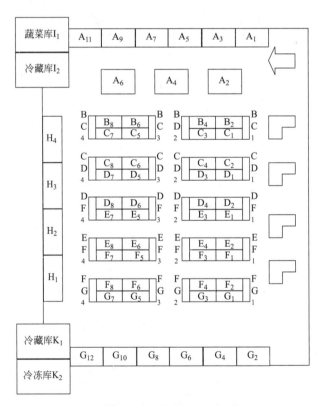

图9-2　盘点配置图

2. 盘点用表格

盘点用表格一般包括：盘点表；盘点责任区分配表（小组用）；小组盘点安排计划表；支援盘点小组人员安排计划表；盘点培训计划表等五种。如表9-1、表9-2、表9-3、表9-4、

表9-5所示。

表9-1 盘点表

盘点日期：　　　　　　　　　　　　　部门：　　　　　　货架编号：

货位号	商品编码或条码	商品名称及规格	盘点数	包装系数	备注

初盘：　　　　　　　　复盘：　　　　　　稽核：　　　　　负责人：

表9-2 盘点责任区分配表（小组用）

部门_____　　　　　　　　　　　　　　　　　　　　　　日期_____

姓名	盘点类别	区域编号	盘点单编号			备注
			起	迄	张数	

部门_____　　　　　　　　　　　　　　　　　　　　　　日期_____

表9-3 小组盘点安排计划表

所属部门：_____　　　　　　主管姓名：_____　　　日期：_____

员工姓名	职位	盘点时间安排	盘点内容	参加盘点步骤			加班时数
				初点	复点	抽点	

续表

员工姓名	职位	盘点时间安排	盘点内容	参加盘点步骤	加班时数

部门经理：_____ 　　　　　　　　　　　　　　　　　店长：_____

表9-4　支援组盘点人员安排计划表

门店：_____ 　　　　　　　　　　　　　　　　　　　　时间：_____

姓名	所属部门	职位	盘点时间安排	盘点内容	参加盘点步骤			加班时数
					初点	复点	抽点	

制表：_____ 　　　　　　　　　　　　　　　　　店长批准：_____

表9-5　盘点培训计划表

门店：_____ 　　　　　　　　　　　　　　　　　　　　日期：_____

部门	组别	本部门参加培训人员	其他部门培训人员	培训时间	指导人员
生鲜	肉类、水产、蔬果				
	熟食日配组				
干货食品	粮油、罐头干货				
	烟酒饮料				
	冲调饮品				
	糖果饼干				
百货	电器				
	日化				
	家纺				
	文化				
	家居				
	精品				
合计					

制表：_____ 　　　　　　批准：_____ 　　　　　　店长：_____

上面介绍的是一般的通用表格，也有一些超市根据自身需求，在表格设置项目上有所不同，见表9-6。

表9-6 百姓家园超市盘点表

洗发区（ 第一 ）组　　　　　　年　　月　　日　　第（　）页

条码	品名	规格	单位	售价/元	实盘数		有效期	备注
					数量	金额		
6903148002517	海飞丝洗发水	200mL	瓶	18.5				

复核人：　　　　　　　　　　　　　　　　　制单人：

三、盘点前准备工作

俗话说"不打无准备之仗"，事前准备越周密越详细，盘点工作进展就能越顺利，盘点结果就会越准确。因此，在盘点前，门店要做好充分的准备工作，包括盘点人员的安排、盘点前各部门的工作、盘点前商品的整理以及资料单据的整理。

（一）盘点人员的安排

1. 盘点人员的确定

（1）门店各部门除特殊原因外，所有人员均应参加年度盘点，包括行政部门等，必须支援门店进行盘点。

（2）盘点前1个月，各个部门对参加盘点的人员进行排班，盘点前1周安排好出勤计划，告知各岗位人员盘点日期及盘点准备事项，盘点当日应停止任何休假，由各部门写出《××组盘点安排计划表》（见表9-3），并呈报店长批准。

（3）各个部门将参加盘点的人员报盘点小组，必须注明哪些是点数人员、哪些是录入人员。

（4）盘点小组统一对全店的盘点人员进行安排，分库存区盘点人员、陈列区盘点人员，将责任落实到人，明确范围，采用"互换法"，即商品部A的作业人员盘点商品部B的作业区，防止"自盘自"造成不实情况发生。

（5）盘点小组安排盘点当日陈列区的人员时，各个分区小组中必须包括本区营运部门的经理、主管、熟练员工，其中经理任本分区内设置的分控制台台长。

（6）盘点小组在每一个分区小组的人员安排中，必须明确初盘录入人员、点数人员、复盘录入人员、点数人员等，一般初盘工作由指定员工实施，抽盘、复盘工作由部门主管或后勤人员来执行。

（7）支援各部门盘点的员工，由ALC（行政、后勤及控制）合理调配，同时填写《支援组盘点人员安排计划表》（见表9-4），并呈报店长批准。

2. 盘点人员的培训

盘点小组成立后，必须制订详细的盘点计划，包括对盘点小组人员的培训、盘点管理层的培训、点数员工的培训、输入员工的培训等。建立培训档案，进行盘点培训的考核，要求所有参加的盘点人员均须通过考核。具体培训内容如下。

（1）盘点前两个星期（一般是前三天）内进行盘点培训，讲解注意事项，将失误降至最低。

（2）讲解盘点内容、步骤及方法，各部门主管进行标准操作示范，并由ALC填写《盘点培训计划表》（见表9-5），呈报店长批准。

（3）盘点人员根据讲解内容进行操作演习。

（4）盘点工具准备：主要包括盘点表（一式三联黑、蓝、红）、小张自粘贴纸、红蓝圆珠笔等。

3. 盘点前各部门的工作准备

（1）收货部提前七天通告供应商，盘点当日，除生鲜、日配组外，收货部停止收退货作业，并且必须在盘点当日15：00以前将生鲜、日配组产生的所有票据按照流程处理完毕。

（2）IT部提前五天制作负库存列表，交由卖场查找核实问题后，第二天交由IT部监督处理。

（3）盘点前三天各部门人员清理手中各种单据，将手中内调、外退、借据、报销单、换货、报损单、携入携出单等按照制度处理完毕，以免影响月结数量数据。

（4）盘点前由卖场各部门主管、经理检查确认盘点表的规范后签字，然后再交由收银部进行盘点表商品核对，收银经理检查无误后签字确认，完成盘点表的准备工作。

（5）各部门抄写完盘点表后，不允许再调整排面。

（6）盘点前商品认损未制作退货单，不允许提前放置退换货库区，必须单货同行，在盘点前进行处理。如果盘点开始后商品认损，在未登账前不允许进行空退处理。

（7）退货商品要分区存放，不参加盘点。

（8）告知顾客。如果营业中盘点而影响顾客购物则通过广播形式告知顾客，以取得谅解："尊敬的顾客朋友，您好，我们的盘点给您的购物造成不便，请您谅解，顺祝您购物愉快！"

若停业盘点则应提前三天，以广播形式及公告形式通知顾客，避免顾客徒劳往返。公告形式的盘点通知如图9-3所示。

盘点通知

尊敬的顾客朋友：

您好！

本超市因业务需要，定于＿＿＿月＿＿＿日＿＿＿点开始进行内部总盘点；因提前营业时间，造成您购物上的不便，敬希见谅。同时感谢您于盘点后，继续给予支持和惠顾。

××超市

店长×××敬上

＿＿＿年＿＿＿月＿＿＿日

图9-3　盘点通知

（二）盘点前商品的整理准备

实际盘点前两天在不影响销售的前提下应对商品进行整理，使盘点工作更有序、有效，及早清除不良商品。其整理的重点如下。

（1）检查货架或冷冻、冷藏价格卡是否与商品陈列位置一致，不一致时，要将其调整一致或更换新卡。

（2）销售区商品集中码放，将商品陈列整齐，以利于清点数量，像端头、陈列架、堆头等，将标签朝外，便于点数及盘点表的抄写，且同一种商品在同一张盘点表上只允许出现一次。

（3）及时回收散乱商品，清除坏品、退货商品，该报废的报废，该退货的退到收货区，包装破损商品要及时处理。

（4）清除卖场及作业场死角，检查维修检测区、收货区、结账区等是否有滞留商品。

（5）将各项设备、备用品、工具存放整齐。

（6）库存商品按照同一货号、同类商品集中使用栈板码放，原则上要与销售区商品对应。

在整理库存商品时要注意三点：一是把小箱子放在大箱子前；二是避免把商品数量不足整箱的当作整箱计算；三是在整理小件商品过程中可将它们按照一定组合进行包装捆扎装箱便于当天清点。

（7）盘点前最后整理：一般在盘点前两小时，对商品进行最后整理，主要是陈列架上的商品。顺序绝对不能改变，否则盘点时会对不上号。

（三）资料单据的整理

为避免出现虚假现象，下列有关盘点的资料需要整理：

（1）联营式自营商品的单据整理；

（2）报废品单据汇总；

（3）赠品单据汇总；

（4）改包装单位的商品单据汇总；

（5）收货资料汇总。

（四）注意事项

（1）盘点前各主管须核查前三日的退货情况，看是否录入电脑。

（2）主管核对报废商品是否及时进行库存更正。

（3）主管检查破包商品是否整理。

（4）销售区域的盘点必须在当天营业结束后进行。

（5）电脑部必须在营业结束以后，开始盘点以作库存锁库。

（6）收货部门在盘点当日19：00（可依实际情况而定），必须停止所有数据资料的录入。

（7）未录入的商品，必须贴上"未录入不需盘点"的标记。

职业知识拓展

　　某超市在6月份盘点时，某商品盘亏13600元。在损耗调查过程中发现，该商品自上一次盘点后至本次盘点期间的进货、销售、库存均没有发现问题，随后再往前追溯发现：此商品在上一次盘点时显示盘盈+13600元。由此可以推定：上一次商品的盘盈属于盘点错误所致。

 职业知识思考

根据本案例，总结盘点人员的职业素质要求。

任务二　商品盘点作业实施

门店实践情景

随着消费者购物中对商品品质的升级要求越来越高，某超市设立了精品部。某周日，精品部主管王某按照店里的要求，对精品部的全部商品进行盘点。经过事先的库存整理，严格的一盘、二盘、复盘，最终的盘点结果显示，××型爱华随身听实际库存比电脑库存少两台。因为责任重大，王某马上组织员工去仓库、货架等处寻找，并重新核对货号，重新点数，到收货部查询收货原始记录，收货报表，与供应商核实，查库存更正记录，库存更正报表，最终确定：这两台爱华随身听属失窃。原来，精品部仓库没有规范管理，更没有设专职保管员，人员可以随便进出，领取货品的手续因无人管理，几乎形同虚设，账目不能与实物对应，且进账、销账无人检查，全靠自觉，因此给内盗分子以可乘之机。

思考与启示：如何加强对精品库存区的管理？

一、盘点作业流程

根据盘点计划，首先进行初点，并将初点结果填盘点表黑色联记录数据，然后录入系统。接着进行复点，并将复点结果填盘点表蓝色联记录数据，然后录入系统。最后对初点和复点两次数据结果进行比较，看有无差异，如果有差异就要列印差异表，然后再次进行盘点填写盘点表红色联，直到盘点无差异。如果初点和复点数据没有差异，就进行抽点，再次确认无差异后与电脑库存对照比较，如果与电脑库存无差异结束盘点，如果有差异就需要店长核实调整库存。具体流程参见图9-4（图中ALC指物流管理部）。

二、盘点作业的实施

盘点作业一般分为初盘作业、复盘作业、抽盘作业、处理差异、整理盘点表、录入数据、打印报表等内容。

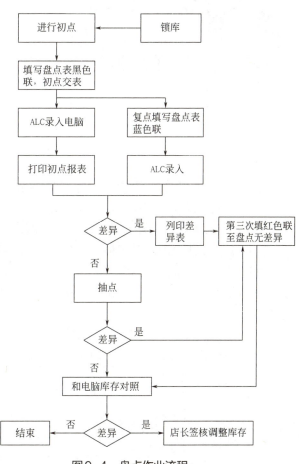

图9-4　盘点作业流程

1. 初盘作业

(1) 先盘仓库（库存区）、冷冻库、冷藏库，再点卖场。

(2) 盘点货架或冷冻柜、冷藏柜时，盘点人员应面对货架依由左而右、从上到下的顺序开始盘点，见货盘货，同一商品同一层多个陈列面时，只抄一次，填表时累加数量。同一商品不同层陈列时，分层抄表，每次都要抄，按层累加填写，如图9-5、图9-6所示。

图9-5　盘点一

图9-6　盘点二

(3) 每一货架或冷冻柜、冷藏柜均视为独立单位，使用单独的盘点表。若盘点表不足，则继续使用下一张。初盘的盘点表为黑色。

(4) 两人一组，一人点，一人写；将数量写在自粘贴纸上，放置在商品的前方。

(5) 盘点单上的数字填写要清楚，不可潦草让人混淆。

(6) 抄表时必须按序号，绝对不能跳跃抄、漏抄；抄表人如发现漏抄，则在本组货架盘点表最后一页补上，并注明是哪一层的商品，如字写错，要涂改彻底。

(7) 盘点数量一律计算到最小销售单位，如：以箱销售则按箱计，以袋（瓶、支、盒等）销售则按袋（瓶、支、盒等）计，不够一个单位的忽略不计，同时取出归入待处理品堆放处。赠品不盘，特价商品按原价盘点，破损、失窃商品按原来实物盘点，并单独列在盘底表上。

(8) 盘点时，要查看商品的有效期，过期商品应随即取下归入待处理品堆放处。

(9) 店长要掌握盘点进度，调度机动人员支援，巡视各部门盘点区域，发掘死角及易漏盘区域。

(10) 对无法查知商品编号或商品售价的商品，应立即取下，稍后追查归属。

(11) 盘点注意大分类和小分类，注明该分类商品所在的货架号码。

2. 复盘作业

(1) 初盘结束后，进行交叉复盘。复盘时要先检查盘点配置图与实际现场是否一致，是否有遗漏区域。

（2）巡视有无遗漏标示小粘纸的商品。

（3）复盘在初盘进行一段时间后进行，用蓝色联。

（4）复盘无误后将小粘纸拿下。

3. 抽盘作业

（1）对整个区域的抽盘视同复盘。

（2）抽盘商品要选择卖场内的死角，或体积小、单价高、数量多的商品。

（3）抽盘一般用红色盘点表，注明为抽盘。

（4）抽盘是对初盘和复盘无差异商品的抽验。

4. 处理差异

盘点差异的原因及处理如前所述，如果差异是初盘和复盘不一样及抽点与初盘、复盘的结果不一样：

（1）初盘和复盘不一样，应由主管或其指定的不同员工进行第三次盘点，直至正确为止；

（2）抽盘若与前述盘点有差异，按上述动作进行，直至正确为止；

（3）对于共同盘点的正确结果，在错误的表上修改。

5. 整理盘点表

各商品部主管确认盘点完成后，应该收集整理盘点表。

（1）盘点表以各商品部为单位，统计后交与门店经营部。

（2）盘点表一式二份。第一联交门店经营部，第二联录入电脑后由各商品部门保存。

（3）盘点表是记录实际数量之正式文件，不得缺失。

（4）任何人员不得修改盘点表，若有问题需再次盘点，由部门提出申请，报店长审批。

6. 录入数据

由监盘员和财务人员将经过审核的盘点数据录入电子表格中，录入过程应仔细、认真，因操作失误造成数据录入错误要填写更正单，由信息部经理、防损督导签字确认，信息部信息员进行数据更正。要注意的是，盘点小组成员不得参与本部门商品盘点数据的录入。

7. 打印实际盘点报表

盘点结果经主管核查无误后，经部门经理以上人员签字后，由监盘员打印实际盘点报表。

三、盘点作业的注意事项

1. 容易漏盘的区域

（1）货架内的壁柜。

（2）货架之间的仓库笼。

（3）货架间的挂条。

（4）货架间的包柱。

（5）花车内部商品。

（6）场景陈列的卖场商品。

在对以上区域进行盘点时，要特别仔细，如盘点货架时，注意货架商品中是否混有其他商品，特别是包装一样但规格不一样的；盘点堆头、花车时，应注意把堆垛及花车的东西拿出来看是否有空箱及混有其他商品，花车底部是否有商品（原则是见物盘物），盘好后须用小纸写"已盘"字样。如图9-7、图9-8、图9-9、图9-10、图9-11、图9-12所示。

图9-7 货架内壁

图9-8 货架之间的仓库笼

图9-9 货架间的挂条

图9-10 货架间的包柱

图9-11 花车内部

图9-12 场景陈列商品

2. 主管的工作重点

（1）每份盘点报表必须由部门经理以上人员签名。

（2）主管在签核报表时，对其数量的总和应再核对一次，以确保无误。

（3）主管必须检视每位员工负责的盘点区域是否确实完整地盘点。

（4）在盘点前该盘点品项的销售区域应维持适当的安全库存量。

（5）主管须负责对盘点过程中汇集的待处理品（如破损商品、变质商品、过保质期商品、无商标商品等）做出相应处理（如报损、重新包装等）。

四、盘点结果的分析和处理

盘点作业结束后，将实际结果和电脑记录相核对，若有差异要追查原因，堵疏防漏。

（一）盘点差异产生的原因及处理

商品盘点的结果一般都是盘损，即实际值小于账面值，但只要盘损在合理范围内就应视为正常。商品盘损的多少，可表现出门店从业人员的管理水平及责任感。一般的做法是事先确定一个盘损率，当实际盘损率超过标准盘损时，门店相关部门或者相关各类人员都要负责赔偿；当实际盘损率不超过标准盘损时，本部门人员不用赔偿。

盘点可能出现重大差异，即盘损率大幅超过同行业标准或连锁企业标准，以及毛利率远低于同行业标准或连锁企业标准。

1. 盘点差异产生的原因

盘点差异产生的原因包括：

① 错盘、漏盘、串盘；

② 计算错误；

③ 录入错误；

④ 偷窃；

⑤ 收货错误，或空收货，结果账多物少；

⑥ 对报废商品未进行库存更正；

⑦ 对一些清货商品，未计算降价损失；

⑧ 对生鲜商品失重等处理不当；

⑨ 商品变价未登记或任意变价。

2. 盘点差异的处理

盘点差异的处理措施主要包括：

① 重新确认盘点区域，检查是否漏盘；

② 检查有无大量异常进货、退货且未录入电脑；

③ 检查库存更正及清货变价表；

④ 检查是否有新来的员工（特别是生鲜部门）技术不熟练；

⑤ 重新计算盘点数据，同时按规定程序进行库存调整。如表9-7所示。

3. 盘点结果的处理

门店商品盘点的结果，代表了管理人员的责任感和管理水平，只要盘点结果在合理的范围内，均视为正常，同时有必要奖优惩差，降低损耗。

① 门店的盘损率应控制在销售总额的4‰～6‰，低于4‰则应予以奖励。

② 如果盘损率在6‰～8‰，应视为高于标准水平，必须由店长负责寻找原因，提出整改措施。

表9-7　盘点差错调整表

部门：＿＿＿＿＿　　填表人：＿＿＿＿＿　　日期：＿＿＿年＿＿月＿＿日

序号	商品编码	商品名称	修正数量	责任人	相关责任人	差错原因	部门意见	稽核意见

部门：　　　　　　　　　　　监盘员：　　　　　　　　　　　财务：

③ 如果盘损率在8‰以上则视为不正常，须追查有关管理人员及员工的责任，并给予处罚。

④ 开业初期三个月的第一次盘点允许有较高的损耗率。

要注意的是，由于经营状况差别很大，所以各门店的盘损率也不尽相同。

（二）库存调整

1. 库存更正作业

根据盘点差异表核实后，若盘点结果的确有差异，则由监盘员填写库存更正表或库存更正申请，经主管副主任（副店长）签名，交主任（店长）批准后，由IT部或相关人员进行电脑库存调整。如图9-13所示。

（1）此时产生的差异，经部门经理签核后，以盘点实际库存量作为正确数据。

（2）店长签字后，ALC方可做"确认"工作。

（3）报表保存至该品项下次盘点后，方可销毁。

（4）账务调整，由财务部完成。

（5）盘点电脑系统流程，参照电脑部相关程序。

2. 资料整理

（1）店长要确认盘点单是否全部收回，同时要有签名。

（2）复印留底，原件送财务部核算。

（3）财务部在收到盘点资料后，2日内提出盘点结果报告。

（4）各部门做盘点实施情况报告，以作为以后参考、改善之依据。如表9-8所示。

```
┌──────────────┐
│ 主管填写库存更正 │
└──────┬───────┘
       │
┌──────┴───────┐
│ 经本部门经理签字 │
└──────┬───────┘
       │
┌──────┴───────┐
│   交店长批准    │
└──────┬───────┘
       │
┌──────┴───────┐
│   由ALC调整    │
└──────┬───────┘
       │
┌──────┴───────┐
│ 归档留底至下一期盘 │
└──────────────┘
```

图9-13　库存更正

表9-8　盘点报告

部门：＿＿＿＿＿　　　　　　　　　　　　　　　　　　　　　　日期：＿＿＿＿＿

	执行情况	问题	改善对策
初盘			
复盘			
抽盘			

主管：＿＿＿＿＿

（三）盘点结果分析

盘点结束后，门店需要分析以下几种结果。

1. 库存情况

① 库存金额。

② 库存天数。库存天数＝实际库存÷当月日平均销量。

③ 应有库存成本。应有库存成本＝上次期末库存成本＋期间入库成本－期间销售成本－期间退货金额。

2. 损溢情况

① 盘损额。盘损额＝本次期末库存－应有库存。

② 盘损率。盘损率＝盘损售价金额÷盘点周期的销售额。

在提取数据时一定要提取汇总数据，并从同一报表提取，注意时间段。

（四）游离商品的处理

（1）游离商品的产生

① 有货号，无品名或错品名。原因包括：货号错误；货号已淘汰，但商品仍在销售；套号（厂商滥用已有货号，套用新产品）。

② 有品名，无货号。原因包括：条码脱落，又无据可查；店内自购，还没有编号。

（2）处理程序

① 进行清查：在可能的情况下须确认货号（条码），同时输入库存记录。

② 清查后仍无法找出原籍的商品一方面要列清单送采购部确认，一方面要将其集中以便处理。

（3）采购部门仍无法确认的商品，可以用下列方式处理：退回厂商；如果是无条码有商标的商品，在品质仍完好的情况下由店长决定酌情做清仓处理；报损。

（4）属未经许可引进之商品，则追究责任。

（5）若发现不合格商品，过期或变质商品立即报告，及时处理，切不可销售给顾客。

（五）破损商品处理

破损商品分为允许退换的情况和不允许退换的情况。

允许退换的商品必须在盘点前处理完毕，特殊情况则盘点认损，供应商将货送到，则按照补损流程执行；不允许退换的商品，必须填写相关损溢单据，统一由部组保存，作为商品损溢原因的依据，但不能作为正常商品进行盘点，否则一经发现按照规定进行处理。

盘点不仅是门店在一段经营期内经营业绩的反映，同时也代表着对门店工作人员自身"管理品质"与"品德操守"的考验。

有人把商店开门营业视为"攻城掠地"，把盘点视为"清查战果"，由此可以看出"攻守"的重要性。

盘点是展示员工平时努力工作绩效的重要方法，是对门店经营管理"战果"的清点。借此不仅可以看出员工的工作成绩，同时也会发现不足之处，从而不断完善，提升业绩。

职业知识拓展

某门店盘点的奖励及赔偿规定

为了降低商品损耗，提高员工对损耗的重视度，现公司决定每三个月月终组织一次盘点，公司允许的货损货差率为3‰，并且货损货差与营运部、防损部、收银组挂勾，具体操作如下。

一、如损耗率控制在3‰以下，则给予3‰的奖励，奖励比例如下：

经理：   4%
营运部主管、领班：   8%
防损部主管、领班：   8%
收银组：   10%（其中组长、领班30%，收银员70%）
营运部：   40%
防损部：   30%

二、如损耗率超过3‰，则给予3‰的处罚，处罚比例如下：

经理：   4%
营运部主管、领班：   8%
防损部主管、领班：   8%
收银组：   10%（其中组长、领班30%，收银员70%）
营运部：   40%
防损部：   30%

三、关于重点商品赔偿规定。为了控制商品损耗，公司决定每天营业结束后，由防损部安排防损员对重点商品进行抽盘，抽盘时发现实际库存与电脑库存不符时，要及时查明原因，如属被盗，则要求相关责任部门给予买单，具体买单比例如下：

经理：   4%
营运部主管、领班：   8%
防损部主管、领班：   8%
收银组：   10%（其中组长、领班30%，收银员70%）
营运部：   40%
防损部：   30%

 职业知识思考

盘亏由员工或部门来承担赔偿，这个规定合理吗？

课后技能训练

一、选择题

1. 门店各部门除特殊原因外，（　　）均应参加年度盘点，包括行政部门等，必须支援门店进行盘点。

A.所有人员　　B.部分人员　　C.大多数人员　　D.仓库人员

2. 检查货架或冷冻、冷藏价格卡是否与商品陈列位置一致，不一致时，要将其（　　）。

A.不理会　　B.用旧卡　　C.调整一致或更换新卡　　D.扔掉

3. 门店的盘损率应控制在销售总额的（　　）。

A.4‰～6‰　　B.1%～6%　　C.2%～3%　　D.4%

4. 如果盘损率在（　　），应视为低于标准水平，必须由店长负责寻找原因，提出整改措施。

A.5%～6%　　B.6‰～8‰　　C.4‰～6‰　　D.2%～3%

二、判断题

1. 商品盘点是衡量门店营运业绩的重要指标。（　　）
2. 商品盘点的结果一定是盘亏。（　　）
3. 一般而言，生鲜、香烟必须于每月末进行盘点。（　　）
4. 由于零售行业自身的特点，一般采用相应交叉的盘点方法进行盘点。（　　）
5. 盘点工作很简单，没有必要进行人员培训。（　　）
6. 盘点不允许有较高的损耗率。（　　）
7. 抽盘商品要选择卖场内的死角，或体积小、单价高、数量多的商品。（　　）
8. 盘点结果经主管核查无误后，由监盘员打印实际盘点报表。（　　）
9. 如果盘损率在6‰～8‰，应视为低于标准水平，必须由店长负责寻找原因，提出整改措施。（　　）
10. 破损商品不允许退换。（　　）

三、简答题

1. 什么是盘点？
2. 盘点方法有哪些？
3. 盘点前期的准备工作有哪些？
4. 盘点作业的注意事项有哪些？
5. 盘点产生差异的原因是什么？

项目十

门店安全与防损管理

职业能力目标

- 了解门店安全管理内容；
- 掌握商品损耗的控制；
- 熟悉门店安全问题应对措施。

学习任务导图

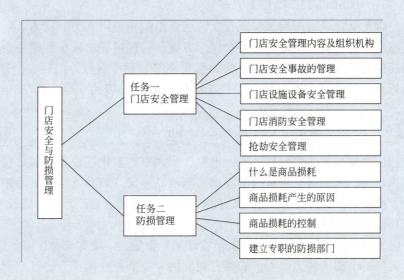

任务一　门店安全管理

门店实践情景

2018年8月5日8时40分,深圳某商场保洁员何某在准备对室外雨棚进行作业时,不慎从人字梯上摔下,受伤后送至市二医院进行紧急治疗。8月13日,该伤者由于抢救无效死亡。

无独有偶,2018年7月21日15时50分,在朝阳区孙河地区物美超市孙河店内,由于熟食库房照明出现故障,电工张某在熟食库房门口站在人字梯上检修线路过程中疑似触电摔落至地面,经抢救无效死亡。

2018年4月19日上午,福州台江区苍霞新城嘉华苑门口一家便利店外,一名男童在玩摇摇车时,不幸触电身亡!经检查,摇摇车的一截电线有破损,正好被孩子碰上。被发现时,孩子已经触电昏迷,眼睛发青,大小便失禁,后将孩子送医抢救。经抢救无效,孩子不幸身亡。

2018年8月21日晚9时许,张女士和女儿彤彤在武宣县宏耀百汇超市购物买单时,女儿却突然倒地不动,不久后停止了呼吸。后经该县有关部门到场调查,发现"罪魁祸首"竟然是超市收银台破损的电线。连接收银台的电线有一处破损,导致收银台地缆盖带电,存在漏电情况。后经法医对死者体表进行尸检,发现死者有触电烧伤痕迹,初步判断死者为触电身亡。

思考与启示:一旦发生事故,人、财、物会遭受巨大损失,超市要如何解决这个问题呢?

一、门店安全管理内容及组织机构

(一)门店安全管理内容

门店安全管理是指为了实现安全营运而组织和使用人力、物力、财力等各种物质资源的过程,目的是制定出最佳的安全保障方案和管理措施,减少和避免意外事故的发生,保护门店的财产安全和减少损耗,为门店最终的盈利作贡献。门店安全管理内容主要包括:门店以及门店的人、财、物不受侵犯;门店内部环境的安全;门店内部基础设施设备的安全。

(二)门店重要部门的安全管理

门店重要部门主要包括:变配电室、空调室、液化气设备管道、餐厅操作间、地下机房、锅炉房、木工房、贵重商品库房、危险品库房、自动安全系统总控室、电梯机房、收银台、档案室、计算机房、电话总机室、财务审计部、总经理室(店长室)。这些重要部门的管理需要注意以下几点。

(1)每个部门的主管领导为安全管理第一责任人,要与安全保卫部门签署责任协议书。

(2)每个部门的工作人员必须有相应的专业职业技能或者经过培训达标才能上岗。对重点岗位人员重点管理档案，不符合条件的不能上岗。

（3）非工作人员不能进入重要部门要害部位。

（4）重要部门要建立安全管理条例，经常进行安全自我检查，每天记录检查情况，发现问题立即汇报处理。

（5）重要部门要经常对安全设施进行维护，保证其正常运转。

（6）重要部门要经常进行安全管理演习，以便迅速应对可能突发的安全事故。

（三）门店安全管理组织机构

牛根生曾说："企业里面千斤重担人人挑，个个头上有指标。"这句话也适用于安全管理。安全管理工作首先要做好预防，其次是一旦发生事故要迅速响应。日常的预防工作要得到落实，就需要门店内部从店长到一线员工都有安全管理责任意识。绝对不能说安全管理是店长一个人的事，而是全店所有员工的事，只是岗位不同，责任范围不同。

1. 门店安全管理第一负责人：店长

门店店长是门店安全管理第一负责人，也是门店安全管理工作的总负责人，要负责门店全面安全管理工作，负责门店安全管理和培训预演，负责门店安全事件处理追责，负责门店安全管理成绩考评。

门店副店长是值班当天的门店负责人，对安全事故负有全面管理责任。

2. 门店各部门负责人

门店各部门负责人对本部门内的人、财、物负有安全管理责任。

3. 一线员工安全管理

各部门的工作落实都要依赖于一线员工，一线员工对自己工作范围内的人、财、物负有安全管理责任。

二、门店安全事故的管理

（一）安全事故的种类

安全事故的种类如下。

不可抗力因素引起的自然灾害：台风、地震、洪水、暴雨。

人为因素引起的事故：顾客或员工晕倒、摔伤、踩踏、盗窃、抢劫、电击、枪击、食物中毒、停水、停电、恐怖威胁、火灾等。

（二）安全事故的预防

中国自古有防患于未然的管理思想，即事前预防：对不可抗力因素引起的自然灾害，超市管理者应该及时注意气候变化，及时了解未来可能出现的异常，早做准备。例如，如果听到几天后有台风预报，需要把门店外部一些悬挂物加固防止掉落。对人为因素引起的事故，应该在日常管理中加强员工教育，让各级各部门有更强的安全管理意识，防止事件发生。因此，安全事故的预防管理很重要。如何开展安全事故预防管理呢？

1. 安全事故会议

安全事故会议是指通过开安全专题会议，让各级人员都重视安全管理，不管是企业自身发生过的还是别的企业发生过的安全事故，都可以作为一种警示在会议上通报。

2. 安全事故培训和预演

门店的安全管理运营也需要针对不同事故进行处置方法培训和预演。通过处置方法培训，让全部员工掌握突发事故的处置方法，并警示员工提高安全意识。麦当劳曾经因为门店牌匾落下砸伤门口行人而在企业内开展安全预演。

3. 检查与反馈机制

门店内部环境与设施设备必须每天进行检查，并记录检查结果，如果有特殊情况立即汇报反馈，以便得到及时维修或者处置。

（三）突发事故的处理

2017年11月1日《中华人民共和国突发事件应对法》中指出，突发事故是指突然发生，造成或者可能造成严重社会危害，要采取应急处置措施予以应对的自然灾害、事故灾难、公共卫生事件及社会安全事件。尽管在门店做了预防，仍然会有一些突发事故，这时就需要进行紧急处理。

店长作为总负责人做总指挥，副店长做副总指挥，建立起指挥组、救灾组、人员疏散组、财务抢救组、通信报案组、医疗组，每个小组指定组长为负责人，并配备组员以备调用。

三、门店设施设备安全管理

（一）门店警卫设备安全管理

一般来说，门店使用安全监控中心作为警卫设备。安全监控中心包括以下方面。

（1）消防控制系统由消防控制中心管理，按照《劳动法》规定必须24小时有人值班，每班2人，同时超市要在关键部位装置烟感器、湿感器、通风阀、火灾报警控制器、消防应急广播装置等报警系统。

（2）电视监控系统由安全管理人员平面监控各部门，超市要装置多台红外摄像机、多台电视屏幕等。

（3）更钟和其他控制系统。超市在各巡逻线上分段装置更钟，安全巡逻人员每到一个更钟点要打时间卡，这会在安全监控中心反映出来。其他控制系统是指电源、水泵、电梯等紧急控制系统。

（二）电视监控系统的重点监控内容

（1）查看超市内是否有不诚实的顾客，例如窃贼等。
（2）查看超市内员工是否有违规行为。
（3）查看超市内是否有不安全的因素存在，例如顾客抽烟、打架、儿童追逐打闹等。
（4）查看现金管理室的门是否锁好，有无非法人员入内。
（5）查看超市内货架上的商品是否稳固，是否触及天花板设施。
（6）查看超市各个紧急出口、门口是否通畅。
（7）注意其他威胁门店安全的行为。例如2020年春节期间防疫要求顾客入内要戴口罩。

（三）防盗报警系统的重点监控内容

（1）每天门店开业前，要检查防盗报警系统电源是否插好，查看软标签通过时是否报警。

(2) 营业前收银员应检查消磁板电源是否插好，硬标签通过时是否报警。

(3) 金属商品或带有铝箔纸的商品不能使用软标签。

(4) 对于一部分为金属、一部分为其他材料的商品，把软标签贴在其他材料上。

(5) 防盗门周围0.5米内不能有金属物品或装有防盗标签的商品。

(6) 防盗门应保持连续通电工作状态，特殊原因断电后必须间隔5分钟再开启。

四、门店消防安全管理

（一）消防器材配置

消防设施是用于防火排烟、灭火及火灾报警的所有设备。超市主要的消防设施有：火灾报警器、烟感/温感系统、喷淋系统、消防栓、灭火器、防火卷帘门、内部火警电话、监控中心、紧急照明、火警广播。另外，还有消防通道、消防标识、紧急出口、疏散指导图等。

（二）消防器材管理

(1) 超市中所有的消防器材必须建立档案并一一登记，包括它们的分布图，安全部、工程部各留档备案。

(2) 保安部全权负责超市所属的消防器材的管理，定期检查、试验和维护修理，以确保其性能良好。

(3) 消防器材应在每月及重大节日庆典之前进行全面检查，包括消防栓、灭火器等设备应进行特别检查和试喷，并签字确认。

(4) 市各部门义务消防员应对本区所辖的消防器材进行管理及定期维护，发现问题及时上报。

(5) 非专业人员不得私自挪用消防器材。

(6) 消防器材放置在某个区域不能随意挪动，或将其放置的区域改作商品促销区域。

(7) 消防器材，特别是灭火器，必须按使用说明进行维护，包括对环境的特殊要求和放置的特殊要求。

（三）消防安全管理

建立应急消防组织。应急消防组织要定期进行消防预演，使组织内成员能够熟练掌握消防设备，例如灭火器的正确使用，学会火情控制，学会从消防通道疏散与撤离，学会自我保护以及烧伤、出血等的救护方法，学会防毒面罩的使用方法。一般按照门店在职员工15%的比例成立应急消防队，各部门负责人作为本部门分队的队长，各部门员工中都有应急消防队员。

定期举行消防安全会议，提高员工消防意识。每年举办灭火演习。所有员工进行穿戴消防衣及防护器具训练。新进人员安排安全教育培训。

五、抢劫安全管理

（一）预防抢劫的措施

开门时要查看周围有无可疑人员，至少有两个人开门，一个人进到店内按照既定路线查看有无异常，另一个人在店外按照既定时间等候，如果没有异常店外的人方可进店，如果有异常店外的人可以报警。正式营业前门不能全部打开，保险柜也不能打开。

关门时注意在店内外徘徊的可疑者，至少有两个人在锁好后门后一同离开，夜班人员也不能随意开启后门，除了紧急情况。关门时要对店内进行彻底检查，以防有藏匿者。到关门时间不管店内有多少顾客都要锁上入口的门，待顾客全部离开后锁上出口的门，避免把钥匙插在门锁上。禁止每晚最后一段营业时间开启后门。关门后，任何顾客和陌生人都不得进店。最后离开的员工要保持警惕。

在收银台下放保险柜能够降低现金过量风险。因为虽然企业要求收银员要保证钱箱最低现金量，但是高峰期很难避免，在收银台下设置保险柜可以把大量现金存进保险柜降低风险。如果能使用延迟锁的保险柜，安全性会更高。也就是将钥匙插进去并转动后，通常有10分钟左右的等候时间。这样能延迟抢劫犯在现场的等候时间，从而增加抓捕时机。

向银行运送现金时要将现金与支票分装在不同袋子里，将袋子放进手提箱或其他熟悉的包里，从保险柜里取钱之前，将运送车辆开到店前。尽量开两辆车去银行，一辆运现金和支票，另一辆护送作业。去银行时间不能固定，要随机改变。事先计划好去银行的路线，每次去银行要走不同路线。尽可能白天到银行送款。确需天黑后去的话，应尽量增加护送者或得到警察的押送。最好能够保证两辆车同行。为降低发生抢劫和人身伤害的风险，抵达银行时，一辆车的司机应驾车绕到银行外面转个来回以确定安全，然后，第二辆车再开到存款处。护送车辆应保持一定的距离以确保安全，同时要保证随时救险。运钞车和护钞车都应将窗户关闭。假设有发生危险的迹象，应迅速驶离该区域，到最近的派出所请求护送。运送的现金不能超出保险额度。如果离银行较近，由一个人存款时，应有人在店内观察，直到送款人进入银行。若期间发生意外，应及时通知警察。不要让女员工往返银行送现金。

除留足应急的现金外，把所有闲钱都锁进保险柜。保险柜不要随便开启，要有计划地开启。保险柜要加密码锁同时上锁。在没人照看的情况下，严禁出现保险柜敞开的现象。

从银行到店内运送现金时，要随机变更时间和路线。若兑换零钱的金额较大，要有两辆车护送。直接将车停在店前，把钱拿进店里再停车。钱款入店后应立即放进保险柜，同时，相关人员应在30分钟至1小时内离开现场。若延迟至1小时后，派两人清点从银行运来的现金，注意应在隐蔽和紧锁的房间里面点钱。

（二）发生抢劫的应对措施

当真正遇到抢劫犯时，首先要保证生命安全，不要与抢劫犯强硬反抗，而是按照其要求去做。同时，尽最大努力记住抢劫犯的五官、身高等特征。待抢劫犯离开后立刻报警，并注意保护抢劫犯所接触过物品的现场证据，以便警察取证。努力记住抢劫犯的车辆特征，在他驾驶汽车离开时不要往店外跑，以防对方开枪。如果现场有其他人员，例如顾客，请求其留在现场，等待警察来到时讲述目击情况，并留下顾客的姓名和联系方式。如果抢劫犯离开后警察没有立即赶到，员工和顾客可以先凭记忆对抢劫犯特征进行记录。等警察取证完毕，检查清点抢劫犯抢劫过的收款箱或保险柜。要告知员工在抢劫中和事后，不要向新闻媒体提供任何信息。门店负责人也不必向新闻媒体提供抢劫信息。但是要配合侦查人员的调查。

职业知识拓展

从2020年1月21日起，胖东来集团所有门店开始执行"非常时期消毒办法及预防措施应急预案"。下面让我们一起来看一下，在预防新型冠状病毒感染方面，胖东来人都做了什么。

一、更严格的消毒要求

消毒是我们一直都在认真并坚持做的事情，从电梯扶手到公共座椅、从平坦的地面到犄角旮旯、从自助的消毒湿巾到免洗手消毒凝胶……卖场、通道、卫生间、垃圾站等无一例外！

新型冠状病毒开始扩散当天，集团公司高度重视，第一时间要求各门店执行"非常时期消毒办法及预防措施应急预案"，具体实施情况如下。

（一）公共区域

1. 卖场公共区域、卫生间、外围广场及通道、停车场等

（1）每天至少在3个时间段使用84消毒液进行消毒（10：00/14：30/送宾后）。

（2）消毒区域：电梯扶手带、公共区域座椅、垃圾桶、电梯按钮、天井护栏、抹布、更衣柜、商场进出口门及卫生死角、仓库、直行电梯、拖把池、热水炉、人行通道、上货口、污水排放口等所有区域。

（3）抹布和拖把每次使用前都要经稀释后的84消毒液浸泡，才能投入使用。

2. 母婴室

（1）每小时对室内所有设备、设施、地面进行一次清洁消毒。

（2）抹布和拖把每次使用前都要经稀释后的84消毒液浸泡，才能投入使用。如图10-1所示。

3. 电梯

（1）负一楼各个电梯口安装免洗手消毒凝胶和伸手感应消毒喷雾，方便顾客随手消毒。

（2）每天对电梯内至少进行3次整体消毒。

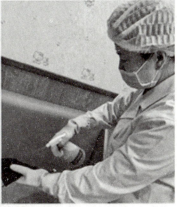

图10-1　超市消毒

4. 垃圾站

（1）垃圾站每15分钟用高压喷雾进行消毒除臭工作。

（2）垃圾清运车每次倾倒垃圾回来进行84喷雾消毒。

（二）超市部

1. 每天对购物车、购物篮进行一次集体消毒。

2. 在超市进口提供消毒湿巾，顾客可以自行对购物车、购物篮进行二次消毒。

（三）珠宝部、百货部、电器部、服装部、医药部

随时对柜台、桌椅等物品进行84消毒液擦拭消毒。

（四）电影厅

1. 除日常紫外线杀毒外，每天至少增加2次84喷洒消毒。

2. 继续为观看3D电影的顾客提供消毒湿巾。

3. 抹布和拖把每次使用前都要经稀释后的84消毒液浸泡，才能投入使用。

4. 顾客可以凭电影票在本场次电影开始前根据需要领取一个一次性医用护理口罩。

（五）电玩部

每天至少2次84全方位擦拭消毒，营业期间不定时擦拭消毒。

（六）餐饮部

1. 每个档口置放酒精消毒洗手液，员工出入进行洗手消毒。

2. 餐具清洗除日常紫外线加高温消毒外增加84消毒。

3. 收餐具员工随身携带酒精消毒喷雾，对桌椅进行消毒擦拭。

二、更严格的人员管控

（1）所有员工在到岗前进行体温测量并进行记录，一经发现体温异常需立即离岗并到指定医院进行检查，经检查确认未感染新型冠状病毒后方可上岗工作。

（2）家中有从疫区回来亲属的员工，在会见过亲属后必须进行至少14天的隔离观察，经检查确认未感染新型冠状病毒后方可上岗工作。

（3）所有在岗人员必须佩戴公司发放的医用护理口罩上岗。

（4）严格要求所有人员禁止前往新型冠状病毒中高风险地区，如因特殊原因必须前往的，需在回家后自行隔离至少14天，经检查确认未感染新型冠状病毒后方可上岗工作。

职业知识思考

胖东来的抗击新冠肺炎措施有哪些特点？

任务二 防损管理

> **门店实践情景**
>
> 2019年7月,张女士下午下班后去家附近超市买菜,由于当晚吃饭只有一个人,不想做太多,就买了一个蔬菜和一份瘦肉,回到家很快做好了饭,坐下来吃饭时发现西葫芦很苦,她以为只是一两块儿苦,又尝了几块儿,都是苦的。张女士很郁闷,只做了一个菜还是苦的,没法儿吃。于是,她带上菜去了超市,想去问问为什么菜是苦的。张女士觉得菜已经炒熟了,不知道超市是否退钱。让她没想到的是,到了前台,前台工作人员了解了情况后,直接把买蔬菜的钱全额退给了她。虽然有些郁闷,但是超市的服务态度还是让她很满意的。

思考与启示:生鲜产品保鲜是超市的重要环节,请谈谈如何进行生鲜产品的保鲜。

一、什么是商品损耗

门店商品损耗时时刻刻都存在,防损也必须时刻进行,防损不只是防损部门的工作,更是全体员工的工作,需要全员参与。为什么说要全员防损呢?我们先看看什么是商品损耗。商品损耗是指门店商品价值的损失,包括数量损耗和价值损耗。数量损耗是商品在数量上减少了,价值损耗是商品在价值上损失了,例如降价促销。本任务主要介绍的是数量损耗,即在门店接收进货时的商品零售值与售出后获取的零售值之间的差额。

二、商品损耗产生的原因

2013年《全球零售盗窃晴雨表》显示,零售行业繁荣而防损措施滞后的现象正日益显现:2012年至2013年,中国成为调查国家中损耗率第二高的国家。中国大陆零售业损耗超过1400亿元人民币,其中,员工行窃和有组织犯罪是导致损耗的主要原因。而美国零售业安保情况调查报告显示,美国商品损失的主要原因有四个方面:店内盗窃占35.1%,员工内盗占41.4%,行政错误占17.6%,供应商欺诈占5.9%。这个结果也显示出员工内盗占比最大。下面,我们来总结一下商品损耗产生的原因。

(一)盗窃造成的损耗

盗窃包括员工盗窃、顾客盗窃和供应商盗窃。

1. 员工盗窃的表现形式

(1)给亲朋好友结账时不扫或少扫,或者取消扫描过的商品。

(2)利用工作便利把贵重商品调到价格低的商品包装内。

(3)收银员、防损员、服务员利用顾客未取走的收银条,自己或者交给其他人进卖场重复拿出以上商品。

(4)收货人员和供应商串通收不合格商品或少收商品,以及在重量上做手脚。

（5）生鲜区和散货区的工作人员利用职务之便，少打商品价格、重量给亲朋好友。

（6）滥用公司商品作原料或直接用于办公，而不做账面记录。

（7）偷拿商品、赠品、设备原料供自己使用。

（8）偷吃商品不付账或者没经公司同意用卖场商品供顾客和自己试用、试吃。

（9）发现员工、顾客偷盗而不及时汇报。

（10）勾结亲朋好友将其他部门的商品放在自己的工作场地和仓库附近，以便偷吃或隐藏。

（11）将用于顾客兑换的奖品、赠品占为己有。

（12）随身夹带、皮包购物袋夹带。

2. 顾客盗窃的表现形式

（1）顾客盗窃常用随身夹带、皮包购物袋夹带、高价低标、偷吃、换包装。

（2）容易发生盗窃的场所：卖场死角、无工作人员的场所、照明较暗的场所、通道狭窄的场所、管理较乱或商品陈列较乱的场所、试衣间。

（3）容易发生盗窃的时间和季节：中午、下午工作人员就餐时间；现场无工作人员的时间；节假日购物顾客较多的时间；晚上营业结束前的一段时间；收银台等候结账人员较多的一段时间；天气变冷进入冬季的月份；学校放假的时间。

（4）容易被盗窃的物品：休闲食品主要有巧克力、口香糖、奶粉等；非食品以日用品为主，有洗发水、高档牙膏、牙刷等；生鲜类有鲜鱼等。

3. 供应商盗窃的表现形式

（1）利用空纸箱夹带商品。

（2）随同退货商品夹带商品。

（3）与员工勾结实施盗窃。

（4）以低价商品冒充高价商品。

（5）混淆品质等级不同的商品。

（6）暂时交一部分订购的货而造成混乱盗窃。

（二）员工工作操作错误造成的损耗

1. 采购操作不当造成的损耗

（1）采购量过大，需求把握不准确，造成积压。

（2）将价格定错或条码输错影响商品销售，形成滞销。

2. 收货操作不当造成的损耗

（1）收货时的验货人员不到位。

（2）验货单据不符合规范。

（3）对验收合格的商品没有及时入库存放。

（4）收货区的商品管理人员混乱。

3. 退货流程不当造成的损耗

（1）退换货单据不齐备。

（2）退换货商品数量不准确。

（3）已办理退换货手续的商品没有及时封箱退还供应商。

4. 赠品管理不当造成的损耗
（1）赠品入库管理不当。
（2）赠品的标签管理不当。
（3）赠品的排面管理不当。

5. 收银员操作不当造成的损耗
（1）顾客忘记买单的商品收银员没有提醒。
（2）赠品没有核对。
（3）忽略了不能扫条码的商品。

6. 盘点操作不当造成的损耗
（1）盘点员工不熟悉商品导致的混盘、漏盘、错盘，造成盘盈或盘亏。
（2）人为原因的虚增库存。

7. 突发意外事件造成的损耗
自然灾害，例如台风、地震、洪水、暴雨等造成的损耗。
人为意外事件，例如抢劫、盗窃、诈骗等造成的损耗。

8. 日化大类与休闲食品大类造成的损耗
日化大类与休闲食品大类的损耗主要是盗窃、盘点错误、串码销售、风干、过期报损等引起的。

9. 生鲜大类造成的损耗
（1）订货不合理，订得过多。
（2）采购商品质量，例如含冰量过高引起。
（3）收货环节质量验收不到位，净重量不准确。
（4）加工环节分割损失等。
（5）库存管理不良。
（6）陈列没有注意防损。
（7）变价后跟踪管理不到位。
（8）搬运没有轻拿轻放，导致破损。
（9）盘点出错。
（10）单据填写不规范。

10. 熟食大类造成的损耗
（1）熟食原料采购没有达到要求，原料数量规格不达标。
（2）加工各环节没有按照计划或者不准确。
（3）库存没有按照商品特性储存，没有根据先进先出原则存放。
（4）陈列不规范。
（5）变价操作前后不一致。
（6）单据填写不规范。

11. 水产大类造成的损耗
（1）订货不准确。
（2）水产类含水量、成活率、质量鉴定、试吃损耗等。
（3）干货类产品不同干度、盐度可能造成货品形态、体积和重量发生改变而产生损耗。
（4）加工切割方式不当。

（5）鲜活品、冰鲜品的养殖与储存方法不当。
（6）冰鲜品的陈列没有冰块覆盖等。
（7）单据填写不规范。

12. 干杂大类造成的损耗
（1）订货没有按照周期进行。
（2）收货腐败、变味、变色、破包、虫咬、鼠咬等。
（3）库存不规范，没有防潮。
（4）陈列不整齐。
（5）变价与电子秤、电脑价格不一致。
（6）单据填写不规范。

13. 面包类造成的损耗
（1）订货随意，没有按照周期进行。
（2）收货验收不准确。
（3）库存配方、搅拌时间、整形、发酵程度、烘烤、包装等不合格。
（4）陈列不整齐，堆高。
（5）变价与电子秤、电脑价格不一致。

三、商品损耗的控制

（一）盗窃损耗的控制措施

1. 员工盗窃的控制措施
（1）定期对长短款前几名的收银员进行调查，并在平时的工作中进行检查。
（2）经常对店面的购物情况进行检查，对收银员的操作进行暗中调查。
（3）对配送中心和厂家直送商品的接收数量进行核对。
（4）加强对夜班值班人员及送货人员的检查。
（5）经常召开店员会议，征询店员关于防损的建议。
（6）建立内部举报渠道。
（7）对顾客退换货、商品退换货工作流程进行监督、检查。
（8）对员工购物制度严格规定，建立员工购物渠道，加强对员工购物行为的检查。
（9）加强对员工的进出管理以及现场管理。
（10）已有内盗行为的员工，要从严处理并通报以警示他人。
（11）招聘员工时加强对员工背景的调查和新人培训。
（12）建立严密的防损制度，加强锁和钥匙的管理。
（13）加强对员工的防损培训，帮助员工树立正确的工作价值观。

2. 顾客盗窃的控制措施
（1）加强防盗设施设备的建设。
（2）减少卖场死角，对死角加强监控。
（3）积累小偷识别经验，对特殊顾客重点防范。
（4）陈列商品注意不要挡住视线。容易失窃的物品放在收银台边上或者放在货架的端头部位。

(5）对员工加强教育，注意顾客行为，及时与员工分享被盗案例，提高警惕性。

（6）加强对卖场各部位的巡查，对顾客不能通过的路口、门口、洗手间、垃圾桶等盲点区域进行重点巡查，并要求防损人员敢于坚持原则，认真负责观察现场。

3. 供应商员工盗窃的控制措施

（1）一旦发现绝不姑息，通知供应商，严格处理。

（2）供应商员工也要遵守在店内的行走通道，不可乱走。

（3）严格检查供应商的控制箱、包装袋、包包等可能夹带物品的装置。

（二）员工操作失误损耗的控制措施

（1）对员工各自岗位的操作流程进行培训，提高员工工作质量。

（2）加强退换货管理，严格根据退换货单据核对，管理好退换货库存。

（3）加强赠品管理，严格进行清点、理货、妥善保管。

（4）订货管理严格遵循订货周期计划。

（5）设立员工专用通道，规范员工进入工作岗位的随身物资。

（6）节假期、作案高峰时段，防损组人员可以安排便衣重点巡逻。

（7）对商品的加工、分割等过程进行标准化培训。

（8）商品的陈列要符合要求，比如冰鲜品要有冰块覆盖等。

（9）变价商品电子秤价和电脑价要注意统一。

（10）规范单据的填写。

（11）库存要根据商品属性及库存要求进行，不能随意。

（12）收货人员对商品质量、数量、颜色、干度、湿度等检查必须认真进行。

（13）建立全员防损机制，鼓励内部员工监督举报并奖励举报。

（14）盘点等搬运商品要轻拿轻放，避免导致商品破损。

四、建立专职的防损部门

（一）防损部门岗位设置

专职的防损部门是专门负责全店防损工作的部门，主要岗位有防损部经理、防损部主管、防损专员。

（二）防损部经理岗位职责及工作内容

1. 防损部经理岗位职责

（1）负责卖场商品、人员、财物的安全，维持正常的营运秩序，减少和预防卖场的损失。

（2）负责卖场的消防、安全，落实国家的有关消防安全法规，实施公司制定的消防管理规定，随时保持卖场消防、安全设备（喷淋、烟感、通风阀、自动监控）的运转良好，负责员工、促销人员的安全培训，定期进行消防知识考核和消防演习。

（3）负责卖场消防基层组织的建立，负责义务消防小组的建立、管理和培训。

（4）负责紧急方案的制定、实施，处理紧急突发事件。

（5）负责卖场的防盗工作，接受员工举报，实施内部员工诚实行为的调查，对于盗窃的顾客、员工依公司规范予以处置。

（6）负责卖场各个进出口的控管，检查营运各个环节，减少各种损耗的发生。
（7）负责维护卖场收货区域、收银区域、广场等处的正常秩序。
（8）指导部门档案资料的整理、保存。
（9）协助进行分店的盘点。
（10）负责本部门员工的培训、业绩考核、评估、升迁等事宜。
（11）协调与政府消防部门、治安部门之间的关系，取得支持帮助，确保卖场正常的营运秩序与办公秩序。

2. 防损部经理工作内容

（1）组织部门每周会议，传达、落实公司的政策，总结工作业绩，解决工作中遇到的难题。
（2）每日进行巡店，重点检查收银员区、电脑中心、财务室等有无异常，进行消防、安全隐患的检查和整改后结果的反馈等。
（3）检查卖场的商品陈列是否有不安全因素，生鲜加工部门存在的安全、卫生隐患因素。
（4）负责处理、调查卖场有关内部人员、促销人员的诚实事件，处理顾客偷窃案件。
（5）制订损耗防止计划，通过阅读卖场的各种系统报告，重点追踪较大的库存更正、损耗更正等，堵塞管理漏洞，降低损耗。
（6）督导安全教育、安全宣传、安全培训、安全活动的进行。
（7）指挥季度的消防演习活动。
（8）确保整个卖场的消防、监控、防盗设施的正常运转。
（9）做好与其他营运部门的配合、协调工作。
（10）处理好政府部门的公共关系。
（11）安排本部门管理层的排班、排岗。
（12）审批各种请假单、申购单、考勤表等。
（13）保证防损器材始终处于正常状态。

（三）防损部主管岗位职责及工作内容

1. 防损部主管岗位职责

（1）对防损部经理负责，制订日常工作计划。
（2）组织防损员日常训练。
（3）组织开展军事汇操和突发事件的应急演练。
（4）检查商场周围的交通情况，必要时派人维持交通秩序。
（5）检查商场内突发事件的应急处理。
（6）检查商场安全情况，发现隐患及时处理并上报。
（7）检查防损员工作情况，处理有关问题。
（8）分析商场发生的盗窃情况，及时采取防范措施。
（9）组织防损员打击盗窃分子，处理发生的盗窃事件。
（10）定期组织防损员宿舍内务检查与评比。
（11）负责组织对员工进行安全知识培训及消防、防盗意识的指导。

2. 防损部主管工作内容

（1）参加每周工作例会，并将内容落实下去，月初做好本部门排班。
（2）每日巡店检查重点区域设施设备情况并向防损经理汇报。
（3）每日检查卖场商品陈列、生鲜加工部门是否存在安全隐患并向防损经理汇报。
（4）每日检查防损员出勤情况、工作执行情况，并向防损经理汇报。
（5）每日检查分析盗窃情况，并将防损经理工作计划向下执行。
（6）检查指导防损员内务与培训防损员防损技能、工作态度等。
（7）在规定时间内合理安排员工的用餐时间。
（8）每日落实治安保卫消防工作的检查。

（四）防损部专员岗位职责及工作内容

防损专员每日要在具体工作岗位上履行工作职责，因此，对其岗位职责和工作内容的描述要细分到具体岗位。

1. 前台、员工通道岗

（1）检查下班员工随身携带的物品，是否夹带商品等。
（2）负责来访人员的登记，礼貌回答来访人员的咨询，并通过电话或其他途径通知被访人员，同时维护办公区域的工作秩序，及清洁卫生的监督。
（3）制止未穿工衣、戴工牌的员工从通道进入商场。
（4）禁止员工上、下班代打卡，一旦发现立即记录其工牌号并向人事部反映。
（5）禁止当班员工无故离开商场，因工作需要离开的要做好外出登记。
（6）对从该通道拿出商场的商品要认真检查，问清原因并做好登记，核实单据与实物是否相符，严格执行物品出入流程。
（7）制止员工带包（装）和工作无关物品从通道进入商场。
（8）禁止顾客、送货人员及其他无关人员进出通道。
（9）对夜间办公区因工作需要值班的人员要核实登记，未登记不得进入。
（10）夜班清场完毕需检查办公区门窗及照明灯等是否关闭。
（11）认真做好接待顾客投诉工作，及时将处理结果反馈给顾客。

2. 监控室岗

（1）在经理、当值助理的领导下，负责监控室的安全、保密以及正确操作等工作。
（2）熟练掌握各种监控系统、仪器、设备及其工作原理。
（3）熟悉监控区域的布局、方位，发现可疑情况及时报告领班或当值助理，并做好跟踪录像和详细情况记录。
（4）不轻易放过任何疑点，遇到异常情况立即进行录像。同时用对讲机通知领班和助理。
（5）认真履行监控室的保密规定，严禁非工作人员进入监控室。
（6）爱护监控设备，对出现的故障应主动报告并联系有关部门排除，不得带故障操作。同时认真做好通信联络和保障工作。
（7）对当班期间发生的问题，做好详细交接班记录。

3. 顾客入口岗

（1）提示顾客存包，禁止吸烟、光膀、带有宠物者及着装不整者等进入卖场。

(2) 对老人、小孩多加注意，防止其上下扶梯时摔倒，负责购物车、篮的摆放、供给，随时保障顾客的需要。

(3) 指引顾客到服务台办理相关事宜。

(4) 带有同类商品者请其存包。

(5) 服务工作用语："欢迎光临某超市、请、谢谢"等。

(6) 积极配合、检查、监督服务中心退货程序。

(7) 观察进入卖场者，有可疑人物及时通知领班（助理）以上人员。

(8) 制止顾客反方向出入。

(9) 地方政府及相关消防、工商部门到来时及时通知领班、助理。

(10) 严格认真检查家电外送商品（开箱检查核对商品、型号、价格与电脑小票及外送单是否相符，核对无误后方可放行，同时在电脑小票上注明"货已出"，签上时间、姓名；并做好物品外出登记，严格执行出货程序）。

(11) 做好应对突发事件的各种准备。

4. 收银台岗

(1) 监督员工是否在收银台购物。

(2) 监督、制止顾客、员工将未买单的商品带出收银台，情节严重的上报领班或助理处理。

(3) 监督收银员是否有漏打单或不打单，是否有与顾客、员工、亲朋好友串通现象。

(4) 监督顾客、员工买单时，是否有调包、更换价格、使用假币等情况。

(5) 检查、核实顾客在超市各专柜开单销售的商品，是否买单付款。盖章核实无误后方可放行（在电脑小票上注明"货已出"，签上姓名、日期）。

(6) 对集团购物外送时，指派专人清点核对电脑小票和外送单是否相符，核实无误后方可放行。同时在电脑小票和外送单上注明"货已出"或"货未出"，签上时间、姓名。

(7) 对收银台各设施的正常运转及维护起到监督作用。

(8) 无购物通道防损员做好服务中心退换货等各方面工作的监督，配合工作。

(9) 便民入口通道对顾客做好解释工作，禁止顾客由此处出去（限授权人员），同时监管收银区购物车、篮被及时送至二楼等情况。

(10) 监督收银员不得无故下机，同时监管收银台购物车、篮卫生等情况。

(11) 商场出现突发性事件时迅速到指定位置待命。

5. 烟酒柜出口岗

(1) 禁止顾客夹带商品或将未买单商品拿出卖场。

(2) 监督、核实顾客已买单商品是否与电脑小票相符。

(3) 制止顾客将已买单商品带入卖场。

(4) 禁止顾客（小孩）在休闲平台攀爬等现象，做好安全防范工作。

(5) 禁止购物车、篮由此外出。

(6) 当防盗报警时，按报警程序处理。

6. EAS总出口岗

(1) 控管该区域的人流秩序，防止堵塞及混乱，保持畅通。

(2) 核查顾客携带的商品与购物小票日期、数量、品名、价格是否相符。

(3) 出现报警时，原则是："先查物，后查人。"并做好解释工作，确定其夹带商品外出时,将其带至防损办,交予当值领班。

报警处理方式如下。

首先应礼貌地叫住顾客:"先生(小姐)您好,稍等一下,您通过报警器时发生报警,可能有些商品收银员忘记帮您消磁,我帮您检查一下,好吗?"先查物品,如发生报警,通知收银领班做相应处理。如物品没有发生报警,应礼貌地请顾客通过报警器测试,同时观察其表情,如证实其身上、手袋内有本商场商品没有买单时,将其请到办公室处理(原则是:先查物,后查人)。

(4)负责周边卫生及安全的管理,始终保持高度警惕,做好突发事件的处理准备。

(5)禁止反方向进入,防止混乱。

(6)做好超市专柜开单销售的核查工作。

7. 收货区岗

(1)负责供应商车辆的登记、排序、停放等工作。

(2)积极配合收货组人员清点进入商场的物品,并按公司规定的程序验收货,但不能进入授权区域。

(3)禁止员工、顾客和供应商从收货部出入(收货组和生鲜供应商除外)。

(4)禁止供应商、员工在收货区内吸烟、吃东西、喝饮料等。

(5)对退换货的商品及报损的商品须有部门主管及相关人员签字,严格执行退换货及报损程序。

退换货程序:核实单据与实物是否相符(包括日期、数量、品种、价格等),核准主管与金额权限是否相符,相关人员是否签字。

报损程序:检查物品是否达到报损(过期、变质、无法销售等),达到报损的,检查实物与单据是否相符。检查无误后签上自己的名字、日期。发现问题及时通知领班、助理以上人员。

(6)对顾客购买的大件商品在收货处送出时,要仔细核对电脑小票和外送单,防损员核实登记无误后,方可放行,严格执行出货程序。

(7)电梯岗必须看守好电梯上、下货物,按指定路线进出收货部,严格执行出入货程序,同时维护好电梯正常秩序。

(8)监督检查员工、清洁工必须将垃圾放在垃圾房,不允许乱摆放。同时要看好垃圾房,不允许有任何人在里面翻生活垃圾等现象。

(9)管理收货区域的卫生,做好监督工作。

(10)严格执行各种程序制度,如夜间收货程序。

8. 夜班岗

(1)严禁在值班期间打瞌睡、睡觉等。

(2)协助夜场值班经理、晚班人员进行营业结束后的巡场和商场清场工作。

(3)清场时检查所有的门窗、灯、电源、煤气、开关、机器、设备等是否关闭,是否留有其他方面的消防安全事故隐患。

(4)清场结束后,由监控值班人员负责开启商场红外线报警系统并对商场实施布防(控)。

(5)值班人员(领班)必须每隔半小时到商场巡视一次,发现异常情况及时处理。

(6)值班期间如红外线报警中心报警,领班对其报警区域进行检查处理。

(7) 如发生盗窃情况，立即向报警中心报警，协助公安机关并控制和保护好现场，同时报告夜场值班经理及防损部经理。

(8) 经检查确实是误报，应向报警中心说明原因。

(9) 监督并跟踪清洁公司的保洁情况，发现有清洁卫生方面的问题应给予监督指正，并做好工作记录。

9. 便衣工作职责

(1) 对偷窃者不准有辱骂或打人行为。

(2) 严禁利用工作之便监守自盗、偷窃商场和他人财物。违者将严肃处理，情节严重者送交公安机关处理。

(3) 劝阻顾客在商场内拍照、抄价格（经公司同意除外）和吸烟、吃东西等。

(4) 巡视卖场，监督员工、促销员的工作情况以及消防安全、治安事故等。发现异常情况及时向上级报告。

(5) 仔细观察环境，熟悉商品摆放位置，对重点商品进行防范，防止商品流失，将商场损失降至最底限度（特别是化妆品、烟酒、文具、鞋、服装、保健品、小家电等商品）。

(6) 巡视卖场，同时隐蔽身份，防损员（便衣人员）应对每一个人进行如下判断。

① 真正的顾客。

② 逛商场无意购买的人。

③ 专业小偷（小偷会买一些小的商品进行掩饰）。

④ 业余小偷。

(7) 发现可疑人员应严密监视，并注意以下人员。

① 衣着不合时宜，古怪的人。

② 走路不自然，略显臃肿（可能藏有商品）的人。

③ 拿着同一类商品相互比较的人（换条码）。

④ 折叠商品，压缩商品体积的人。

⑤ 东张西望，观察周围环境比挑选商品更细致的人。

⑥ 在商场逛一圈后又回到原来的位置的人。

⑦ 离开商场过于匆忙、心神不安、异常紧张的人。

⑧ 撕掉商品上的标签的人。

⑨ 当工作人员走近的时候露出吃惊神情的人。

⑩ 带特大的购物袋和敞开的大钱袋的人。

⑪ 从出厂封口完好的箱里拿出商品的人。

⑫ 从商品盒下面打开包装的人。

⑬ 成批走进商店分成几个小组的人。

⑭ 穿着宽松大衣服的人等。

⑮ 故意在收银台大声喧哗、吵闹以引开收银员视线的人。

⑯ 在短时间内多次出入商场的人。

⑰ 在商场禁入区域的人。

⑱ 不买商品故意叫走营业员离开工作区域的人。

⑲ 手里拿着宣传画、其他物品左看右看的人（属于放风人员）。

(8) 捉拿小偷时的注意事项。

捉拿小偷时要至少两个人同往，人多占优势，对小偷要礼貌地讲："先生或小姐，我是本商场的防损员工，请你和我一起回商场，我们有件事商量一下。"还可以继续讲："您袋里有未付款的商品，请回到店里，我们把这件事情澄清一下。"如小偷拒绝合作，可以采取合理的强制手段，但一定要注意自身安全。回商场前最好能从小偷身上拿回一件被窃的商品。回商场途中一位防损员走在前面，另一位走在后面，防止小偷把所偷商品丢掉。

（9）抓获偷窃者应注意以下几点要素。

① 必须看到，不能仅凭第三者的话。

② 必须弄清楚是本商场的商品。

③ 必须知道商品放在什么地方。

④ 必须百分之百进行视线跟踪，以确认嫌疑人没有把商品丢掉，而且要确认此人没有付款。

⑤ 必须让嫌疑人走出商场后才抓获他，以便进一步证实其偷窃动机。

（10）巡视卖场，防止内外盗，抓获小偷及时送交给办公室助理或经理处理。

（11）发现有专业小偷（团伙盗窃）立即通知其他便衣及防损人员，对其进行严密监视，同时通知监控室进行录像、防范，一经抓获，立即记录，并速交公安机关处理。

 职业知识拓展

一个女顾客推着小车结账，把商品都拿上来了，底下是孩子的衣服。收银员询问顾客是否还有商品，顾客说没有。收银员看到孩子衣服下面压着几本书。有一本露在外面，写着QQ星，便问顾客："这书是您的吗？"顾客说："是我自己的。"收银员看到上面贴着赠品标签，便又问顾客："这是超市里的赠品。您买QQ星了吗？"顾客说："昨天买了两箱别的奶，今天逛超市。这书就在那里放着，我孩子挺愿意看，就拿过来了。赠品反正也不要钱，你们这也没数量吧。"收银员告诉顾客："不好意思，您买的那两箱牛奶是不赠书的。咱们这个是买QQ星儿童牛奶送的，买一箱送一本。赠品也是有数量的。"顾客说："那就算了，给你吧。"随后，从衣服下面把3本书拿上来了。收银员为柜组挽回了赠品。

 职业知识思考

如果这个收银员对赠品不熟悉，这三个赠品就可能被无偿拿走了。请思考从收银员这个岗位来说，如何做防损工作。

课后技能训练

一、选择题

1. 每个部门的主管领导为安全管理（　　）责任人。
A.第二　　B.第一　　C.该岗位员工第一,主管第二　　D.无
2. 当真正遇到抢劫犯时,员工该如何做?（　　）
A.首先要保证生命安全,不要与抢劫犯强硬反抗,而是按照其要求去做
B.无论如何保护门店
C.逃跑
D.拼命保护财产
3. 消防器材放置在某个区域（　　）随意挪动。
A.不能　　B.能　　C.可以暂时　　D.随便
4. 有促销活动的期间,消防器材放置的区域可以（　　）。
A.改作商品促销区域
B.不可以改作商品促销区域
C.根据供应商交的费用来决定
D.随便

二、案例阅读与分析

案例一

郑州德化街是有着百年历史的地下商业步行街,是郑州的城市名片,在2021年7月20日郑州特大暴雨中的表现可圈可点。德化街管理层根据7月19日天气预报有大暴雨的提示,当晚开始全员准备防汛物资。7月20日上午,开始对危险路口封堵,并要求商户闭店,消费者撤离,还逐户确认是否清场。尽管已将危险口部沙袋垒到两米,但由于周边商场附近路面塌方,其防护设施被冲垮,产生积水倒灌,整个负二层全部被淹,负一层最深处水位3米左右。之后,德化街全体员工,在当地政府、各地救援队、部分商户的强力支援下,齐心协力度过了灾难,没有任何伤亡。假如7月20日上午该企业没有及时通知商户和消费者撤离,作为地下两层共4万多平方米的商场,会有多少人出现生命危险?

案例思考题:2021年以来,全球范围极端天气越来越多,多地出现水灾。作为门店的管理者,该如何应对可能出现的水灾?

案例二

梁先生6年前在大润发超市里偷了150元钱的东西被抓了,超市私自罚了梁先生被偷的150元钱东西的10倍金额,也就是1500元钱,作为交换条件,超市不报警,这事儿就过去了。过了6年,梁先生不服气,在大润发公开致歉后,他发声要求大润发超市返还1500元钱罚款,并赔偿其损失及精神损失费。梁先生的理由之一是:"我看人家拿,我就拿了,知道吧?""他们那儿管理不好,懂吗?他拿,我也拿吧。"

2019年8月,江苏一大润发超市原工作人员爆料——大润发抓住小偷后有自己的一套"独特"处理手段:发现小偷后不会提醒他,也不会报警,而是等小偷出门后再将其抓回。随后,会以通知家属单位来威胁小偷……

现任门店总经理余先生表示,从2008年宿迁宿城区大润发超市开业至今,每年因遭遇偷盗而损失的商品,价值都在百万元以上,抓获小偷后,采取私自处罚的方式,也是为了弥补超市的经济损失,属于无奈之举。宿迁市宿城区大润发超市经理余长宁说:"作为(大润发)负责人,我代表超市,对咱们的顾客,广大的网友,还有我们的电视观众,表示深深的歉意。"

案例思考题:大家应如何看待这个问题?

案例三

2016年6月,北京市丰台区马家堡某超市的收银员在给一位顾客结账时,发现顾客所出示的购物卡卡号曾经使用过,但是由于卡里确实有钱,就先给顾客结了账。事后,收银员又对这张面值1000元的购物卡进行查询,确认这是一张用过的卡。

一般情况下,超市发行的购物卡都是一次性的,消费完卡作废,超市不会对旧卡再次充值使用。发现不对后,超市分店将此情况上报到了总公司。经过一番查找核对,总公司最终发现,这张购物卡通过公司的电脑系统进行过再次充值,此外还有6000多张卡涉及被重复充值,其中最多的被重复充值十余次,而且有人利用这些卡在全市各超市店内进行过大量消费。随后,该公司立刻报警。

丰台公安分局受理此案件后,马上展开调查。通过当天的监控录像,警方锁定了使用购物卡消费的顾客,发现该人正是在总公司曾经工作过的员工赵某。据赵某供述,前同事文某在超市工作时,主要负责超市的计算机系统管理,后来到了另一家小超市工作后,还是负责计算机系统管理。一次偶然发现,文某将一张曾经使用过的面值300元的购物卡进行了充值,充值成功后,拿着这张卡顺利地到超市进行消费。一天,文某找到他,并告诉他上述事情,称这样做可以"快速致富"。但文某所在的超市太小,经常消费势必会留下隐患,便马上找到赵某,密谋"干一票更大的"。要实现计划,就必须侵入大型超市的计算机系统,但两个人都已从大型超市辞职,很难下手。赵某想到,曾经的同事韩某有大型超市计算机主机房间的钥匙,便找来韩某,并告诉韩某他们的计划。按照计划,韩某负责打开超市计算机主机,文某通过远程操控完成后续工作,韩某每个月可以得到5万元的报酬。

就此,购物卡可以反复充值了,但是如何将从超市买出来的物品变现也是个问题。于是,赵某找到了他的另一个朋友麻某,麻某提出了一套让"生意"高效顺畅的流程:因为老卡反复使用容易被系统发现,便由麻某和赵某每周固定提供购物卡新卡号,文某负责在后台进行充值,充好钱后,麻某和赵某一同到大型超市的各个分店进行购物消费,然后再由麻某联系买家将货品变现,最后麻某、赵某、文某再对所获现金进行分赃。

每次去超市消费时,文某等人都会挑选一些大件,其中,苹果手机和高档白酒是他们的首选。最多的一次,麻某曾在海淀区花园路的一个超市内一次性购买了50箱茅台酒,一箱茅台酒的价值在5000元左右,他们再以4000元至4500元的价格卖出,一次获利至少20万元。

为了安全起见,他们不会固定在一个超市进行消费,也不会在短期之内反复作案。2015年5月至2016年6月,文某等人通过非法手段充值购物卡金额累计达4000万元。而利用所获得的赃款,麻某和赵某在朝阳某小区买了两套50平方米的一居室,房内还有各种豪华电器。锁定嫌疑人后,警方在决定抓捕嫌疑人的同时,另外一组警员负责联系银行,立即对嫌疑人的所有账户资金进行冻结。文某的涉案金额在这几个人中最多,而且他把大量的钱都转到了其亲属的名下,这些钱款也一并被暂时冻结。

案例思考题:此案例给门店防损带来哪些启发?

三、简答题

1. 门店安全管理内容是什么?
2. 门店安全事故管理种类有哪些?
3. 商品损耗产生的原因是什么?
4. 如何进行员工盗窃控制?

项目十一

门店顾客服务管理

职业能力目标

- 了解什么是顾客服务；
- 掌握顾客服务的内容；
- 掌握顾客投诉处理方法。

学习任务导图

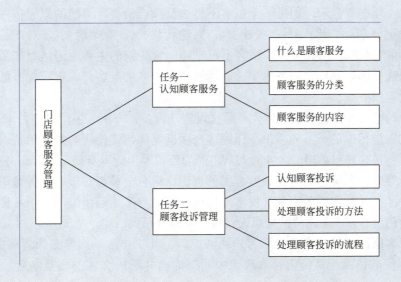

任务一　认知顾客服务

门店实践情景

> 胖东来超市收到一位顾客留言，内容为：咱店一楼的糖葫芦外边那一层裹着的糖特别好吃，我和家人特别喜欢吃，但因家住得太远，想自己尝试做一下，可怎么做都做不好，您能不能告诉我糖和水的比例和火候的分配。十分感谢！
>
> 回复内容：
>
> 尊敬的顾客您好：
>
> 1. 非常感谢您的留言，由于您未留下联系方式，我们无法第一时间与您联系，方便时请留下您的联系电话，以便我们与您及时详细地沟通或安排专人上门给予指导。
>
> 2. 针对您咨询的糖葫芦裹糖问题可以分为两个步骤：
>
> （1）白糖和水的比例是2∶1，洗净铁锅，倒入清水等到烧开沸腾后，观察水的变化，要由大泡转到小泡；
>
> （2）加入白糖，用筷子顺时针搅拌直到白糖全部融化，转入小火熬糖浆，不再搅拌，避免翻砂，然后盖上锅盖，等看到糖泡开始由大泡转变成小泡且细小密集，琥珀色即可，及时趁热裹浆，裹浆后摆到抹油后的砧板台面上（抹油防止粘贴台面），自然晾凉即可食用，再次感谢您的留言，希望能够帮到您。
>
> 3. 如您有需要咨询或帮助的地方可直接拨打我们的生活广场超市值班店长电话：152****0585，祝您生活愉快！

思考与启示：胖东来的回复，你认为合适吗？这样回复对门店有什么影响？

一、什么是顾客服务

一项调查显示，如果一个顾客不再去某商店消费，可能的原因按占比的大小，从小到大排列分别是：死亡1%、搬迁3%、兴趣转移5%、竞争者9%、对产品不满意14%、对服务不满意68%。由此可知，顾客不再光顾一家店铺的主要原因是对产品和服务不满意。如果门店能够提高顾客服务水平，就能够留住更多的老客户，进而提高经营业绩。那么什么是顾客服务呢？

顾客服务是指门店服务人员通过设施、设备、方法、手段等途径来满足顾客（消费者）在购物过程中的一系列需求，让顾客产生满足感，促使顾客最终消费。这里的门店服务人员也包括客户服务岗位之外的人员，因为连锁零售业本身就是一个服务行业，收银、理货、收货等多种岗位都需要提高顾客服务意识，只有全员都有顾客服务意识并落实在实际行动中，才能使顾客服务质量有根本性提高，但是鉴于篇幅所限，本项目讲述的顾客服务主要是指门店客户服务岗位的专职人员所从事的一系列活动。

客服岗位是门店的专职客户服务部门，其工作活动内容必须遵循一定的标准和流程，这个标准和流程是门店管理政策中明确提出并形成文件的规章制度。当然，顾客服务无处不在，除了有形的规定，也有无形的内容。比如胖东来的收银人员就有这样一个案例："妮，你看要不先把我刚买的香皂退了吧！"一位憨厚朴实的阿姨脸上挂着些许尴尬，她把一块儿"索芙特香皂"放在了桌上。"姨，不想要的话我给您办理退货，没事儿，别不好意思，不满意就退货是我们的服务宗旨。"在给阿姨办理退货的过程中，收银员和阿姨闲聊了几句，了解到阿姨退货的真实原因——阿姨今天进城带的钱少，在店里看到香皂时才想起来家里没有香皂了，就捎了一块儿回去，可到公交车上买票的时候发现口袋里只剩下九毛钱了，因为少了一角钱没办法乘车，只好回来把这块儿香皂退了。了解了这些情况后，收银员忙拿出一元钱递到阿姨手中，说："姨，香皂您还留着用，车票钱我帮您。"阿姨出乎意料地盯着收银员看了好一会儿，惊讶地说："这样啊，那你给我一毛就行了……"。阿姨接过收银员手中的一元钱后，坚持把那九毛钱给收银员，并喃喃自语："胖东来的服务真好，胖东来的人也好，就是跟其他地方不一样。"听着阿姨由衷的夸赞，收银员打心里高兴、自豪。阿姨去乘车前，满脸堆笑地对收银员说："妮，就冲你帮我的这一毛钱的忙，以后俺家就是缺个油盐酱醋我也来胖东来买！"

这一毛钱对胖东来而言太微不足道了，但也因为这小小的"一毛钱"赢得了顾客对胖东来的信任和夸奖，让胖东来的亲情服务体现得如此美丽……

从这个案例我们可以看出重视无形服务的重要性。公司的文件与政策对员工行为思想的规范是有限的，但是顾客的数量和服务却是无限的，这就需要员工真正将顾客服务记在心中并付诸行动，才能真正赢得顾客。

二、顾客服务的分类

顾客服务的目标是顾客的需求，而顾客在购物的不同阶段会有不同的需求，因此我们根据顾客购物的不同阶段，将顾客服务分为售前服务、售中服务、售后服务。

（一）售前服务

顾客来到卖场，会边走边看各种商品，这时候也会受到卖场环境、商品陈列、促销信息、商品种类等多种因素影响。卖场此时的服务就体现在这些方面，如果这些方面做好了就能刺激顾客多购物，如果做得不好就不能产生刺激作用。

（二）售中服务

当顾客看到某些商品，有购买兴趣的时候，相关卖场人员必须服务到位。比如，顾客就某个商品向卖场销售人员询问、顾客询问某类商品的促销信息、顾客拿起某个商品仔细查看，这些都表明顾客对此类商品产生了购买兴趣，卖场销售人员要及时、准确、科学地回答顾客，以促进销售。

（三）售后服务

当顾客买完单，将商品带回家，在使用商品过程中出了问题，可能会回到门店寻求解决或者可能会打电话到客服部沟通解决，这时候客服人员要严格遵循客户服务流程进行客户服务，为顾客的问题提供力所能及的解决方案，尽快帮顾客解除售后困扰。

三、顾客服务的内容

顾客服务是连锁零售业经营中的重要环节，而且由于服务行业的性质，对顾客服务的提供不仅仅是客服人员的工作，更是所有员工的工作。前面一些学习项目比如收银管理，已经谈到过收银人员的顾客服务，因此本项目不再赘述，只谈一些重要的其他学习项目没有谈到的顾客服务。

（一）存包服务

在国内一些大型超市，由于防盗系统功能完善，顾客可以带着自己的随身包包进入超市，但是一些在其他地方购买的商品则不能带入，必须存放在卖场外面的存包处。而一些超市如果自身的防盗系统不完善，则要求顾客进入卖场前如果带有包包，要把它储存起来，只拿钱包进入卖场。顾客存包有人工存包和自动存包两种服务。

1. 人工存包

人工存包是指顾客在指定存包区域将包交给工作人员，工作人员给顾客一个存包牌，顾客购物结束凭牌领回自己的包包。人工存包需要一包两牌，一个交给顾客，一个系于顾客包包上。此时，顾客与超市工作人员是有一个面对面的接触交流的，存包人员在接收和返还顾客包包时要认真尽职、一视同仁、准确核对号码牌，不可以不经允许翻动顾客包包。存包的环境也要干净、卫生、整洁，让顾客感到愉悦。

由于顾客随身带着包牌，一部分顾客可能会把存包牌丢失。如果丢失，顾客应及时与客服前台联系并办理挂失手续，由顾客填写《存包牌遗失登记表》，注明包包信息及包内物品信息。客服人员根据信息进行验证，帮客人找到包包，并在顾客在场的情况下打开包包验证，如果包内信息一致，请客人签字领走包包并留下联系电话。晚班存包柜工作人员则应仔细核对发出的存包牌是否全部收回，检查存包柜内是否有物品，若有物品，应在《顾客过夜包登记表》上进行登记。如果顾客在规定期限内到服务台领取包包，则应在核对信息无误后返还顾客，如果超过规定期限无人领取，服务台将自行处理，同时将该柜的存包牌号码作废，并设置新号。

2. 自动存包

自动存包是指顾客在存包柜前自助进行存包。包包存好后，顾客会拿到一个小票，顾客在超市购物要随身携带钱包和小票，等顾客购物结束后拿着小票到存包柜扫描打开自己的存包柜，把自己的包包取走。自动存包要求存包柜系统能正常运行，使顾客操作起来简单顺畅。自动存包柜中途不能开门。如果顾客将小票遗失，要到前台寻求帮助，前台在耐心询问顾客关于存放物品信息和存包柜信息后用钥匙打开柜子帮顾客取回包包。如果顾客不能说出存放物品信息，则需要客服人员反复多次开柜，这时候工作量较大，顾客需要较多的等待时间。如果出现顾客在拿小票取包时发现物品丢失，则应先让顾客填写顾客投诉单，并帮助顾客报警。

（二）退换货服务

顾客持销售小票或者微信等购物信息，在规定期限内到服务台办理退换货。退换货服务人员要询问顾客购物信息，以及核对商品是否符合退换货标准。如果不符合退换货标准，要礼貌谢绝顾客退换货。如果符合退换货标准，则客服人员需要填写《顾客退换货单》一式三份（一份转交财务，一份转交顾客，一份转交商品部）。《顾客退换货单》必须按流水号使用，不能跳号；丢失退换货单将受到违规处罚；《顾客退换货单》每天汇总一次。

1. 退货程序

客服人员根据小票上显示的付款方式，在《顾客退货单》上标注是现金购物还是银行卡或者微信或者支付宝购物，同时标注小票流水号。如果顾客没有小票又是会员，则可以通过查询会员卡上信息来获得购物信息。退货金额在一定标准（通常为500元以下）以下的，由客服部主管签字后办理退货手续；退货金额在一定标准以上的，由客服部经理签字后，方可办理退货手续。客服人员要将小票上的该商品信息剪下，粘贴在退货单的第二联；顾客持《顾客退货单》第二联到指定收银台领取现金。收银员收取退货单据后，收银主管打印相应金额的负票，粘贴在第二联《顾客退货单》上，并于下班时与营业款一起上交现金办。客服部填写《顾客退货单汇总表》一式两联，将第一联《顾客退货单汇总表》与相应的《顾客退货单》核对后，于下班时上交现金办，第二联留存。

也有的超市在核对顾客付款方式，并确认商品符合退货标准后，会直接在前台办理退款，不用顾客拿单奔波。

2．换货程序

客服人员填写《顾客换货单》一式三份，并将小票上的该商品剪下，粘贴在换货单的第二联，同时将《顾客换货单》第二份交予顾客，顾客凭换货单去换货。

顾客拿到换货商品凭《顾客换货单》到收银台结账，如果新商品价格超出原商品价格，则由顾客补齐超出额，并在新打印的小票上标注换货。收银员收到换货单后，收银主管应打印相应金额的负票，粘贴在第二份《顾客换货单》上，并在下班后与营业款一起上交现金办。条码不同的商品，退换货都有负票。

客服部填写《顾客换货单汇总表》一式两份，将第一份《顾客换货单汇总表》与相应的《顾客换货单》核对，下班后上交现金办，第二份留存。

（三）手推车管理

（1）遵守公司规定，按时将顾客用完的手推车收集、整理排列于规定区域，方便顾客使用。

（2）防止手推车及购物篮被破坏、丢失。

（3）至少每周准确盘点手推车数量，并与上期比较差距，汇报给主管。

（4）保证手推车卫生状况，及时冲洗、消毒。

（5）如果发现手推车有损害迹象，及时报修。

（6）其他部门如果借用手推车要按时归还，如果长期借用，要写书面借条，归还时取回借条。

（四）赠品管理

（1）厂商根据门店促销计划送来赠品后，收货部与客服部共同点收，存放进赠品仓库，填写"赠品货单"记入赠品账本。

（2）实施促销计划时，部门主管批准后，客服人员填写领料单，去仓库领出赠品，并做领出登记。

（3）赠品的发放一般有三种形式：与商品捆绑销售、厂商派人驻点派发、服务台专人派发。如果采用后两种形式，顾客持购物小票到赠品领取区领取，并做领取记录，服务台人员在小票上标注赠品已领取。

（4）贵重赠品每天盘点一次，掌握赠品数量质量情况，是否按计划派发。其余赠品一月或者按门店规定时间盘点一次。发放赠品必须有登记记录。

（5）客服主管每天对前一天销售与赠品派发数量进行核对，如果发现问题，应及时查明原因。

（6）对长时间存放且不再派发的赠品，客服部要通知商品部主管处理，填写《存货更正单》，否则由客服部自己决定处理。对已经变质或破损的赠品，需要填写《报废单》，经部门经理批准后报废处理。

（五）发票的开具管理

顾客购物后一个月内，可以凭小票到前台开具发票。客服部的发票，要有专人负责领取与开具。开具发票要根据购物小票如实填写内容。开票时，需要开票人签名，按照发票书写要求规范书写，不能跳页、虚开发票。

（六）播报中心管理

播报中心主要负责卖场内开始营业、结束营业、营业期间的音乐播放，主要播报内容是促销信息、紧急情况播报、安全事件提醒、帮助顾客或部门寻人等。如果播报的不是常规内容，需要经过部门主管批准后才能播报。

（七）电话接听管理

客服部电话是对外公布的，有些没有来到卖场的顾客可能需要通过电话询问一些商品信息或促销信息，有些顾客可能不清楚门店的位置而打电话询问。不管什么内容的电话，接听电话的员工都要礼貌相待，多用一些礼貌用语，例如"请讲""谢谢""对不起""请稍等""让您久等了""您好，我们是××超市，有什么可以帮到您"。接电话的同时，手边准备便签纸，方便将重要的通话信息准确记录下来。

（八）顾客咨询管理

门店每天都有各种各样的顾客，有些顾客可能有事情需要到客服台当面询问，客服台应礼貌相待，不能漫不经心或者心不在焉。例如，突然下大雨了，顾客来询问服务台有没有备用伞，客服人员应该按照公司相关的管理规定给予回答或者帮助。

（九）遗失物品处理

顾客或员工拾获物品，请他将拾获物品的名称填入《顾客遗忘物品记录单》。拾获的物品如果是生鲜商品，应暂时放在冷藏（冷冻）库保存一天；拾获干货及日用食品暂留两天。拾获物品如超过前述之保留天数，仍未有人前来领取时，则先放回现场销售，直至一个月后将其销案。若有顾客在超市内拾获现金、有价证券，以及贵重的物品时，应在登记后立即存放到特定的地方保管（如金库），并向上级主管报备，若24小时内仍无人认领则转报公安机关。主管应注意，避免超市员工私自收藏拾获的物品、现金，或串通熟人假冒顾客前来领取。遗忘物品处理应统一在服务台作业。若有人领取遗失物品时，应与《顾客遗忘物品记录单》核对，如核对无误即如数奉还，并请领取者签名以便备案。

若有顾客前来寻报物品遗失时，应请顾客详细描述遗失物品的内容。如果没有找到，应先登记在《顾客遗忘物品记录单》上，并留下失主的电话及地址，待有人拾获时，再尽快通知失主前来认领，如数天后仍无人送回亦应通知失主。当顾客有未带走的物品、未领回的寄存物品，必须登记在《顾客遗忘物品记录单》上，以备顾客前来拿取。

职业知识拓展

　　胖东来超市内，有一天，报警器响了，原来是一位中年妇女在店里"拿"了一块肉。当保安询问她时，她惊慌地开口说："我把东西掏出来给你。"说完就从裤兜里往外掏，掏出后妇女要走，被保安拉住，保安想教育一下让她下次别拿了。她认为保安要报警，更加慌乱了。她说以后坚决不这样做了，千万不要让她儿子知道，在儿子心目中，她是他的骄傲，她拿肉只是想让儿子吃得好一点，儿子已经好长时间没有吃肉了，现在还有重病。听到她这样说，大家对她的家庭产生了好奇，保安就对她说："大姐，如果你有什么困难可以告诉我们，我们可以帮助你。"她听完并没说什么，而是低着头抽泣起来。保安也不再多问，到收银台付了账，把这块肉送给了这位大姐。她满脸惊愕地愣在那里，是什么逼迫着这位可敬而无助的妇女非得在母性与德性之间做一个选择呢？店长知道后，就去买了一箱火腿肠和一大块牛肉送给这位大姐。她哭着说如果儿子知道了她这么做，肯定不会吃的，她说什么也不要。大家说："赶快收下吧，孩子等着你回去呢。"她说："我会永远记住胖东来人，谢谢你们，你们不但没有罚我，反而还帮我！"

 职业知识思考

从这个案例中，你发现胖东来顾客服务管理有什么特点？

任务二　顾客投诉管理

门店实践情景

> 天气转凉，前几天小李和同事相约一起吃火锅。火锅店生意非常火爆，去得稍稍晚点就没有座位了，他们也是等了好久才等到位置，初一看店里人气很旺，坐下一看菜单才知道原来价格非常实惠，算是找到了生意好的原因。品尝起来味道马马虎虎过得去，席间与同事边吃边聊的感觉还好，可吃了一大半，却竟然吃到一份鹌鹑蛋有异味，于是找了刚刚点菜的服务员说明情况，并要求退换一份鹌鹑蛋。服务员立即找到大堂经理过来处理，小伙子首先表示了歉意，并说明需要确认下，于是拿回厨房，过了一会儿出来后，重新给他们上了一份鹌鹑蛋，还换了一份新的锅底，并根据原有锅底里下的菜，每样重新送了一份。这时小李和同事倒是有点感觉自己占了很大便宜，于是这起投诉事件圆满结束，小李和同事完全没有计较，回到了最初吃饭的心情。
>
> 不过大堂经理还时不时地关注着他们，问处理意见如何、问还有无其他问题等，直到他们最后吃完买单走人，大堂经理还非常热情地一边道歉一边送他们到门口。

思考与启示：初看这个案例仿佛也很平常，并无特别之处，但仔细分析起来，便可看出大堂经理是一个处理投诉的高手，请写出其处理投诉的思路。

一、认知顾客投诉

据调查统计：公司一般每年平均流失10%的老顾客；一个公司如果将其顾客流失率降低5%，其利润就可能增加25%～45%。据权威机构调查统计：

（1）顾客不满意，也不投诉，但还继续购买你商品的有9%，而91%的顾客不会再回来；

（2）投诉过但没有得到解决，还继续购买你商品的顾客有19%，而81%的顾客不会再回来；

（3）投诉过但得到解决，会有54%的顾客继续购买你的商品，而有46%的顾客不会回来；

（4）投诉后迅速得到解决，会有82%的顾客继续购买你的商品，只有18%的顾客不会回来。

顾客销声匿迹是件可怕的事情。沉默的顾客也是最危险的顾客。如果你想保住你的顾客，就应该让他们积极地投诉。这些抱怨的顾客也许就是你最大的财富。因为，从顾客投诉中我们可以进一步了解顾客的需求，为当前以及以后的客户服务工作找到更恰当的服务点，从而完善企业的管理。否则，顾客不声不响消失了，以后不再来门店消费，甚至联合亲友都不来门店消费，才是门店的重大损失。

那么面对顾客投诉，门店该怎么做呢？门店要想把功夫用在刀刃上，就需要先了解顾客投诉的分类，从而对症下药地去处理才能有效。下面，我们先看看顾客投诉的分类。

（一）对商品的投诉

连锁零售业门店内的商品绝大部分都是老百姓日常生活中的常见商品，由于经常购买，老百姓对这些商品价格很熟悉，一旦有哪些商品价格偏高，顾客马上就能感觉到，并抱怨商品价格高。

为了使商品质量看上去更好，许多门店采用增加商品包装的方式，密封包装后往往会使商品看起来更加高大上，例如生鲜蔬菜，但是包装后的蔬菜如果不注意温度等的控制管理，又极容易损坏。而且，商品包装后，顾客不能直接接触到商品，只能隔着包装看外观，但是买回去使用才会发现商品坏掉了，这就会引起顾客更大的气愤，进而去投诉商品质量问题。例如生鲜商品中的包装板栗、包装黄瓜、包装百合，就很容易损坏，笔者就曾经买到多次，后来索性不再购买。

有时候顾客在卖场购物，由于匆忙并没有仔细看商品的保质期，结果回到家里使用商品才发现是过期商品，这会引起顾客对商品保质期的投诉。

超市的促销是月月有周周有。有些顾客特别细心，会留意促销海报等到促销日去大量购物，但是，这时候门店可能由于工作量太大，货架上商品的价格与顾客手中促销海报上的价格并不一样，顾客就会因此产生质疑，甚至会感觉受到欺骗，从而产生促销价格与货架价格不一致的投诉。或者顾客拿着促销海报去购物，结果发现价格实惠的商品没有了，就会对门店缺货进行投诉。

（二）对服务的抱怨

承诺的服务项目在实施过程中打折扣。张燕某天上午在某大型超市购物，看到卖场横幅上写着满168元送货上门。最后，张燕买了300多元的商品，到前台询问送货，前台答复说要等到下午才能送货，现在没有人。张燕很郁闷，因为她购买的商品里面有速冻水饺、酸奶等，不能放到下午。因此，张燕觉得卖场内的横幅很不妥当，承诺的服务大打折扣，对超市意见很大。从这个案例中我们可以看到，超市提出的服务承诺没有使顾客满意。

卖场员工对顾客要求不重视，服务态度不积极。小李有次要在超市买一把伞，她看中的伞挂得太高了，无法拿到，于是问卖场员工能不能帮她拿下来，卖场员工说："你看看其他伞呗，都差不多。"小李表示其他的不想看。卖场员工说："如果我拿下来，你又不买怎么办？"小李表示她还没有看到伞的具体情况，所以很难说一定就要买。最后，卖场员工很不情愿地把伞取了下来。虽然小李最后买了这把伞，但是小李并不开心，并且对该卖场的服务产生了不好的印象。

收银错误，导致顾客多付款。小陶家附近有一个大型超市，由于经常去买东西，她很少亲自核查收银小票，觉得电脑算的不会错。有次，她无意间算了一下，结果发现自己被多收了二十多元！她找服务台解决，服务台退了二十多元给她。但是，她因为这个事情突然觉得自己这么久以来一直在这家超市买东西，不知道以前亏了多少呢！因此，她以后在该超市消费就比较小心，而且对超市的信任感大大降低了。

超市员工的专业知识欠缺也会导致顾客的不满。乐乐是北方人，在广州工作，有次乐乐去超市买菜，发现有种菜自己见得少，就问超市工作人员："这个菜是什么菜，是不是应季蔬菜？"结果问了两三个人，都不知道这个菜是不是应季蔬菜。乐乐特别意外，因为她认为这是超市员工应该知道的业务知识，但是却不止一个人不知道，因此，她对该超市的服务管理水平产生了不良印象。

（三）对环境的投诉

卖场内地面湿滑，容易引起顾客滑倒，导致顾客对地面环境的投诉。卖场内空气不清新，容易引起顾客不适，导致顾客对空气环境的投诉。卖场内通道不顺畅，有空纸箱类杂物阻挡，导致顾客对通道不畅的投诉。卖场内音乐声音太大，导致超市周边常住居民的投诉。仓库管理中，清洁不彻底，门口卫生问题不断，导致顾客投诉。

二、处理顾客投诉的方法

"顾客就是上帝"的观点早已深入人心，但是真正能够把顾客服务做好的企业却并不多，这说明顾客服务管理工作还有很多地方需要改善。要改善顾客服务管理，有效处理顾客投诉是一个绝好的途径。有效处理顾客投诉首先要有章可循，也就是企业要有一套正式的顾客投诉处理流程，客服人员处理客户投诉能够依照此流程有效处理。同时，对顾客投诉一定要及时、分清责任处理，最后还要保留顾客投诉事件记录，为以后改善管理提供事实依据。在遵循这些原则的前提下处理顾客投诉，就能够更有效地解决问题。处理顾客投诉的具体方式如下。

（一）电话投诉的处理

顾客由于某些原因，没有到现场投诉，而是采用电话投诉。在处理电话投诉过程中，首先要耐心倾听顾客投诉的原因以及诉求是什么，并将关键点以及顾客联系电话记录下来，在电话即将结束时可以把记录念给对方听以便和对方确认自己的记录准确。如果客服人员可以在电话中立即解决就立即解决，如果不能在电话中立即解决就要请顾客电话之后稍作等待，有解决方案会马上通知对方。然后将电话录音和投诉记录存档，并立即找相关人员看什么时间能给顾客解决方案。一旦有解决方案，应立即告知顾客。

（二）书信投诉的处理

客服部在收到顾客的书信投诉后，首先应该仔细阅读书信内容，了解事情的发生过程以及顾客的诉求，如果诉求是客服人员当场可以解决的就当场回复邮件或信件给予解决，如果是不能当场解决的也应该立刻回复对方已经收到投诉会立刻解决，希望顾客稍稍等待。然后应该将信件转交主管，请主管决定如何处理。在汇报及等待处理方案的过程中，也可以保持与顾客的通信联系。让顾客感受到自己的诉求受到重视，并让顾客理解事情的处理需要时间。

（三）当面投诉的处理

如果遇到顾客在服务台当面投诉，可以首先将顾客带到办公室或者人少的地方倾听顾客投诉内容并记录，以免影响其他顾客。在办公室对顾客的诉求要耐心倾听和分析，请顾客在顾客记录单上签字确认，中途不能离开顾客，否则顾客会有被扔在一边的不良感受。同时按照企业投诉处理流程，如果是客服权限范围内可以解决的就立即解决，如果不能立即解决就根据公司规定处理流程进行。当面投诉如果当时有解决方案，就当时告诉顾客，当时没有解决方案也要告知顾客具体什么时间能解决。当面投诉由于和顾客面对面接触，有些顾客由于消费了商品又出现问题，可能内心会有委屈而产生情绪，甚至对客服人员态度非常不好、言语比较激烈，此时客服人员千万不可也使用激烈对抗言语，而应该采用冷静、理性、礼貌的态度应对，站在顾客的角度理解顾客的心情。

（四）消费者协会转移来的投诉的处理

有些顾客认为通过消费者协会来投诉，也许超市会更加重视。有些顾客对之前的投诉处理不满意，而找消费者协会投诉。总之，通过消费者协会转移来的投诉，客服部应该遵守消费者协会的相关管理法规，严格按照企业投诉处理流程处理，并在处理结束后与消费者协会联系沟通，让消费者协会了解企业对事情的处理过程。

三、处理顾客投诉的流程

（一）热情负责任的良好态度

热情负责任的良好服务态度是一剂良药，能够化解顾客的怨气和愤怒，能够使投诉人更为理性地面对问题，能够让顾客感受到门店员工的高素质。相反，如果面对顾客投诉态度很差，会激化矛盾，使问题的解决难度增大，也会给顾客留下门店员工素质低的坏印象。所以，无论顾客多么情绪激动、言辞激烈甚至愤怒责怪，门店员工接待顾客时都不能表现出被激怒的状态，而是要保持热情负责任的良好态度。

（二）有效倾听，准确记录

为了能使投诉解决更顺利，客服人员可以在接待顾客过程中有意识地引导顾客，例如引导顾客把怨言吐露出来，然后认真专注地关照顾客情绪，同时准确记录关键信息，让顾客感受到你在认真地对待这件事情。与顾客交流要保持礼貌，比如在记录后为了保证准确性可以说："很抱歉，刚才我记录了您的想法，现在可以和您核对一下吗？"或者有些地方没有弄清楚，也可以礼貌地请对方再重点说明一下。

（三）运用同理心，理解顾客的心情，主动道歉

在听完顾客的陈述后，客服人员可以说："谢谢您对我们的信任，您刚才的事情如果发生在我身上，我也会愤怒，所以，我很抱歉，也很理解您的心情。您能来此反馈意见，表示您对我们门店的重视与信任，我感谢您的信任，我们会尽快解决。"这样的同理心，容易使顾客更快调整不良情绪，有利于事情的解决。

（四）尽快提供解决方案

每一位投诉的顾客都希望自己的问题能快速得到解决。所以，如果顾客投诉的问题在客服人员能够解决的权限内，客服人员可以当场解决，如果不在客服人员解决范围内，客服人员要尽快找相关主管领导汇报，并告诉顾客解决问题的具体时间。

（五）实施解决方案

一旦制定了解决方案，就应该尽快执行，尽快告知顾客实施解决方案。

（六）投诉事件回顾分析

每一件顾客投诉事件，都必须有记录，在解决问题之后，客服部要对事件进行回顾，进一步分析问题产生的原因，以便为以后的工作提供参考。同时，也要把投诉事件与员工分享，让员工及时了解问题产生的原因与解决方案，这样对员工改进工作会大有帮助。

职业知识拓展

　　胖东来的一个主管曾经遇到这样一件事。该员工叫新伟,让他印象最深的就是一个大叔,年龄有六十多岁,身体很硬朗,脾气也很倔,因为年龄大了,耳朵有点背,眼睛也花了,但是为了看书,急切地需要一台台灯,于是来到电器城。经过营业员的介绍后,购买了一台台灯,过了两天就气冲冲地来了,攥着营业员的衣领就说:"你卖给我的台灯是坏的!灯光打在书上,总是有一个阴影,你要给我退掉!我不要了!你要是不给我退,我可是要打你的!"说着攥着衣领的手抓得更紧了,眼看大叔要动手,其他员工叫来了新伟。经过了解,他知道了事情的来龙去脉。新伟说道:"叔你放心,这件事我一定给你解决好,你先把手放开,咱们坐下来慢慢说,别生气。"大叔还是不愿意放开手,考虑到大叔是第一次来胖东来购买商品,不了解胖东来的理念,他害怕一放开手对方走了,自己眼睛花了不好找。新伟说:"叔你放心,你抓住我的领子,我是这个区的负责人,这个事我给你解决,咱俩一起去家里看看到底咋回事。"大叔说道:"你跟我回去看看,是不是坏的。"说着硬是抓住新伟的领子,一直到他的电动车跟前,他怕新伟半路跳车走,说让新伟的手放在他后背,他骑车的时候一直靠着新伟的手。到家后,一个大娘开了门,说出了事情的经过,大娘就说:"他是不是又去犯倔了?他就这脾气,别见怪啊,赶紧进来吧。"新伟说:"这是我们的责任,如果商品有问题,那我们肯定会负责到底的。"经过检查,新伟一眼看出了问题所在,台灯上有一根扎带没去掉,因为长途运输的关系,厂家害怕灯管在运输途中掉落丢失或损坏,特意在灯管中间用扎带固定,防止灯管脱落。扎带没去掉,开灯的时候光线被扎带遮挡,中间肯定就会有阴影。新伟上去把扎带去掉之后,让大叔试了试,果然问题解决了。大叔拉着新伟的手,不好意思地说道:"唉,老了老了,脾气也倔,让你大老远跑过来一趟,胖东来的人真好啊,以后买东西就去胖东来了。"事后新伟给大叔留了电话号码,并告诉他,以后需要什么电器直接给他打电话,并说:"您年龄大了,不方便,有什么需要的胖东来直接给您送过来。"大叔执意要留新伟吃饭,新伟婉言拒绝了。

 职业知识思考

新伟为何能成功解决这个棘手的顾客问题?

 课后技能训练

一、选择题

1. 顾客服务是指门店服务人员通过设施、设备、方法、手段等途径来满足(　　)在购物过程中的一系列需求,让顾客产生满足感,促使顾客最终消费。

　　A.消费者　　B.供应商　　C.合作伙伴　　D.员工

2. 突然下大雨了,顾客来询问服务台有没有备用伞,客服人员应该(　　)。

A.不理睬　　B.让顾客自己解决　　C.按照公司这方面的管理规定给予回答或者帮助
D.当作没听见

3. 卖场内地面湿滑，容易引起顾客滑倒，导致顾客对地面环境的投诉。客服人员应该如何做？（　　）

A.责怪顾客不小心　　　　B.立即根据公司规定道歉，帮助顾客解决问题
C.训斥清洁工　　　　　　D.让顾客自己去医院

4. 一旦制定了顾客投诉解决方案，客服人员该怎么做？（　　）

A.尽快执行，尽快告知顾客实施解决方案
B.等顾客来电询问再说
C.等有空再说
D.其他

二、案例阅读与分析

胖东来是从河南许昌起家的一家商贸集团。其创始人于东来只有小学三年级的文化水平。为了生活，他曾经当过工人，卖过冰棍、水果、电影票。26年前，于东来在许昌开始经营几十平方米的糖烟酒小店。本着最朴素的经商做人准则，遵循"用真品，换真心"的顾客承诺，于东来赢得一批忠实顾客，企业也不断发展，如今成了年营业额20亿元的知名企业。目前，胖东来主要在许昌、新乡和北海开设门店。虽然其门店并不是处在中国一线城市，企业的营业额也并不算高，但是其经营很有特色。连锁经营协会对中国零售业的数据分析显示，胖东来的企业人效、坪效在中国民营商业企业排名第一，是零售企业的优秀范例。因此，雷军、马云等其他行业知名企业家都曾到胖东来学习分享经验。2005年，胖东来刚进入新乡市场之际，周围有丹尼斯、世纪联华两大巨头，而沃尔玛当时也在筹备中。几年之后，胖东来挤掉三巨头，在新乡取得良好业绩。总结起来，该企业成功的原因有以下几个方面：

1. 顾客服务细致入微

胖东来的售后，有18项免费服务：免费存车、免费打气、免费提供修车工具、免费存包、免费给手机充电、免费送货、免费维修、免费干洗、免费熨烫、免费锁边、免费修鞋、免费清洗维修首饰等。而且，不管顾客是不是在胖东来消费，都可享受这些服务。

如果顾客需要的商品卖场内没有，可以拨打该公司急购热线。公司会在全国进行信息查询，尽快采购顾客需要的商品，甚至去竞争对手店里购买来满足顾客需要。冬天由于下雪，开车的顾客车上会有积雪，胖东来会有专人帮助顾客清理车上的积雪。

胖东来对幼小儿童设有儿童卫生间，对老人设有长者卫生间、带有休息凳的老人专用款购物车，还有放大镜方便老人查阅商品。如果购物车上的放大镜用起来不方便，老年人经常逛的调料处也有放大镜；在冷冻食品货架边放置着贴心的手套。在楼层电梯出入口，有专职服务人员站立搀扶老人、孩子。

2. 员工掌握专业知识

2008年成立实操标准小组，为各个部门的工作岗位制定了详细的操作手册和视频，主要包含超市部、服饰部、电器部、珠宝部、医药部、餐饮部、时代广场和百货部的136个岗位。胖东来要求所有员工都掌握丰富的商品知识，从原材料生产到使用方法都能为顾客详尽讲述，例如该如何选购微波炉、怎样使用微波炉等。

胖东来商场内部处处都有商品的介绍牌，用专业知识指导人们了解商品的来源、种类、

特性以及正确使用商品的方法。例如食用油冬天和夏天的存放差别，不同食物同时食用可能引起的不良反应，家庭不粘锅的使用与保养等。

3. 充分善待员工

于东来说过："你给你员工吃草，你将迎来一群羊！你给你员工吃肉，你将迎来一群狼！"胖东来从20世纪90年代创业之初，就坚持本企业员工工资比当地平均工资高出近一倍。到年底，所有员工还有年终分红，这笔分红来自公司的净利润再分配。于东来主张把财富分配给员工，一直坚持从公司的净利润中拿出50%对员工进行财富再分配，多赚多分，少赚少分。从2000年开始，于东来决定把公司股份分给员工，现在他只保留了10%的股份。于东来曾经对那些来胖东来取经的企业家说："如果你们不下决心把50%的利润分享给员工，就不要来我这里学习了，学了也白学！"

胖东来每周二关店休息、每年30天假期、不允许员工加班，提供结婚贺金、生育贺金、各种节假日福利；并设有专门的员工电影院、健身房、KTV、茶水间、休息室，可谓应有尽有。

4. 回馈社会

于东来从一开始创业就不忘为国家社会奉献爱心，先后为福利院、希望工程等捐款。2003年"非典"，于东来捐了800万元。2008年汶川地震，于东来捐款捐物近1000万元，并组织公司员工前往灾区参加救援。2020年1月25日，于东来向武汉红十字会捐赠5000万元用于新冠肺炎疫情防控。2021年7月21日，于东来亲自带队前往郑州参与水灾救援。

案例思考题：于东来把企业经营得很好，请思考背后的原因。

三、简答题

1. 什么是顾客服务？
2. 顾客服务内容有哪些？
3. 如何处理顾客电话投诉？
4. 如何处理顾客当面投诉？
5. 处理顾客投诉的流程是什么？

项目十二

门店绩效管理

职业能力目标

- 了解门店经营绩效的内容和概念；
- 掌握门店经营绩效的计算；
- 理解改善门店经营绩效的措施。

学习任务导图

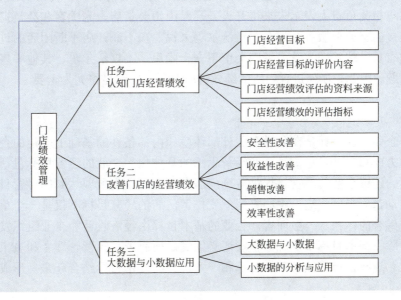

门店绩效管理
- 任务一 认知门店经营绩效
  - 门店经营目标
  - 门店经营目标的评价内容
  - 门店经营绩效评估的资料来源
  - 门店经营绩效的评估指标
- 任务二 改善门店的经营绩效
  - 安全性改善
  - 收益性改善
  - 销售改善
  - 效率性改善
- 任务三 大数据与小数据应用
  - 大数据与小数据
  - 小数据的分析与应用

任务一　认知门店经营绩效

门店实践情景

> 宜家创始人英格瓦·坎普拉德的人生信条是浪费便是罪恶。宜家的雏形是瑞典一个小村庄中的一家门店，如今是家具连锁巨头。这与它最大限度地杜绝浪费密不可分。它在经营中如何做到不浪费呢？宜家的产品供应链做到了端到端。它的一个产品要经过"设计、采购、制造、物流、终端零售"五个环节，每个环节都重视成本的削减。宜家有自己的设计团队，在产品开发设计阶段会根据原材料价格浮动以及代工厂的生产能力选择合适的技术和材料，采用不同的设计方案。在家具制造上，宜家的原材料利用率达到99%。例如衣柜的木板锯下后剩下的小木板可以用作抽屉的原材料。通过设计到生产制造的合作，宜家能够最大限度地避免"浪费的罪恶"。在宜家有一个测算，如果能够节省1%的物流仓储空间，便能够节省600万欧元。例如拉克边桌，宜家通过与多个供应商合作，开发出一个能够把四个桌腿放到桌子里面的包装方式，使得最后的包装体积比原先减小了一半，一辆货车运输一次能够运载原本双倍的货物。同时，随着中国采购量的提升，这个产品从原来波兰进口变成在中国本地生产。这些改变，使产品零售价格在一年间下降了43%，又能节省28万元成本。

思考与启示：一些企业规模做大后，积累了较多资金，企业管理者便会变得盲目膨胀，在营运中产生无节制浪费，你是如何看待这一现象的？

据职业零售网统计，沃尔玛2019年关闭了16家门店，2020年关闭了7家门店。作为零售业的龙头企业，沃尔玛也在不断地根据市场发展情况调整自身的发展路径。这次调整，沃尔玛相关负责人表示未来将开设云仓、山姆会员店，为顾客和会员提供更多线上线下无缝连接的全渠道服务。那么，对沃尔玛来说，在不断开店不断闭店的过程中，必须对门店绩效有科学的管理方法，否则会留下安全隐患。不仅沃尔玛，其他零售企业也同样面临类似问题。因此，如何进行门店的绩效管理对企业实践显得尤为重要。

一、门店经营目标

企业经营目标是在分析企业外部环境和内部条件的基础上确定的企业各个经济活动的发展方向和奋斗目标，是企业经营思想的具体化。企业的经营目标包括长期目标和各阶段目标。连锁企业的经营目标是各个门店在一定时期内所要达到的经营目的。门店的各项经营活动都应当围绕这一中心来组织安排。门店的经营目标不仅是一个单纯的目标，而且是一个综合的体系。一般而言，企业的基本目标由经济收益和企业组织发展两方面的内容构成。除了基本目标本身外，企业还必须满足所有者、经营管理者和员工这三个主体的目标要求。这些目标必须与基本目标相一致，并与基本目标结合起来，形成一个具有内在一致性的目标体系。具体来说，门店主要的经营目标有如下几个。

（一）销售目标

组织商品流通，扩大商品销售，是门店最基本的经营任务。门店在一定时期内商品销售额的大小，一方面反映了连锁企业的经营机制运行是否有效、商业职能发挥是否充分；另一方面也说明了门店求生存、求发展能力的大小。在商业利润率相近的情况下，门店要创造较高的利润，就一定要创造较高的销售额。因此，销售目标（包括销售量和销售额）是门店最基本的经营目标。

（二）商品组合与服务目标

适销对路的商品组合将直接影响到门店的商品销售量。门店经营应适时淘汰滞销品，经常调整商品组合结构。增加适销商品，提高商品组合的广度和深度，就能扩大消费者选择购买的商品范围，从而增加销售额。

同时，周到的门店服务也能够促进商品销售量的增长。对门店来说，提供周到的服务，可以满足消费者对商品之外的需求，既是吸引消费者、扩大销售的一种手段，也是以服务竞争取代价格竞争、创造较高经营收入的重要途径。

（三）经济效益目标

提高经济效益、增加利润是门店经营活动的基本动力。一个企业不仅要生存，而且要发展。发展的前提之一是企业必须有资本积累。连锁企业要获得扩大经营规模的资本条件，主要依赖于其所属各个门店不断地提高经济效益，增加利润。提高经济效益意味着门店要增加销售额，相对降低经营成本，减少资金占用量，加快流动资金周转速度，从而提高资金利润率。

（四）发展目标

企业的经营能否不断取得发展，一方面取决于企业管理体制和经营机制，另一方面也依赖于连锁企业各个门店的经营素质。门店的经营素质指的是门店的员工素质、技术素质和经营管理素质三者综合形成的经营能量。建立健全科学的管理体制和经营机制，不断提高门店的经营质量，使其始终处于良性循环状态，是门店经营管理的一个重要目标。

二、门店经营目标的评价内容

目标评价是在目标实施的基础上，对其成果做出的客观评价活动。目标评价是科学管理连锁企业经营活动的主要方面，是提高门店经营效益的必要手段。对连锁企业门店的经营目标进行评价有利于总体衡量连锁企业的经营状况；为总部进行经营决策提供准确依据；通过严格的管理和经济核算提高企业自身的经营效益。连锁企业门店经营目标的评价包含以下内容。

（一）门店经营目标的实现程度

门店经营目标的实现程度主要包括：数量、质量、时限等。这是目标成果评价的核心内容。评价经营目标的实现程度应注意以下几方面：第一，是计算目标成果的正确性；第二，评价用相对数表示的目标值时，要和绝对数结合起来，才能得到正确的评价；第三，评价定性目标时可采用集体审定和群众评议的方式来进行。

(二)门店内的协作情况

门店内的具体协作情况是保证整体目标实现的重要条件,也是门店经营目标评价的主要内容之一。具体包括:目标分解时规定的协作项目执行情况、承担目标部门或个人向其他部门或个人求援协作情况和主动帮助其他部门或个人协作情况等方面。

(三)门店经营目标完成进度的均衡率

它是连锁企业门店按照预定的计划进度,组织目标实现的一种特性。有了好的均衡性,才能避免前紧后松、时紧时松和搞突击的现象发生。一般连锁企业总部都为门店设立了目标进度均衡率指标,也有门店根据自身情况设置本店均衡率指标。计算公式是:

年度目标进度均衡率=1-(目标实施进度/目标计划进度)×100%。

(四)门店经营目标对策的有效性

评价门店经营目标的有效性是指连锁企业对各个门店和个人在实施目标过程中主动采用的对策措施进行评估。主要包括:经营对策是否符合连锁企业长期战略要求;门店业务管理对策是否符合现代管理方向;门店具体技术对策是否符合技术进步要求;门店劳动组织对策是否科学合理等。

三、门店经营绩效评估的资料来源

(一)门店内外部资料的收集

资料来源于门店日常从内部及外部相关方面所收集的资料。如从门店日常管理部门获取的信息及银行、税务等相关部门所获得的信息资料,对其进行相应的分析。

(二)资产负债表和损益表

门店的经营成果及财务状况,则通过资产负债表及损益表来反映,所以利用这些报表上的数据来评估其经营绩效才是最主要的。

(1)资产负债表是反映企业在某一特定时期所拥有的资产及来源和其求偿权的财务报表,它提供了门店许多重要的信息资料。其基本恒等式为:资产=负债+所有者权益。

(2)资产负债表的格式如表12-1所示。构成资产负债表的主要项目如下。

① 流动资产。指现金及1年内可转成现金的资产。流动资产又可分为变现资产及盘点资产。变现资产是指现金、银行存款、应收账款、应收票据等。盘点资产包括存货、包装材料、用品盘存等。盘点资产是以实地盘点决定总量,再加以评价决定盘点资产的金额。

② 固定资产。指建筑物、车辆运输器具、生产设备等使用年限超过1年,而一定时期内能维持其经济价值的资产。固定资产分为有形固定资产、无形固定资产、投资三项。

③ 递延资产。指已支出费用中,部分不以费用计算而递延于下期的结果,在本期以资产项目处理,如开办费、研究实验费、存入保证金等。

④ 流动负债。包括应付账款、应付票据、未付款、预收款、代收款、短期借款、预收收益等。

⑤ 长期负债。指支付期限在结算日计算超过1年的债务,如长期借款、公司债务等。

⑥ 其他负债。例如存入保证金等。

⑦ 净值。由资产总额扣除负债总额即净值。净值又称自有资本或股东权益，包括股本、资本公积、法定公积、特别公积及未分配盈余。资产负债表如表12-1所示。

表12-1 资产负债表

_____超市股份有限公司资产负债表

年　月　日

资产	金额	%	负债及净值	金额	%
流动资产			流动负债		
现金及银行存款			应付账款		
预付款项			应付票据		
暂付款			应付费用		
应收账款及票据			应付租赁款		
用品盘存			代收款		
存货			短期负债		
预付所得税			长期负债		
固定资产			长期借款		
建筑物			其他负债		
生产设备			存入保证金		
冷冻设备			负债合计		
水电设备			股本		
装潢设备			资本公积		
空调设备			法定公积		
办公设备			特别公积		
运输设备			未分配盈余		
杂项设备					
租赁设备					
关联企业投资					
投资有价证券					
其他资产					
开办费					
存入保证金					
存入保证票据					
资产总额			负债及净值合计		

（3）损益表用以显示某一特定期间的门店营运结果，以收入和费用（成本）来表示。收入和费用之差即为净利润或净损耗。一般来说，显示营运结果的特定期间有月度、季度、半年度及年度。

通过损益表可以考核企业利润计划的完成情况，分析门店的获利能力及利润增减变化的原因，预测其发展趋势。其格式如表12-2所示。

表12-2 损益表

年　月

项目	金额/元	比例/%
销售收入		
销售成本		

续表

项目	金额/元	比例/%
销售毛利		
营业费用		
营业利润		
营业外收入		
租金收入		
利息收入		
其他收入		
营业外支出		
本期净利		

实例：

某门店的损益表

项目	金额/万元	比例/%
销售收入	180	
销售成本	135	
销售毛利	45	25
营业费用	32.7	18.17
租金	10	5.56
员工薪资	12	6.67
水电费	3	1.67
装潢折旧	0.6	0.33
机器设备折旧	2.2	1.22
修理费	0.5	0.28
邮电费	0.2	0.11
盘损	0.9	0.50
税捐	2.3	1.28
杂费	1	0.56
本期净利	12.3	6.83

四、门店经营绩效的评估指标

绩效是指为了实现经营的整体目标及部门的工作目标而必须达到的经营成果。经营绩效是指企业的经济性成果,可以用一定的数量来衡量。门店经营绩效的评估就是将一定时期内门店的经营绩效与上期、同行、预定标准进行比较。门店经营绩效的指标可以分为收益性、安全性、效率性和发展性四个方面。

(一)收益性指标

收益性指标反映经营的获利能力。收益性指标主要评估指标有:营业收入达成率、毛利率、营业费用率、净利额达成率、净利率、总资产报酬率以及所有者权益率等。收益性指标的计算数据大多来自损益表。

(1)营业收入达成率。指连锁企业各个门店的实际营业额与目标营业额的比率。其计算公式为:营业收入达成率=实际营业收入/目标营业收入×100%。

说明:评估门店营业收入达成率的同时还应该评估门店各部门的营业收入达成率。比率越高,表示经营绩效越高;比率越低,表示经营绩效越低。一般来说,营业收入达成率在100%~110%比较理想,如果高于110%或者低于100%都值得反思。大于110%,说明目标制定过低;小于100%,说明没有完成计划。

(2)毛利率。指毛利额与营业额的比率,反映的是连锁企业门店的基本获利能力。其计算公式为:毛利率=毛利额/营业额×100%=(销售收入-销售成本)/营业额×100%。

当经营多种商品时,经营指标为总毛利率(综合毛利率)。其计算公式为:总毛利率=∑(各类商品的毛利率×该类商品的销售比重)。

说明:比率越高,表示获利空间越大;比率越低,表示获利空间越小。国外超市的毛利率为16%~18%,便利店可以达到30%以上。中国超市的毛利率在20%左右,净利润在3%左右。此外,各类商品的毛利率也并不相同,一般来说生鲜的毛利率较高,平均在20%以上,食品、糖果饼干的毛利率较低,平均不到18%,烟酒以及大米的毛利率最低,约为8%。

(3)营业费用率。指连锁企业门店营业费用与营业额的比率,反映的是每一元营业额所包含的营业费用支出。其计算公式为:营业费用率=营业费用/营业收入×100%。

说明:与营运绩效最直接的就是营业费用,指维持运作所耗的资金及成本,一般包括租金、折旧、人事费用、营运费用等。一个高营业额的店,如果费用也高,就会抵消它的利润。

中国连锁经营协会的资料显示,工资、房租、水电费是主要的费用开支,便利店的房租最高占到总费用的30%,占销售的4%,水电费平均占销售的1.2%,占费用总额的20%。总体上,人事费用、租金、水电费、折旧费、管理费是营业费用中占比重最高的费用。

营业费用率比率越高,表示营业费用支出的效率越低;比率越低,表示营业费用支出的效率越高。如果毛利率在16%~18%,则费用率应该控制在14%~16%。对于连锁超市来说,实际上很多门店的营业费用都超过了毛利,主营业务利润为负数。利润的主要来源是通道费用、年终返利和其他收入。

(4)净利额达成率。指连锁企业门店税前实际净利额与税前目标净利额的比率。它反映的是门店的实际获利程度。其计算公式为：净利额达成率＝税前实际净利额/税前目标净利额×100%。

说明：净利额达成率要在100%以上。比率越高，说明目标利润额完成得越好。

（5）净利率。指连锁企业门店税前实际净利与营业额的比率，反映的是门店的实际获利能力。其计算公式为：净利率＝税前净利/营业额×100%。

说明：净利率的参考标准是2%以上。

（6）总资产报酬率。指税后净利润与总资产所得的比率，反映的是总资产的获利能力。其计算公式为：总资产报酬率＝税后净利润/总资产×100%＝税后净利润/[（期初总资产＋期末总资产）/2]×100%。

说明：总资产报酬率表示投入资产产生的报酬率，用来衡量经营者的经营绩效，测量总资产的获利能力。比率越高，表示资本产生的净利越高；比率越低，表示资本产生的净利越低。一般参考标准在20%以上。

（7）所有者权益率。指净利润与所有者权益的比率。其计算公式为：所有者权益率＝净利润/所有者权益×100%。

说明：所有者权益是所有者在企业资产中享有的经济效益，其数额为企业资产总额减去负债后的余额。所有者权益率是反映企业经营效益的重要指标，表示股东投资的收益率。所有者权益率越高，说明股东投资增值越多。

（二）安全性指标

经营的安全性主要是通过财务结构来反映的。评估的主要指标是流动比率、速动比率、负债比率、自有资产比率、固定比率以及人员流动率。安全性指标的数据主要来自资产负债表。

（1）流动比率。指流动资产与流动负债的比率，主要用来测量连锁企业门店的短期偿债能力。其计算公式为：流动比率＝流动资产/流动负债×100%。

说明：流动比率参考标准介于100%～200%，一般为200%以上。比率越高，表示短期偿付能力越强；比率越低，表示短期偿付能力越低。比率太高，则产生闲置资金，影响资金使用效率。

（2）速动比率。指速动资产与流动负债的比率，反映的是门店短期偿债能力的强弱。它是对流动比率的补充，并且比流动比率反映得更加直观可信。其计算公式为：速动比率＝速动资产/流动负债×100%＝（流动资产－存货－预付费用）/流动负债×100%。

说明：速动比率的高低能直接反映企业短期偿债能力的强弱，它是对流动比率的补充，并且比流动比率反映得更加直观可信。如果流动比率较高，但流动资产的流动性却很低，则企业的短期偿债能力仍然不高。在流动资产中，有价证券一般可以立刻在证券市场上出售，转化为现金，应收账款、应收票据、预付账款等项目可以在短时期内变现，而存货、待摊费用等项目变现时间较长，特别是存货很可能发生积压、滞销、残次等情况，其流动性较差。因此流动比率较高的企业，并不一定偿还短期债务的能力很强，而速动比率就避免了这种情况的发生。速动比率一般应保持在100%以上。

一般来说，速动比率与流动比率的比值在1∶1.5左右最为合适。

（3）负债比率。指负债总额与资产总额的比值，即每一元资产中所负担的债务数额。其计算公式为：负债比率＝总负债/总资产×100%。

① 负债总额：指门店承担的各项负债的总和，包括流动负债和长期负债。
② 资产总额：指门店拥有的各项资产的总和，包括流动资产和长期资产。

说明：该指标反映了连锁企业在经营上的进取性，负债比率高说明企业的举债比较多。比率越高，表示负债越高，风险越高；比率越低，表示负债越低，风险越低。负债比率一般小于100%，若大于1说明企业资不抵债。

一般来说，在经营情况好、门店发展稳定的情况下，适当举债有利于连锁企业的开拓经营，增加利润。但如果经营状况不佳，门店经营不稳定的时候，增加负债则会带来巨大的风险。根据财务政策，应该将负债比率维持在50%左右。

（4）自有资产比率。指所有者权益与资产总额的比值，表示连锁企业自有资产占总资产的比值，反映门店长期偿债能力。其计算公式为：自有资产比率=所有者权益/资产总额×100%。

说明：比率越高，表示门店举债数额越少，偿债能力越强。其参考标准在50%以上。

（5）固定比率。指固定资产与所有者权益的比值，反映的是自有资金占固定资产的比重。其计算公式为：固定比率=固定资产/所有者权益×100%。

说明：该指标反映的是自有资金占固定资产的比重。当比率小于100%时，说明连锁企业自有资金雄厚，全部固定资产由自有资金来保证，且还有余。当比率大于100%时，说明部分固定资产是由负债提供的，固定资产很难转化为现金，而负债必须以现金来偿还，因此比率越高，说明连锁企业的固定资产贡献不足，财政结构不合理。固定比率的参考标准是100%以下。

（6）人员流动率。指在一定的时期内，门店员工的流动性数量占固定员工数的比率。其计算公式为：人员流动率=期间人员离职人数/平均在职人数×100%。

说明：比率越高，表示人事越不稳定；比率越低，表示人事越稳定。调查显示，10%～20%的员工流动率对企业长远发展有好处。

（三）效率性指标

效率性指标主要反映门店的经营水平。效率性指标又可以分为商品类效益指标和销售类效益指标。

（1）商品类效益指标。这类指标包括动销率和售罄率、来客数和客单价、同比和环比、商品周转率、存销比以及销售金额、件数占比。

① 动销率和售罄率。动销率也称动销比，是指门店有销售的商品品种数与门店经营商品品种总数的比率，是一定时间内考察库存积压情况或各类商品销售情况（门店经营商品结构的贡献效率）的一个重要指标，由此可以看到整体库存的有效性。其计算公式为：动销率=动销品种数÷门店经营总品种数×100%。它反映了进货品种的有效性，动销率越高，有效的进货品种越多；反之，则无效的进货品种越多。动销率一般按月度进行统计，比如某门店销售商品品种数量总计为2900种，2016年6月有销售的商品品种数为2850种，则该门店的动销率为：动销率=2850÷2900×100%=98.28%。在实际操作中，如果需要了解某一单品的动销情况，一般会使用以下计算公式：商品动销率=商品累计销售数量÷商品期末库存数量×100%。累计销售可以按会计年度或者商品的销售年度来累计。通过对动销率进行分析比较，关注那些低动销率的商品。

售罄率是指一定时间段某种货品的销售占总进货的比例，根据期间范围的不同可分为周售罄率、月售罄率、季度售罄率、季末售罄率,其中季末售罄率是指整个商品消化期的销售数量和商品的总到货数量的比值。其计算公式为:售罄率=某时间段的销售数量÷(期初库存数量+期中进货数量)×100%。

例如:某服装店在2016年采购秋装12000件,从6月底开始销售,销售数据如表12-3所示,6月到11月的售罄率为月售罄率,秋装一般销售到11月份,85%即为季末售罄率。

表12-3 某服装店售罄率统计表

序号	商品入库数量/件	商品销售数量/件	月末库存/件	月售罄率	累计售罄率
2016年6月	4000	600	3400	15.0%	15.0%
2016年7月	5000	3000	5400	35.7%	40.0%
2016年8月	2000	2800	4600	37.8%	58.2%
2016年9月	1000	2200	3400	39.3%	71.7%
2016年10月	0	1000	2400	29.4%	80.0%
2016年11月	0	600	1800	25.0%	85.0%
6—11月	12000	10200	1800	85.0%	

分析售罄率可以及时了解商品的销售状况,检验商品的库存消化速度。对于采取期货指定货的连锁企业,比如鞋服行业用得比较多;而对于随时补货的快速消费品,则一般不用这个指标。

售罄率也是根据一批进货销售多少比例才能收回销售成本和费用的一个考核指标,便于确定货品销售到何种程度可以进行折扣销售以清仓处理的一个合理尺度。

② 来客数和客单价。来客数是指一段时间内进入门店购物的顾客人数;客单价是指门店的每日平均销售额与平均每日来客数的比值。其中来客数的计算公式为:来客数=通行人数×入店率×交易率(依据发票数目统计)。

说明:来客数越高,表示客源越广;来客数越低,表示客源越窄。

客单价的计算公式为:客单价=每日平均营业额÷每日平均来客数=平均1个顾客的购买商品个数×平均1个单品的单价。单品平均价格=所有单品价之和÷单品个数(有效单品平均价格)。

说明:客单价越高,表示一次平均消费额越高;客单价越低,表示一次平均消费额越低。营业额等于来客数乘以客单价,所以来客数和客单价直接影响到营业额。据统计,大型综合超市每天的交易笔数基本上是每平方米6000个有效来客数,客单价在60元以上;标超每天的交易笔数基本上是每平方米2000多个有效来客数,客单价为50元以下;便利店的有效来客数为800多人次,客单价在14～15元。

③ 同比和环比。同比指的是与历史同时期比较,就是与不同年份的同一时期作比较,比如2012年5月与2013年5月对比。同比增长率=(本期数-同期数)÷同期数×100%,指和去年同期相比较的增长率。

说明：

a. 如果计算值为正值（+），则称增长率；如果计算值为负值（−），则称下降率。

b. 如果本期指本日、本周和本月，则上年同期相应指上年同日、上年同周和上年同月。

比如，某门店今年3月份的销售额是300万元，去年3月份的销售额是100万元，那么其同比增长率为：同比增长率=（本期数−同期数）÷同期数×100%=（300−100）÷100=200%。

环比指的是与前一个相邻的时期作比较，比如2月份与3月份相比较。环比包括两种：环比增长率和环比发展率。

环比增长率=（本期数−上期数）÷上期数×100%，反映本期比上期增长了多少。

环比发展率=本期数÷上期数×100%，反映前后两期的发展变化情况。

说明：

a. 如果计算值为正值（+），则称增长率；如果计算值为负值（−），则称下降率。

b. 如果本期指本日、本周、本月和本年，则上期相应指上日、上周、上月和上年。

比如某门店，今年3月份的销售额是300万元，4月份的销售额是400万元，则：环比增长速度=（本期数−上期数）÷上期数×100%=（400−300）÷300=33.3%；环比发展速度=本期数÷上期数×100%=400/300×100%=133.3%。

如图12-1所示。

④ 商品周转率。指销售额与平均存货的比值，计算公式为：商品周转率（次数）=销售额÷平均库存=销售额÷[（期初库存+期末库存）÷2]。

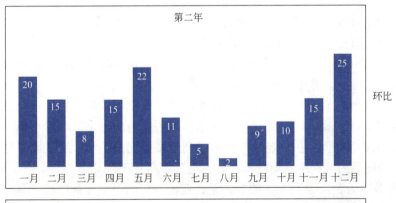

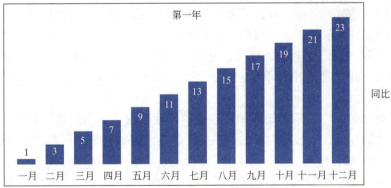

图12-1　某门店环比、同比

说明：商品周转率反映的是商品的流动速度，数值越大，流动速度越快，表明商品的销售情况越好。比如100元的商品一年周转12次，价值就是1200元，一年周转4次，那么价值就只有400元。该项指标的参考标准为30次/年以上。不同商品周转率并不相同，一般来说农产品的周转率最高，其次是水产、畜产和日配，日用百货的周转率最低，周转率一般结合行业平均水平进行评价。

⑤ 存销比。指在一个周期内，商品库存与日均销量的比值，是用天数来反映商品即时库存状况的相对数，反映的是多少个单位的库存实现1个单位的销售，反映资金利用效率。其计算公式为：存销比=月末库存÷月总销售额×100%。

比如，某门店10月份销售总金额为409070元，截至月末库存为1852904元，则：存销比=1852904÷409070×100%=452.96%。

需要注意的是，越是畅销的商品，设置的存销比就应越小，这样能更好地提高商品的周转效率；越是滞销的商品，存销比就越大。

⑥ 销售金额、件数占比。指所售商品（单款、品类）的销售金额或件数占销售总金额或总件数的百分比，反映的是所售商品（单款、品类）对店铺业绩重要性以及是否与其他店铺一致，为解决货品问题时的先后次序提供依据。其计算公式为：销售金额占比=（单款、品类）销售金额÷销售总金额×100%。

一般来说，在门店商品的构成中，如果30%的商品创造了70%销售的时候，表明商品构成基本正常，这时工作重点是引进新品淘汰滞品；偏离了30%的商品产生70%销售的现象均属不正常，比如50%的单品实现了50%的销售额，表明该门店的商品中什么都能卖一点，但什么都卖不好，这时采购部门、营运部门要深入分析并调整商品结构。

(2) 销售类效益指标。主要包括交叉比率、人效和平效、劳动分配率、盈亏平衡点、经营安全率、总资产周转率、固定资产周转率等。

① 交叉比率。指毛利率与商品周转率的乘积。它反映的是连锁门店在一定时间内的获利水平。其计算公式为：交叉比率=毛利率×存货周转率。

说明：交叉比率融合了毛利率和商品周转率，可以更精确地对商品进行分析，从而更翔实地反映商品的实质绩效。所以说这是衡量总体盈利能力的一个综合性指标，其经济意义是每投入一元的流动资金，在一定时期内可以创造多少元的毛利。交叉比率数值越大越好，因它同时兼顾商品的毛利率及周转率，表示毛利率高且周转又快。

② 人效和平效。人效，也叫人员绩效，是营业额与门店员工数的比值，是一个人力生产力指标，反映门店的劳动效率。其计算公式为：人效=营业额÷门店员工数。

说明：比率越高，表示员工绩效越高；比率越低，表示员工绩效越低。

平效即卖场面积效率，也叫卖场绩效，是指卖场1平方米的效率，一般是作为评估卖场实力的一个重要标准，可看出每单位空间所提供的效益。其计算公式为：平效=营业额÷卖场面积×100%。

说明：面积效率越高，表示卖场面积所创造的营业额越高；面积效率越低，表示卖场面积所创造的营业额越低。一般小面积的平效会比较高，例如百货公司内的专卖店。另外，每一类商品所占的面积、销售金额、周转率不同，其卖场面积效率也不同。例如：烟酒、畜产、水产的周转率高，单价高，所占面积小，故其单位卖场面积效率就高，但一般食品的单位卖场面积效率则较低。

③ 劳动分配率。指连锁企业门店的人事费用与营业毛利的比率，反映的是人工费用对

赢利的贡献程度。其计算公式为：劳动分配率=人事费用÷营业毛利×100%。

其中的人事费用包括员工工资、奖金、加班费、劳保费和伙食津贴等。

说明：比率越高，表示员工创造的毛利越低；比率越低，表示员工创造的毛利越高，即对利益的贡献度越高，生产能力越强。劳动分配率的一般参考标准在50%以下。

④ 盈亏平衡点。盈亏平衡点也称保本点、损益平衡点，指连锁企业门店的营业额达到多少时，其盈亏才能达到平衡。其计算公式为：盈亏平衡点=固定费用÷（毛利率-变动费用率）。

说明：该指标表示门店的收益与支出相抵，既不赢利，也不亏损。损益平衡点越低，表示获利时点越快；损益平衡点越高，表示获利时点越慢。

⑤ 经营安全率。指连锁企业门店的实际销售额减盈亏平衡点销售额的差与实际销售额的比值，反映的是各门店的经营安全程度。其计算公式为：经营安全率=安全销售额÷实际销售额×100%=（实际销售额-损益平衡点销售额）÷实际销售额×100%。

说明：经营安全率数值越大，反映该门店的经营状况越好。一般来说，经营安全率在30%以上为良好；在25%～30%为较好；在15%～25%为不太好，应保持警惕；在10%以下则为危险。

⑥ 总资产周转率。指连锁企业的年销售额与总资产的比值，反映的是连锁企业总资产的利用程度，是测量连锁企业门店总资产的利用程度的指标。其计算公式为：总资产周转率（次数）=年销售额/总资产=（营业收入+非营业收入）÷［（期初总资产+期末总资产）÷2］。

说明：比率越高，表示资产利用程度越好，也就是资产经营效率越高；比率越低，表示资产的利用程度越低，即资产经营效率越低。不同产业、不同规模的连锁企业门店在经营上的资产周转率的确并不相同，一般来说总资产周转的参考标准是2次/年以上。

⑦ 固定资产周转率。指连锁企业的年销售额与固定资产的比值。它反映的是连锁企业的固定资产利用的效果。其计算公式为：固定资产周转率=年销售额/固定资产=年销售额/固定资产［（期初总资产+期末总资产）÷2］。

说明：该指标越高，表明固定资产的使用效果越好。一般来说，固定资产周转率的参考标准为4次/年以上。

（四）发展性指标

发展性指标主要反映企业成长速度，评估的主要指标有：营业额增长率、开店速度、营业利益增长率、卖场面积增长率。

（1）营业额增长率。指门店的本期营业额同上期相比的变化情况，反映的是门店的营业发展水平。其计算公式为：营业额增长率=本期营业收入÷上期营业收入×100%。

说明：比率越高，表示成长性越好；比率越低，表示成长性越差。一般来说，营业额增长率要高于经济增长率。理想的参考标准是高于经济增长率的两倍。

（2）开店速度。指连锁企业本期门店数目与上期门店数目相比的变化情况，反映的是连锁企业连锁化经营的发展速度。其计算公式为：开店速度=（本期门店数÷上期门店数-1）×100%。

说明：开店速度取决于发展战略与发展目标、开店的营运标准是否健全、有没有专业队伍以及资金条件。否则连锁化经营快速发展的风险是很大的。超级市场在一般情况下，其连锁经营应在3年内达到基本规模。每月开业一家门店为快速开店，每2～3个月开业一家门店为一般开店速度。

（3）营业利润增长率。指门店本期营业利润与上期营业利润相比的变化情况。它反映的是连锁企业门店获得利润能力的发展情况。其计算公式为：营业利润增长率＝（本期营业利润÷上期营业利润－1）×100%。

说明：比率越高，表示利润成长性越好；比率越低，表示利润成长性越差。营业利润增长率至少要大于零，最好要高于营业额增长率。

（4）卖场面积增长率。指连锁企业门店本期卖场面积与上期卖场面积相比的变化情况。其计算公式为：卖场面积增长率＝（本期卖场面积÷上期卖场面积－1）×100%。

说明：新店铺的开拓或是门店卖场面积的扩大都会使得连锁企业门店的总卖场面积增加，从而扩大卖场面积增长率。但一般来说所增加的营业额的比率要高于卖场面积增加的比率，这样才是提高了单位面积的营业额，从而提高了效益。

连锁企业的经营者在进行营运分析时，主要根据资产负债表、损益表、费用明细表等财务报表进行各项比率的分析。

① 以收益性指标分析获利能力；
② 以安全性分析财务状态是否良好及偿债能力的强弱；
③ 以效率性指标分析资本及人力的效率；
④ 以发展性指标分析企业的发展性。

 职业知识拓展

如何提高客单价

销售额是零售业最关注的问题，而零售企业的销售额又是由各个门店的销售额累加而成的。简单说来，销售额＝门店客流量×客单价，在客流量稳定的情况下，努力提高客单价就是提高销售额的一个最佳途径。

1. 影响客单价的因素

客单价就是顾客一次性购买所支付的购物总金额，门店的客单价就是门店销售额除以门店客流量。就单个商品而言，由于购物数量与商品价格之间存在负相关的关系，即同样的商品，价格越高顾客购买的数量越少，价格越低顾客购买的数量越多。因此，追求合适的价格（需要考虑利润）和尽可能高的销售数量成为提升客单价的主要方向。

一般而言，影响门店客单价的因素有以下几种。

（1）品类的广度与深度

大卖场品类的广度与深度高于超市，超市又高于便利店，大卖场的客单价一般可以达到50～80元，而超市一般只有20～40元，便利店一般则在8～15元。由此可见，门店品类的广度与深度对于客单价的影响是根本性的，是主要影响因素。

品类的广度与深度又呈现结构方面的复杂性。门店可以通过在自己专长的品类上拓宽它的广度（增加中小品类的数量）和加深其深度（增加品种数）来提升自己门店的特色化，建构自己的核心竞争力。

（2）门店商品定位

除了品类的广度和深度这一重要影响因素外，门店的商品定位也是一个非常重要的因素。门店的商品定位主要是指门店商品的档次，即商品的平均单价。同样面积大小的超市，可能从品类数量和单品数量来对比差不多，但是由于一家定位高端、一家定位中低端，客单价就会相差数倍，这就是门店商品定位对客单价的影响。

（3）促销活动

既然客单价是顾客购物篮内的商品数量与商品单价的乘积之累计，那么通过促销活动促成顾客购买本不想买的东西或者想买的东西多买，这就是促销活动对提升客单价的作用。门店促销对于提升客单价的帮助非常明显。

（4）商品的关联组合

商品的关联组合有同品类与相近品类组合和跨品类甚至跨部类和跨大类组合，比如围绕婴儿的食品、穿着、玩具来考虑商品组合时，其实就横跨了两个部类、三个大类，但是这样的组合对于顾客购物习惯来说却是很自然的，可以"触景生情"产生许多冲动性消费。

（5）陈列

商品陈列对于客单价的影响同样也是不可忽视的。不管门店是大还是小，相对于顾客在门店内所待的时间来说，这些商品总是远远"过剩"的，因此，要想让合适的商品足以吸引到顾客的眼球，就需要在陈列上下功夫。

2. 提升客单价的措施

其实提升客单价无非是促成顾客同类商品多买、不同类商品多买、买价值更高的商品这样三种途径。

（1）促成顾客同类商品多买

促成顾客同类商品多买，是提升客单价最基本的途径。

降价促销：通过降价方式刺激顾客多买，由于存在商品价格弹性，对于那些价格弹性大的商品，通过降价促销这种方式能有效提升顾客的购买量。

捆绑销售：这种方式其实是降价促销的变形，比如超市里常做的两捆蔬菜按单捆的价格出售、洗衣皂三块一起只卖2块的价钱等，这些都可以增加同类商品的销量，大部分还可以增加单个顾客的销售额。

买赠活动：这是与捆绑销售类似的一种促销途径，这种促销方式常见于新品的搭赠促销，或者是一些即将过期商品、待处理商品的处理上，同样也能够刺激同类商品的销售。

（2）促成顾客不同类商品多买

促成顾客不同类商品多买，也可以通过上述的捆绑销售和买赠活动来实现，比如将饮料与牙膏捆绑在一起降价销售、将洗手液与灭蚊剂捆绑销售，这些都可以有效带动异类商品的销售。

在促成顾客不同类商品的多买过程中，我们要考虑关联性商品和非关联性商品。利用这种互补性和暗示性的刺激购物带动顾客购买同类或异类商品。

（3）促成顾客购买价值更高的商品

如果顾客的消费量固定，但有效地利用陈列和促销手段，无形却有意地推动消费者的消费升级，其实也是一种比一般促销更有效的推动客单价提升的办法。

职业知识思考

你还能想到其他提高客单价的措施么？

任务二　改善门店的经营绩效

> **门店实践情景**
>
> 某服装店6月份销售总金额为409070元，共781件，其中ATTI2365（天丝短T）款共卖了20件，金额13800元，另一款ADCI2880（短袖休闲衬衫）卖了7件，金额3276元，请问这两款的销售金额和件数占比各是多少？
>
> 解：天丝短T销售金额占比=13800÷409070×100%≈3.4%
>
> 天丝短T销售件数占比=20÷781×100%≈2.6%
>
> 短袖休闲衬衫销售金额占比=3276÷409070×100%≈0.8%
>
> 短袖休闲衬衫销售件数占比=7÷781×100%≈0.9%
>
> 由计算结果可知，天丝短T对门店的贡献要高于短袖休闲衬衫，因此要重点管理。

思考与启示：改善门店的经营绩效的措施有哪些？

绩效评估之后，对未达到的目标或标准必须根据具体情况具体分析，找出问题及原因，提出相应的解决办法，从而促进门店更好地发展，实现经营目标。下面分别对安全、收益、销售以及效率改善加以说明。

一、安全性改善

如果门店投资大，获利率不高，经营不善，就会导致巨大亏损。因此门店必须保证有充足的自有资本。如果只想靠现金付款，或靠开长期支票，或靠借款来获取资金，对门店而言则存在相当大的风险。因此门店还应该采用其他对策来改善其安全性。

（1）避免不当的库存金额，降低资金积压。要做好库存管理，适当订购，并做好商品ABC分级管理，淘汰滞销品。

（2）延长货款的付款周期，但不能影响商品的进货价格以及品质。

（3）避免不必要或不适当的设备投资。

（4）妥善规划资金的来源与运用。

（5）适当的银行保证额度及余额。

二、收益性改善

收益的关系式如下。

毛利额=营业额-进货成本-损耗

营业利润=毛利额-销售费用及一般管理费用

净利润=营业利润+营业外收入-营业外支出

由上列关系式可知，收益性改善对策如下。

（1）提升营业额。降低商品进货价格，选择高利润率的商品加强推销，加强变价及损耗的管理控制，创造商品特色及差异化，以提高附加价值。

（2）降低进货成本。通过集中采购，与供应厂商议价，降低商品进价；减少中间环节；开发有特色、附加价值高的产品；保持合理的商品结构。

（3）减少损耗。一是针对商品采购、定价、进货验收、卖场展示、变价作业、退货作业、收银作业、仓储管理、商品结构等流程处理不当而引起的损耗进行处理；二是对生鲜品的技术处理、运送作业、品质管理、陈列量、商品结构的不恰当管理导致的损耗进行处理；三是对设备质量较差造成的商品损失进行及时处理。除此之外，财务中出现的如传票漏记、计算错误、顾客偷窃、员工偷窃、不当折扣、高价低卖等其他管理不当造成的损失也应及时处理。

（4）降低销售费用及一般管理费用。降低占门店大部分费用的人事费、折旧费、租金及电力费用的支出。首先应提高人员效率，降低人事费，将EOS、POS系统导入门店管理，使作业流程计算机化，妥善安排营运计划，有效运用兼职人员，节省人力、物力，简化管理部门。其次可以在不影响价格的前提下，减少投资以降低折旧费；导入专柜分担部分租金；装备节电设备以节省电力，不开不必要的灯；严格控制费用预算，有效运用广告促销费用。

（5）增加营业外收入。门店常从这几个方面增加营业外收入：一是引进专柜收取租金和收取新品上架费。二是将店内墙壁、柱子出租给厂商或广告商，在不影响整体美观的情况下收取看板广告费；或与供应商协商，在商品销售量或年度营业额达到某一水平时收取年度折扣。三是在新开店、周年庆、节庆以及日常促销时向厂商收取广告赞助费。

（6）减少营业外支出。营业外支出主要是指利息支出，较少发生的是财产交易损失和投资损失。采取强化自有资金、谨慎做好投资评估、减少投资损失等方式来减少营业外支出。

三、销售改善

销售的关系式如下。

营业额＝来客数×客单价＝（通行客数×顾客入店比率×顾客交易比率）×（平均购买商品点数×每点平均单价）＝立地力×商品力×贩卖力

由上式可以看出，销售的改善对策如下。

（1）寻找优良立地，降低开店失败率。

① 住户条件：户数、人口数、发展潜力、收入水平、消费能力等。

② 交通条件：道路设施、人口流量、交通网、交通线、停车方便性、交通安全性。

③ 竞争条件：相辅行业或竞争行业的多少及其竞争力。

（2）商品力的提升包括：商品结构、品种齐全度、品质鲜度、商品特色及差异化、价格的竞争力。

（3）贩卖力的强化。

① 卖场展示：陈列具有美感，突出量感和给消费者带来价值感的特点与优势。

② 采购进货阶段：依据存货数量及销售情况，谨慎决定订购量。进货验收及入库作业均要准确点验查收；进货点验查出的不合格品、不良品或保存期已逾期的商品，应作记录，以建立厂商考核资料；超过验收时间的进货商品，除非属于紧急采购或顾客预订外，尽量

不予接受。

③ 销售阶段：随时检查商品销售动态，注意添货、补货，以免发生断货、缺货情形。对于畅销品及毛利率贡献较高的商品，适时调整陈列位置；补货时应注意商品保存日期，将快到期的商品陈列在货架前面，防止因服务人员疏忽形成逾期品，影响商品的周转；随时检查货架上有无逾期品或不良品，随时发现随时剔除，并依商品退换货规定处理；定期清查滞销商品，并进行退换工作，以便随时补充新商品，提高销售利润；供试吃用的商品，应请供应商在试吃品上标记"样品"，以避免与进货商品混淆；超市中生鲜食品，应随时注意检查陈列展示柜的温度是否正常，并要求冷冻（藏）展示柜全日运转，以维持生鲜食品的品质。

④ 仓储阶段：严禁过多囤积存货；仓库货架要标示编号及产品名称，存货应陈放整齐；不可使用太高的货架陈列商品，以免取用不便而造成商品堆积；出库时采用先进先出的原则；在仓库里陈放商品时，要将小箱子放置在大箱子前面。逾期品、不良品、退货品均应开设专区陈放处置，以免散失而造成存货损失。回收的有账面记录的空瓶、空箱，均应视同存货商品妥善保管；仓储场所应做好通风、防潮、防火、防虫鼠等工作，以减少破坏损失。

⑤ 促销活动：促销商品有吸引力；价格有吸引力；活动内容有吸引力。

⑥ 信息告知方式：有传单、店内广告、背景音乐（BGM）、广播、报纸、电台、电视台、电影院、宣传车、车厢广告等。

⑦ 顾客服务：服务功能多样化；服务礼貌及用语；提货、送货服务；收银服务正确、迅速。

四、效率性改善

（一）提高商品效率

提高商品效率，主要指提高商品周转率及交叉比率。要提高商品效率，就必须提高销售额、毛利率及减少存货。但减少存货并非指一味地降低库存量，否则易发生缺货、断货的情形。此外必须在营运的进、销、存流程中，做好商品的存货管理。

（二）提高人员效率

有效运用人力资源、合理控制人数，以提高人员效率。换言之，重视人的质和量。在质的方面，必须规定各部门、各层级人员的资格条件，慎选用人，有计划地培育人才。同时制定奖惩办法，创造良好的工作环境，让员工的潜能得以充分发挥。

在量的方面，应制定各部门人员标准编制，控制员工人数，简化事务流程，使用省力化、省人化的设备，妥善运用兼职人员，训练并培养员工的第二专长、第三专长，使不同部门的人员可相互支援。

（三）提高场地运用效率

开店之前，需做好销售预测及门店规划。

首先分析该地区消费者密度、顾客等级、发展潜力、收入水平以及消费能力。其次考察该地区的道路设施、人口流量、交通线、停车方便性、交通安全性等交通条件。最后对该地区的竞争企业以及竞争力进行充分调查、比较、分析，从而确定商品配置和卖场布局。

职业知识拓展

如何应对"来客数少"的现象?

1. 来客数少一般有以下原因。

（1）生鲜可能没有特价促销活动。

（2）整体管理差，门店经营没有创新。

（3）未查明主要是哪几天、哪些时段来客数少。

（4）未查明一天三个时段的不同需求是什么。

（5）未查明主流客源为什么要来店。

（6）未知晓时段性促销策划客源。

2. 采取的检查措施。

一查蔬果，二查熟食，三查特价促销，四查陈列气氛，五查季节商品，六查品类结构，七查创新点，八查促销信息发布。

3. 制定改进方案。

（1）今天/明天生鲜特价商品。

（2）目标计划性购买品，如油米酱盐醋，周一到周五预告周六、日的特价，其目的不是吸引你今天购买，而是让你在今天看到后吸引你周末再来，或告知你的亲人、朋友再来。

（3）出入口的大幅KT板促销品公告，不是简单地把DM贴在上面，因为其太小难以引起顾客注意，故对每一个单品都应扩大布置及美化。

（4）消费满×元免费赠送。

（5）策划展示性/表演性活动。

（6）顾客参与性活动的组织。

（7）设计生活提案，下一阶段/下周怎么过！如"五一旅游套餐""GO，野营休闲去"以提升来客数为核心的促销。

 职业知识思考

你还能找到来客数少的其他原因吗？

任务三　大数据与小数据应用

门店实践情景

在一部分人的固有印象中，国有企业似乎总是活力不足，不能与时俱进，实则不尽然。华润万家作为国有零售企业，在零售业的发展业绩良好，这与该公司较早进行零售业的数据化管理有直接关系。早在2017年，华润万家就与英国最大零售集团乐购旗下的顾客科学公司邓韩贝合资，成立"华智邓韩贝"。华润万家成立此公司的目的是希望借助邓韩贝的数据分析优势，对华润万家的顾客购物数据进行深度分析，以更好地促进企业自身、供应商及其他合作伙伴的发展。实践证明，华润万家对零售业数据化的管理是明智而及时的，为公司后来进行的新零售运营变革、商业化场景变革以及洞察消费者需求变化提供了科学支撑。

思考与启示：你是如何理解大数据在零售业的应用的？

一、大数据与小数据

（一）大数据

大数据技术（big data），或称巨量资料，指的是所涉及的资料量规模巨大到无法通过目前主流软件工具，在合理时间内达到撷取、管理、处理并整理成为帮助企业经营决策更积极目的的资讯。大数据最核心的价值就是对于海量数据进行存储和分析。1980年，著名未来学家阿尔文·托夫勒便在《第三次浪潮》一书中，将大数据热情地赞颂为"第三次浪潮的华彩乐章"。不过，大约从2009年开始，"163大数据"才成为互联网信息技术行业的流行词汇。美国互联网数据中心指出，互联网上的数据每年将增长50%，每两年便将翻一番，而目前世界上90%以上的数据是最近几年才产生的。此外，数据又并非单纯指人们在互联网上发布的信息，全世界的工业设备、汽车、电表上有着无数的数码传感器，随时测量和传递着有关位置、运动、震动、温度、湿度乃至空气中化学物质的变化，也产生了海量的数据信息。大数据可分成大数据技术、大数据工程、大数据科学和大数据应用等领域。目前人们谈论最多的是大数据技术和大数据应用，零售行业就属于大数据应用。

从零售业的历史沿革和发展规律来看，零售业作为一个古老的行业，每一次的技术革命，或者是让交易成本降低，或者是让零售效率或消费体验提升，最终都会带来零售模式的创新。从工业革命到互联网再到移动互联网，零售1.0时代采用专人记账、零售2.0时代财务数据由专门的会计和财务人员负责、零售3.0时代是用电脑记录零售数据、零售4.0时代由于移动互联网的出现大数据管理成为热门关注。但无论技术如何变革，零售的本质都从未改变，那就是——以用户为中心。

（二）小数据

小数据是相对于大数据而言的。大数据是从宏观、中观层面，更多是基于社会、公共、行业的视角，用于公共管理；而小数据围绕用户关系，聚焦于品牌、用户、消费等视角，对企业商业实践更有指导意义。大数据的大具有修辞意义，其实际表示的是快速发展、存量大和增量大。IBM就将大数据特征归纳为数据体量巨大、数据类型多、商业价值高、处理速度快。大数据的起始计量单位至少是PB（1024G个TB）、EB（100万个TB）或ZB（10亿个TB），如此庞大繁多的数据很多中小企业难以具备，亚马逊、阿里巴巴和京东这样的购物平台有成千上万的人访问购物，每天都有海量的数据，但是市场竞争导致它们的信息彼此之间不可能共享，也导致大数据难以真正实现。同时，大数据的处理也缺乏大数据分析洞察力强和商业敏感度高的团队，实际上大数据对很多中小企业不能产生实际效益。因此，对门店运营管理来说，小数据更具有实战意义。

门店运营者要关注研究与自己门店顾客和市场相关的数据，用小数据来管理门店运营，用小数据来维护客户关系，根据小数据来做精准营销，提升门店绩效。什么是小数据？跟用户相关的数据就是小数据，包括：用户的行为数据、消费数据、地理位置数据、金融数据、社交数据等。比如，门店每天的人流量数据、老用户数据、消费数据、微信、微博、美团点评、今日头条等社交化媒体中关于品牌和产品的评论、转发、点赞等数据，以及每一个客服人员跟客户沟通的数据和门店会员的动态数据。

二、小数据的分析与应用

通过对门店小数据的分析，可以发现以下几点。

（1）顾客消费的变化路径。通过小数据分析，可以发现顾客的消费频次、顾客对价格敏感度的变化、顾客消费能力的变化、顾客对产品认知的变化，用这些发现来指导门店运营决策。

（2）精准营销。根据小数据分析，对顾客进行分类，把用户的需求与商品对接起来，进行营销设计，开展促销，甚至实现阿里巴巴的千人千面、一对一营销。

（3）增加客户忠诚度。对顾客的精准数据分析，使得门店管理者更懂得顾客，必然会增加顾客的满意度和忠诚度，进而能够使门店的顾客更稳定。

（4）直接指导门店营运。通过对门店小数据的分析，可以将结果直接发送到各个门店，使门店管理目标和手段更务实高效。

需要注意的是，用小数据分析并不是取代大数据，大数据往往提出通用的和基础的数据维度，大数据研究结果可以从外部企业或者专业的第三方机构的消费趋势研究、行业销售研究报告等获取。小数据分析是在此基础上对本企业本门店顾客的细致深入分析。

例如，永辉超市在经营决策层面，开发了移动端来指导运营，APP直接给出数据指导店铺的运营，比如某个商品库存高了、周转高了，都可以通过这个APP直接在现场进行操作。相对于传统情况下需要通过Excel表格一点点推导出来，APP极大地提升了效率。在运营方面，通过数据将高层的经营理念落地。比如传统情况下，高层给出一个理念，下边就会制定一个策略，然后再到终端执行，整个过程可能需要半个月到一个月的时间；而现在，高层给出一个理念，通过数据分析得出哪个门店做得不好，生成一个能够直接指导执行的报表，发送到该门店，非常快捷。在互动体验方面，手机数据可以精确地告诉现场运营人员，早上来的顾客年龄层是什么样的等，进而指引门店业务人员的货架摆放与沟通方式。

又例如，便利蜂于2021年2月19日发布的春节消费数据显示：按春节小长假7天峰值时间段（上午11时～下午13时，下午17时～20时）进行比较，2021年春节整体服务人次同比2020年春节期间增长达到了26%。其中部分"不打烊"门店、社区门店和景区门店进店人次明显超过其他类型门店。一部分门店加班店长的步数平均每天维持在两万步以上。2021年春节便利店行业的消费呈现出诸多与往年不同的特点。例如，在"就地过年"等背景下，春节便利店行业的年货购置潮从大年三十持续到年初六；伴随"云"过年现象，部分城市的外卖单量大增。从服务人群看，"Z世代"再次成为消费主力，"新一线城市"消费异常活跃。此外，"深夜食堂"类商品如蒸包、小碗菜、酥饼等，也意外获得了不错的销量。年货类产品，如各类碳酸饮料、瓜子坚果、各类白酒、口罩等，毫无意外地成为大年三十到年初六最受欢迎的商品。从外卖点单时段看，大年三十至年初六，下午时间段外卖的活跃度，与晚间及深夜基本持平。此外，部分城市峰值时间段的"零时后外卖单量"已达整体单量的一半左右。

从上面永辉超市和便利蜂的案例可以发现针对企业的、消费者的小数据分析更有利于指导运营方向。

 职业知识拓展

沃尔玛数据化管理

沃尔玛作为零售企业，多次蝉联世界500强第一名，这与它很早就采用数据化管理手段密不可分。2012年，沃尔玛又通过收购数据预测分析公司，整合机器学习技术，对内外部数据源整合利用。沃尔玛的大数据分析系统每天接近1亿个关键词，优化了关键词的搜索结果。甚至，沃尔玛可以针对每个消费者进行跟踪，通过分析消费者居住地和购物组合清单，分析其偏好，并结合消费者所在地实事热点对其进行个性化推荐。沃尔玛还积极捕捉社交热词与网红产品，适时将产品推向门店。可见，沃尔玛对大数据和小数据的挖掘与应用都非常重视，这也成为企业决策的利器。沃尔玛的大数据每天都在增长，但数据分析人才却非常缺乏。为了解决此问题，沃尔玛开展了一次商业历史数据分析比赛，通过比赛找到了合适的人才。这种寻找人才的方式，也凸显了沃尔玛务实的企业文化风格。

 职业知识思考

沃尔玛的数据管理给你带来什么启发？

 **职业知识拓展**

晨光文具数字化管理

　　数字化管理不仅适合沃尔玛这样的大型零售企业，也适合一些规模不大的专业化连锁企业。30多年前，晨光文具店的雏形是汕头谷饶镇横山村的两间小平房。如今，晨光文具有442家零售大店，8万家零售终端，产品远销50多个国家和地区。2020年，在新冠肺炎压力下，晨光文具逆势增长，年营业收入131.3亿元，同比增长17.9%。该公司能够持续成长的原因之一是几乎每年推出上千款新品。新品本身是双刃剑，如何为新品找到合适的消费市场？这依赖于晨光文具的数字化管理。2016年11月，晨光联盟APP上线，它连接了8万个零售终端。新品设计团队能够在APP上进行第一轮创意测试，根据测试收集信息，对新品进行改进，快速实现产品的迭代升级。新品转化为成品后，会在匹配度高的终端店试销。系统记录试销期间用户的所有反馈信息，然后根据这些信息决定下一步的生产与销售计划。这一系列做法大大提高了新品的成功率。同时，数字化能力的提升，使得晨光能够对产品和终端店进行分类匹配，为终端找到更适销对路的产品，做到千店千面。晨光文具充分挖掘了小数据的意义，为企业发展提供科学的决策依据。

 职业知识思考

　　你用过晨光文具吗？请与你身边的晨光文具店的店主进行一次深度交流，请他们谈谈对数字化管理的感受。

 课后技能训练

一、选择题

1. 人员流动率计算公式为（　　）。
A．人员流动率＝期间人员离职人数/平均在职人数×100%
B．人员流动率＝员工人数/总销售额
C．人员流动率＝员工人数/总利润
D．人员流动率＝员工人数/促销费用

2. 人效计算公式为（　　）。
A．人效＝员工人数/总利润
B．人均劳效＝营业额/门店员工人数
C．人效＝员工人数/总费用
D．人效＝营业额/总费用

3. 平效计算公式为（　　）。

A. 平效＝营业额/卖场面积×100%
B. 平效＝营业额/门店员工人数
C. 平效＝员工人数/总费用
D. 平效＝营业额/总费用

4. 盈亏平衡点。盈亏平衡点也称保本点、损益平衡点，指连锁企业门店的营业额达到多少时，其盈亏才能达到平衡。其计算公式为（　　）。
A. 盈亏平衡点＝固定费用/（毛利率－变动费用率）
B. 盈亏平衡点＝营业额/门店员工人数
C. 盈亏平衡点＝营业额/总费用
D. 盈亏平衡点＝营业额/卖场面积

二、计算商品的毛利率

1. 已知某商品不含税进价13.5元，不含税售价15元。请问该商品的毛利率是多少？
2. 已知某商品不含税进价800元，含税售价990元，增值税率10%。请问该商品的毛利率是多少？
3. 已知某商品不含税进价30元，厂商折扣5%，增值税率5%，毛利率设定为10%。请问该商品的含税售价是多少？
4. 已知某商品含税进价100元，厂商折扣5%，运输费用2元/件，增值税率5%，含税售价110元。请问该商品的毛利率是多少？

三、案例阅读与分析

永辉超市董事长张轩松在一次进店调研中发现：当一名一线员工每个月只有2000多元的收入时，他们可能刚刚满足温饱，每天上班也是"当一天和尚撞一天钟"而已。如果通过传统的加薪激励方式，永辉在全国有6万多名员工，每人每月增加100元的收入，那永辉一年就要多付出7200多万元的薪水——大约10%的净利润就没有了，况且100元对于员工的激励是极小的，效果更是短暂。有没有一种方法既能节约成本，又能提高超市营运能力呢？永辉超市在经营中摸索与探讨，得出结论：调动员工积极性，不能光靠加薪，必须将企业业绩跟个人建立起一种"直接关系"！

2013年，永辉超市首次引入阿米巴经营思维，开始了运营机制的革命，即对一线员工实行"合伙人制"，对一线员工下放经营权，让每名店员不必出资就能成为"老板"，并根据业绩增长情况（超额利润的30%～50%）参与分红，让每名店员自主自愿为公司赢得利润的同时，自己也获得了可观的收入和施展才能的机会。

永辉超市借鉴阿米巴经营，设定毛利额或利润额后，由企业和员工进行收益分成。其中对于一些店铺甚至做出无基础销售额的要求。在分成比例方面，都是通过人性化沟通，实施过程中尊重员工讨论结果，五五开、四六开，甚至三七开都可以。永辉超市不仅捆绑公司利益与员工利益，确立与市场直接挂钩的部门核算制度，同时下放经营权、股权激励员工。阿米巴经营采取独特的量化分权经营，从PDCA全过程的各个环节着手，再小的阿米巴一旦被委以经营权，也会发挥无限的潜能。阿米巴经营使员工意识到个人收入与部门收入挂钩，因此工作中员工更有成本意识，大大降低了损耗。国内果蔬行业超过30%的损耗率，永辉却只有4%～5%。阿米巴的实施，大大激发了员工的主人公意识，显著提高了超市业绩。比如同期实行"合伙制"的黎明店，单月业绩增长就达14%，毛利超额30%。"永辉"的离职率约从8%降至4%，商品损耗率约从6%降至4%，上货率、更新率大为增加，商品质量、服务质量均有提升。利润率也从2013年的2%提升到2014年的2.3%，在整个超市行业净利率仅不足1%的困局之下，永辉超市的利润率几乎可以领跑整个行业。

案例思考题：从永辉的成功管理实践中，你学习到了什么？

四、简答题
1. 门店经营目标的评价内容包括什么？
2. 门店经营绩效评估的资料来源有哪些？
3. 门店经营绩效评估指标包括哪些？
4. 门店进行安全性改善的对策有哪些？
5. 门店进行销售改善的对策有哪些？

参考文献

[1] 饶君华，罗俊.连锁门店营运管理［M］.北京：高等教育出版社，2014.
[2] 王志伟.连锁企业门店经营实务［M］.上海：上海交通大学出版社，2012.
[3] 杨铁锋，陈晓霞.这样的店长很抢手［M］.北京：人民邮电出版社，2016.
[4] 颜莉霞.连锁门店店长综合训练［M］.北京：中国人民大学出版社，2012.
[5] 范征.连锁企业门店营运管理［M］.北京：电子工业出版社，2017.
[6] 蒋小龙.连锁企业门店营运与管理［M］.北京：化学工业出版社，2016.
[7] 王忆南.门店营运管理［M］，北京：中国人民大学出版社，2016.
[8] 刘导.新零售电商+店商运营落地全攻略［M］.北京：机械工业出版社，2019.
[9] 张琼，吴哲.连锁企业门店营运实务［M］.北京：中国人民大学出版社，2018.
[10] 刘春海.连锁超市成本控制与精细化管理［M］.北京：化学工业出版社，2016.
[11] 张勇强.门店营运管理［M］.西安：西北大学出版社，2015.
[12] 胡启亮，霍文智.连锁企业门店营运管理［M］.北京：科学出版社，2008.
[13] 程莉，郑越.品类管理实战［M］.北京：电子工业出版社，2015.
[14] 周宏明，袁啸云.小数据战略［M］.北京：中国经济出版社，2019.
[15] 罗晨.精准零售[M].北京：中国纺织出版社有限公司，2020.